中国互联网经济发展报告 2014 编委会

组　　编　电子商务交易技术国家工程实验室
　　　　　首都互联网经济发展研究基地
　　　　　中央财经大学中国互联网经济研究院
　　　　　中央财经大学经济学院
顾　　问　柴跃廷
主　　编　孙宝文
执行主编　李　涛　欧阳日辉
编　　委　（按姓氏拼音排序）
　　　　　柴跃廷　陈斌开　霍　达　李　兵　李　涛
　　　　　欧阳日辉　齐培潇　史宇鹏　孙宝文　邢文祥
　　　　　严成樑　赵文哲

中国互联网经济发展报告2014

互联网经济：
中国经济发展的新形态

Internet Economy:
A New Form of China's Economic Development

主　编　孙宝文
执行主编　李　涛　欧阳日辉

经济科学出版社
Economic Science Press

序　言

　　互联网的快速发展正在重构世界经济新秩序，重塑国际竞争新格局。要想在信息网络时代赢得国际竞争优势，必须掌握全球经济发展的主导权，包括重要战略物资控制权、交易信息拥有权、支付结算优先权、交易规则等标准规范的话语权。获取重要战略物资控制权、交易信息拥有权、支付结算优先权、交易规则等标准规范的话语权的有效途径是大力发展互联网经济。

　　互联网经济是依托信息网络，以信息、知识、技术等为主导要素，通过经济组织方式创新，优化重组生产、消费、流通全过程，提升经济运行效率与质量的新型经济形态。互联网经济时代，信息资源、信息技术及信息网络运行平台正在成为经济与社会发展主导要素，网络化正在成为社会生活的主导方式，互联网经济发展水平正在成为衡量一个国家或地区是否具有经济发展主导权的主要标志。比如，随着电子商务在国民经济各领域覆盖面的不断扩大，电子商务联结不同产业的不同要素的深度与广度不断扩大，各产业部门界限被打破，相互介入，形成一种新型的竞争合作关系，呈现产业融合的趋势。电子商务正在成为现代产业体系中的枢纽与主导产业，是经济转型升级的"加速器"、提质增效的突破口。

　　从互联网发展历程看，互联网经济可分为三个阶段。第一个阶段是网络经济阶段。电子商务从商贸流通领域迅速崛起，网络购物是这一层面经济活动的主要特征。第二个阶段是信息经济阶段。电子商务、即时通信、搜索引擎、网络娱乐、互联网金融等经济活动领域进一步扩大，信息资源的价值得到有效释放，商品交易大规模拓展到服务交易，改变了服务业的形态，信息服务业比重大幅增加，云计算、大数据深化应用是这一层面经济活动的主要特征。第三个阶段是赛博（Cyber）经济阶段。信息网络和设备联接设计、制造、流通、消费和应用等经济活动的所有环节，构成全球赛博空间，服务的使用权与所有权分离，将大大改变现有生产方式和产业组织形式，物联网的广泛应用是这一层面经济活动的主要特征。目前这三个层面正在递次前进，催动互联网经济发展速度越来越快，影响越来越深远，作用会越来越大。最终互联网经济会进入基于信息高速公路条件下的原始社会形态，产品个性化，生产经营高度分散化，政府越来越小型化。

目前，大部分国家处于网络经济层面，我国等部分国家进入信息经济层面，少数发达国家则已开始进入赛博经济层面。我国要从信息经济阶段进入赛博经济阶段，仍面临一些现实问题。主要表现在：对互联网经济的认识和准备不足，导致互联网经济发展战略定位不准确；互联网经济发展环境不健全，信息基础设施建设和信用体系建设落后，对互联网经济发展的支撑体系有待改善；对互联网经济的风险重视不够，风险防控体系不健全、危机应急处置能力有待提高，金融安全、信息安全存在较大风险，对个人隐私、商业秘密、国家机密等保障机制不完善，保障水平不够高。

我国互联网经济发展存在的现实问题长期得不到有效解决，主要原因在于，对影响电子商务发展一些深层次矛盾普遍认识不足、重视不够。第一，互联网经济的"新模式"倒逼行政管理"老机制"。网络交易的"虚拟性"，使"实体化"管理难以落到实处；跨地域交易的"全球性"，使"属地化"管理难以奏效；全天候交易的"高效性"，使"规模化"管理难以跟上节奏。第二，传统产业与互联网经济之间资源争夺、利益博弈日趋激烈。互联网经济兴起给一些传统产业带来严峻的市场挑战，传统行业利用垄断优势遏制互联网经济竞争创新发展。第三，互联网经济爆发式增长伴生系列社会问题，考验社会可承受力。如果这些深层次的矛盾得不到妥善解决，我国将延缓甚至无法从信息经济阶段进入赛博经济阶段。

根据目前的技术与经济条件判断，2015年左右将是我国互联网经济发展的转折点。2015年左右，具有彻底的、成熟的网络意识和网络文化的"90后"新生代将步入经济社会各领域，整个社会的网络生产经营与消费氛围基本形成，我国互联网经济将由快速发展转变为高速发展。2020年左右将是我国互联网经济发展的攻坚点,互联网经济逐步成为国民经济的主导形态。比如,根据我们的预测,2020年基于网络的无形市场规模将接近传统的有形市场规模,我国电子商务交易规模将达到50万~70万亿,年均增速度22.6%~31.2%,电子商务经济对GDP的贡献超过15%,成为全球规模最大、最具国际竞争优势的电子商务经济体。

我国互联网经济发展具备多重独特优势,面临跨越式发展的历史机遇。必须立足国情、抓住机遇,加快完善开放、规范、诚信、安全的互联网经济创新发展环境,多放少管,大力推动电子商务政策创新,进一步增强企业的创新动力;多予少取,大力推动电子商务管理创新,进一步激发社会创业活力;多帮少诱,大力推动电子商务服务创新,进一步释放电子商务发展潜力。大力推进互联网经济发展的政策创新、管理创新和服务创新,将加速我国经济转型升级,加快"中国制造"向"中国创造"、"世界工厂"向"世界市场"、"追随发展"向"引领发展"转变,掌握信息网络时代全球经济发展主导权。

世界经济仍然处于深度调整期,新一轮科技革命和产业变革正在孕育兴起,无论是发达国家还是发展中国家,都在围绕互联网经济,探索发展新方式、寻求发展新动力。如果我国错过了发展互联网经济的机遇,错过的将不是一个产业,而是一个时代。让我们一起为互联网经济发展鼓与呼!

是为序。

电子商务交易技术　主任 柴跃廷
国家工程实验室

2014年9月16日

目 录

第一章 互联网经济：经济发展的"新模式" …… 1
  第一节 互联网经济的起源和发展 …… 1
  第二节 互联网经济的分类和特征 …… 7
  第三节 中国互联网经济的发展现状与趋势 …… 21

第二章 互联网经济理论：中国经济发展的"新理论" …… 41
  第一节 互联网经济的理论分析框架 …… 41
  第二节 互联网经济发展影响因素的理论分析 …… 50
  第三节 互联网经济发展影响因素的实证分析 …… 62

第三章 互联网经济：中国经济增长的"新引擎" …… 72
  第一节 互联网对经济增长的影响机制分析 …… 72
  第二节 互联网对经济增长作用的经验分析 …… 74
  第三节 互联网对区域经济增长差异的影响 …… 90

第四章 互联网经济：中国经济转型升级的"新支点" …… 99
第一节 互联网经济助力传统产业升级 …… 99
第二节 互联网经济催生新的产业形态 …… 106
第三节 互联网经济助力经济结构转变 …… 119

第五章 互联网经济：中国企业发展的"新动力" …… 127
第一节 互联网企业发展历程概述 …… 127
第二节 现有互联网企业的主要类别 …… 142
第三节 互联网企业的竞争战略 …… 145

第六章 互联网经济：中国扩大消费需求的"新渠道" …… 156
第一节 互联网对个人观念的影响研究 …… 156
第二节 家庭互联网消费水平影响因素实证研究 …… 172

第七章 互联网经济：中国经济发展的"新战略" …… 199
第一节 全球互联网经济的发展趋势 …… 199
第二节 中国互联网经济处于战略机遇期 …… 218
第三节 中国电子商务的发展战略 …… 225
第四节 中国互联网经济与传统产业的融合发展战略 …… 229

第八章 发展互联网经济：国家经济安全面临的"新挑战" …… 239
第一节 互联网经济发展与国家经济安全 …… 239
第二节 中国互联网经济安全面临严峻考验 …… 251
第三节 各国互联网经济安全问题治理经验 …… 257
第四节 中国互联网经济安全发展的对策 …… 264

参考文献 …… 269

后记 …… 276

第一章

互联网经济：经济发展的"新模式"

互联网经济是人类社会继农业经济和工业经济之后的新型经济形态。近十几年来，我国以电子商务为标志的互联网经济快速发展，衍生出一系列新的商业模式和产业形态。互联网经济是一个多维的概念，表现形式丰富，体现了现代经济社会的多样化。本章主要介绍互联网经济的起源和发展，互联网经济的定义、互联网经济的分类，互联网经济的特征，以及中国互联网经济的发展现状，以期对互联网经济有更好的认识，也对中国现实互联网经济发展现状有深入的了解。

第一节 互联网经济的起源和发展

当人们都沉浸在互联网经济带给我们不一样体验的时候，当我们发现一切活动都变得方便、快捷的时候，我们的经济社会俨然已进入工业经济之后的新时代，一个信息化的时代，一个互联网的时代，一个大数据的时代，我们只需要鼠标的轻轻一点就可以完成我们想要做的一切，这就是互联网经济给我们的世纪盛宴。

一、互联网经济的概念

要明确互联网经济的内涵，首先要明确什么是新经济。"新经济"一词最早出现于美国《商业周刊》1996年12月30日发表的一组文章中。新经济是指在经济全球化背景下，信息技术（IT）革命以及由信息技术革命带动的、以高新科技产业为龙头的经济。新经济是信息化带来的经济文化成果。

而对于互联网经济目前还没有一个明确的概念来界定它，一般认为是约翰·弗劳尔（John Flower）最先提出的"互联网经济"（internet economic）一词。但是，这个概念与早在20世纪80年代的日本学者提出的网络经济相似，他们把应网络而发展起来的金融业、运输业、商业等服务经济称为网络经济。从90年代开始，中国经济学界开始对网络经济的内涵和概念进行大量的研究，得出了不同的概念。其中，代表性的观点[①]如：乌家培从广义和狭义两个角度解释了网络经济，广义的网络经济学是指以信息网络为基础或平台的（这里主要是指互联网，但不限于互联网，还包括外联网、内联网等），以信息资源与信息技术的应用为特征的，同时信息与知识在其中起到关键性作用的经济活动。狭义的网络经济则主要是指基于互联网的经济活动，它是随着1995年互联网开始商务应用而逐渐蓬勃发展起来的。纪玉山认为，网络经济表现为经济活动中生产者、消费者、相关职能部门和服务部门等经济主体利用信息网络，获取信息及决策，并直接在网络上开展经济活动。庞淑萍认为，网络经济是基于网络进行资源的分配、生产和消费为主的经济形式。其基础条件是互联网，其核心是电子商务。

本书基于以上研究，我们认为互联网经济是信息网络化时代的一种崭新的经济形态。它不仅是指以计算机为核心的信息技术产业的兴起和快速增长，也包括以现代计算机技术为基础的整个高新技术产业的崛起和迅猛发展，更包括由于信息网络技术的推广和运用所引起的生产、流通、消费全过程的深刻的革命性变化和飞跃发展。在互联网经济时代，经济主体的生产、交换、分配、消费等经济活动，以及金融机构和政府职能部门等主体的经济行为，都越来越多地依赖信息网络，不仅要从网络上获取大量经济信息，更要依靠网络进行预测和决策。

结合当前互联网经济的发展以及主要的互联网经济体，我们把互联网经济定义为：互联网经济是依托信息网络，以信息、知识、技术等为主导要素，通过经济组织方式创新，优化重组生产、消费、流通全过程，提升经济运行效率与质量的新型经济形态。互联网经济是人类文明经历农业经济和工业经济之后

[①] 详见：吴建根. 美国网络经济发展研究. 吉林大学硕士学位论文，2012，9

一种新的社会经济发展形态，是对工业经济进行的革命性扬弃，在当今发展阶段主要包括电子商务、即时通信、搜索引擎、网络娱乐、互联网金融五大类型，随着信息网络技术的发展和对经济社会的渗透，互联网经济还会表现出新的具体形态。

二、互联网的起源和发展

互联网经济的发展离不开互联网的发展，而互联网的起源可以追溯到20世纪60年代美国国防部进行的没有中央控制的实验性网络——空袭防御网络。互联网的发展到今天可以说经历了五个不同的阶段[①]：

第一阶段，20世纪70年代至1991年。互联网是研究界的一种工具，学术专家和政府实验室利用电子邮件相互联络，他们也能运用微型计算机实现远程的应用。而那时中国还没有互联网，国内的计算机也主要是通过外国市场购买，用于科研的计算，人们对于计算机还没有概念。20世纪80年代中期，美国企业的介入，给互联网络的发展增添了活力。

第二阶段，1991～1993年。进入20世纪90年代，互联网络对国家安全、经济发展和社会生活的影响终于令世界所瞩目。由于数据过多，公共和私人基金用户的相互影响，使得维持美国政府的非商业用途政策变得更加困难，这样，导致了一个分离远程商业基础网络结构的发展。

第三阶段，1994～1996年。1993年，克林顿政府正式提出"国家信息高速公路计划"，加大对网络基础设施和基础研究的投入，引导企业的共同参与，从而标志着互联网经济的到来。

第四阶段，1996～2010年。互联网处于世界电脑平台发展的第四个阶段，国际互联网已经从一个被动的只读环境发展成为一个用户可以通过浏览器在远程范围内使用的网络，可以通过电子手段完成订购过程和购物付款以及多媒体技术的应用使人机界面更加友好，这促进了因特网的普及。1997年，克林顿签署了"全球电子商务框架"，这就更加促进了互联网经济的蓬勃发展。

第五阶段，2011年至今。2011年，全球PC保有量16亿左右（KPCB报告显示2010年全球PC保有量为14亿），全球PC渗透率为22.8%。按照技术扩散的三阶段论（渗透率从0～10%为起始阶段，从10%～40%为成熟阶段，

---

① 前面四个阶段的划分参见：王军华. 网络经济下生产的变革与发展. 郑州大学硕士学位论文，2006，9

从40%～75%为饱和阶段），目前全球互联网开始进入成熟发展阶段。移动互联网满足了用户"碎片式"的消费需求，2012年移动互联网在全球掀起一阵产业风潮。未来10年，全球固定宽带互联网将被移动互联网所取代，正如移动电话取代固定电话一样，全球很多用户将跨越PC互联网阶段，直接进入移动互联网时代。①

三、互联网经济的发展阶段

佩蕾丝在《技术革命与金融资本——泡沫与黄金时代的动力学》中通过"技术—经济范式"对人类历史上的五次技术革命②作了深入的分析。她认为，"技术—经济范式是一个最佳的惯行模式（a best - practice model），它由一套通用的、同类型的技术和组织原则所构成，这些原则代表着一场特定的技术革命得以运用的最有效方式，以及利用这场革命重振经济并使之现代化的最有效方式。"③她认为技术革命一般包含三项要素：一是某种适用于各个产业的低成本投入；二是服务于新技术体系的基础设施（如电报、电话和互联网）；三是能够充分开掘新技术潜力的商业组织。一项重大发明成果的问世和普及并不能称作技术革命，只有使整个经济结果发生一项创新集群才属于本质上的技术革命。

佩蕾丝认为，技术革命每隔40～60年爆发一次，每次技术革命的发展浪潮大约持续五六十年，可以划分为两大时期，前二三十年称为"导入期"，后二三十年称作"展开期"。其中，导入期可细分为两个阶段：早期的爆发阶段，新产品和新技术在金融资本支持下显示了它们未来的潜力，强烈冲击大体上由前一范式所塑造的世界；狂热阶段，后半段的狂热阶段，金融资本推动了新基础设施和新技术的集中开发，新范式的潜力已经在经济中牢牢地扎下根，做好了充分展开的准备。展开期可细分为两个阶段：协同阶段，所有条件都为生产和新范式的充分扩张做好准备，新范式已经明显占据了优势；成熟阶段，这时最晚出现的产业、产品、技术和改良都已引进，萎缩的投资机会和停滞的

---

① 陈新河. 互联网发展处于哪个阶段. 网易科技报道，2012 - 07 - 02
② 五次技术革命是：产业革命，蒸汽和铁路时代，钢铁、电力、重工业时代，石油、汽车和大规模生产的时代，信息和远程通信时代。
③ ［英］卡萝塔·佩蕾丝著，田方萌等译. 技术革命与金融资本——泡沫与黄金时代的动力学. 中国人民大学出版社，2007.

市场等迹象在技术革命的主要产业中出现了①。

根据佩蕾丝的技术经济范式，人类历史上五次技术革命的阶段划分如图 1-1 所示。两次技术革命的重叠和共存通常发生在爆发阶段，一个正在崛起，一个正在衰落，并带来导入期的典型的断裂。比如，从 1908～1918 年，第三次浪潮的成熟期和第四次浪潮的爆发期重合了。类似的事情发生在 1971～1974 年的第四次和第五次浪潮交替之时。

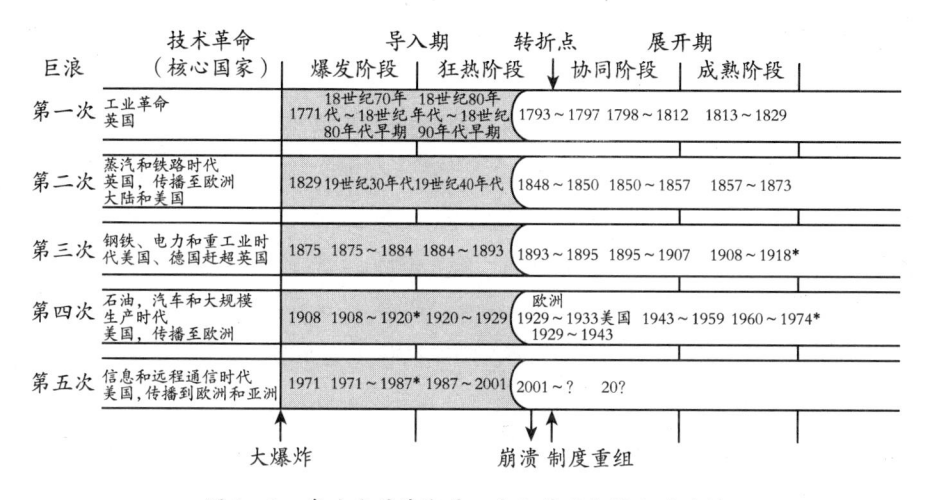

巨浪	技术革命（核心国家）	导入期 爆发阶段	狂热阶段	转折点 协同阶段	展开期 成熟阶段
第一次	工业革命 英国	18世纪70年代～18世纪80年代早期	18世纪80年代～18世纪90年代早期	1793～1797　1798～1812	1813～1829
第二次	蒸汽和铁路时代 英国，传播至欧洲大陆和美国	1829 19世纪30年代	19世纪40年代	1848～1850　1850～1857	1857～1873
第三次	钢铁、电力和重工业时代 美国、德国赶超英国	1875　1875～1884	1884～1893	1893～1895　1895～1907	1908～1918*
第四次	石油、汽车和大规模生产时代 美国，传播至欧洲	1908　1908～1920*	1920～1929	欧洲 1929～1933 美国 1929～1943	1943～1959　1960～1974*
第五次	信息和远程通信时代 美国，传播到欧洲和亚洲	1971　1971～1987*	1987～2001	2001～?　20?	

大爆炸　　　　　　崩溃　制度重组

图 1-1　每次发展浪潮导入期和展开期的大致时间

注：*在连续的浪潮之间可观察到重叠现象。

资料来源：[英]卡萝塔·佩蕾丝著，田方萌等译．技术革命与金融资本——泡沫与黄金时代的动力学．中国人民大学出版社，2007．

根据佩蕾丝的技术—经济范式，世界范围内的第五次技术革命以 2000 年为分界线，前期经历了自 1970 年开始的导入期，自 2000 年开始进入了展开期。

1970～1989 年为爆发期，在此阶段互联网的雏形基本形成，联网的终端逐渐增多，此时，互联网主要是由政府部门投资建设的，所以它最初只是限于研究部门、学校和政府部门使用。除了以直接服务于研究部门和学校的商业应用之外，真正的商业应用不多，发展速度比较缓慢，对生活方方面面的影响有限。

1990～2000 年为狂热期，标志性事件是 1989 年提出分类互联网信息协

---

① [英]卡萝塔·佩蕾丝著，田方萌等译．技术革命与金融资本——泡沫与黄金时代的动力学．中国人民大学出版社，2007．

议，第一个检索互联网出现。1990年9月，由Merit、IBM和MCI公司联合建立了一个非营利性组织——先进网络科学公司ANS（advanced metwork & science Inc.）。ANS的目的是建立一个全美范围的T3级主干网，它能以45Mbps的速率传送数据。到1991年底，NSFnet的全部主干网都与ANS提供的T3级主干网相联通。此后，90年代初商业网络开始发展，商业机构一踏入Internet这一陌生世界，很快发现了它在通信、资料检索、客户服务等方面的巨大潜力。于是世界各地的无数企业纷纷涌入Internet，带来了Internet发展史上的一个新的飞跃。

狂热阶段，发达国家诞生了一批现在举足轻重的互联网企业。例如，国外的网景公司在上市的那个季度亏损160万美元，但上市一天之内其股价就上涨了108%，公司的市值变成55亿美元。亚马逊公司截至1999年10月净亏损再创8600万美元的新高，而其股票价格自1997年上市到1998年底，飙升了2300%。1999年，全美70%以上的风险投资涌入互联网，总额达到300多亿美元。2000年4月，纳斯达克泡沫的破裂，是对互联网狂热的致命打击。欧美发达国家互联网发展，经过转折点进入展开期。

面对2001年，美国股市出现的恐慌性暴跌，未来学家阿尔文·托夫勒和夫人海迪·托夫勒在美国的《华尔街日报》发表了一篇题为《新经济：好戏还在后头》的文章，提出目前的股市阵痛并不证明新经济是不存在的。新经济[1]不仅真正存在，而且正准备启动自己的下一阶段。"信息技术与生物学革命的充分融合与前者反过来由后者的再造，将再次使你感到震惊。在第一阶段中，信息技术使生物学发生巨变。在第二阶段中，生物学将使信息技术发生巨变。而这将再次使经济发生脱胎换骨的变化。这些加在一起，将是人类历史上的一个转折点。"[2]

2003年之后，互联网发展进入"Web2.0时代"，出现了技术融合、产品融合、业务融合、市场融合和组织融合的趋势。目前，世界范围内的第五次技术革命正处于展开期的协同阶段，以信息技术、互联网、大数据、云计算、搜索引擎、社交网络等技术为主的第五次技术革命已经取得了飞速的发展，整个社会正在"黄金时代"享受技术革命带来的幸福时光。

---

[1] 1996年12月30日，美国《商业周刊》经济编辑迈克尔·J. 曼德尔在一篇文章中，首次把新经济界定为"以信息革命和市场全球化为基础的经济"，并认为美国20世纪90年代出现的经济繁荣，是"新经济的胜利"，表明美国已率先进入新经济时代。

[2] 参见《参考消息》2001年5月5日。

结合佩蕾丝的技术—经济范式，从信息网络技术的发展历程和对经济社会的渗透过程来看，我们认为互联网经济可分为三个发展阶段。

第一个阶段是网络经济阶段。电子商务从商贸流通领域迅速崛起，网络购物是这一层面经济活动的主要特征。

第二个阶段是信息经济阶段。电子商务、即时通信、搜索引擎、网络娱乐、互联网金融等经济活动领域进一步扩大，信息资源的价值得到有效释放，商品交易大规模拓展到服务交易，改变了服务业的形态，信息服务业比重大幅增加，云计算、大数据深化应用是这一层面经济活动的主要特征。

第三个阶段是赛博（Cyber）经济阶段。信息网络和设备联接设计、制造、流通、消费和应用等经济活动的所有环节，构成全球赛博空间，服务的使用权与所有权分离，将大大改变现有生产方式和产业组织形式，物联网的广泛应用是这一层面经济活动的主要特征。目前这三个层面正在递次前进，催动互联网经济发展速度越来越快，影响越来越深远，作用会越来越大。

未来，互联网经济的发展趋势，清华大学柴跃廷教授认为互联网经济会进入基于信息高速公路条件下的原始社会形态。表现在：第一，产品个性化。原始社会谈不上什么产品，都是手工艺品，或者是手工作坊，都是自己做个什么东西自己用，或者跟别人易货一下。未来的产品高度个性化，当前产品个性化的趋势越来越明显。第二，生产经营高度分散化。在互联网的条件下，生产经营过程逻辑上是大规模的，物理上的操作是高度的模块化、单元化、分散化，不再追求工业经济时代的大规模、标准化生产。第三，政府越来越小型化。互联网最大的特征是不可控的，没有集中控制中心，人人平等，高度分散、分布，信息透明。信息高速公路条件下的原始社会形态生产力高度发达，生产关系高度发达，经济基础变了，上层建筑一定会变，政府的职能配置发生根本变化。

第二节　互联网经济的分类和特征

一、互联网经济的四个层面

根据美国德克萨斯大学（University of Texas）与思科公司（Cisco Systems）的研究者于1999年10月发布的《测量网络经济》，把互联网经济界分为四个层面，前两层称为基础层（infrastructure），后两层称为经济活动层（economic activity），该四个层面为：

第一层面是互联网基础结构层（the internet infrastructure layer）。主要指互联网的物理基础，它由网络软、硬件公司、互联网骨干供应商、互联网服务供应商、光纤制造商、个人微机和服务制造商组成。

第二层面是互联网应用基础结构层（the internet application infrastructure layer）。它主要由互联网物理层发挥商业作用的软件应用、技术支持等公司组成。这些公司促进网上交易和贸易中介的发展。这一层面包括提供互联网商业应用、网络开发、检索引擎软件、网上培训等公司以及互联网咨询人员。

第三层面由互联网中介层（the internet intermediary layer）。它主要指互联网上买卖双方能更好、更方便地联通、交流和从事商业活动的公司组成。这些公司不以互联网交易获取收入，但以广告、成员订户费等赚得收入。这包括网上旅游机构、经纪人、网上广告商、入门网站供应商。

第四层面是互联网商业层（the internet commerce layer）。它主要指通过互联网从事产品或服务的销售或商务活动，包括进行网上交易的公司，但不是中间商。这些公司有美国亚马逊，网上娱乐服务公司、网上航空售票公司等。

二、互联网经济的五种形态

本书的互联网经济的主要研究对象是经济活动层（economic activity），由于互联网经济变化的日新月异，以及相关法律法规的欠缺，想要准确地界定互联网行业的类型并非易事，根据《第34次中国互联网络发展状况统计报告》，截至2013年12月和2014年6月中国网民对主要不同类别互联网应用的使用率及其网民规模如表1-1所示。

表1-1　中国网民对主要不同类别互联网应用的使用率及其网民规模

互联网主要应用分类	2013年12月 使用率（%）	2013年12月 网民规模（万人）	2014年6月 使用率（%）	2014年6月 网民规模（万人）	半年增长率（%）
即时通信	86.2	53215	89.3	56423	6.0
搜索引擎	79.3	48966	80.3	50749	3.6
互联网新闻	79.6	49132	79.6	50316	2.4
互联网购物	48.9	30189	52.5	33151	9.8

续表

互联网主要应用分类	2013年12月 使用率（%）	2013年12月 网民规模（万人）	2014年6月 使用率（%）	2014年6月 网民规模（万人）	半年增长率（%）
网上支付	42.1	26020	46.2	29227	12.3
网上银行	40.5	25006	43.0	27188	8.7
团购	22.8	14067	23.5	14827	5.4

资料来源：根据中国互联网络信息中心（CNNIC）提供数据整理。

我们这里暂且根据各行业研究机构以及学者对于互联网经济的主要表现形态将互联网经济分为五类，其框架如图1-2所示。

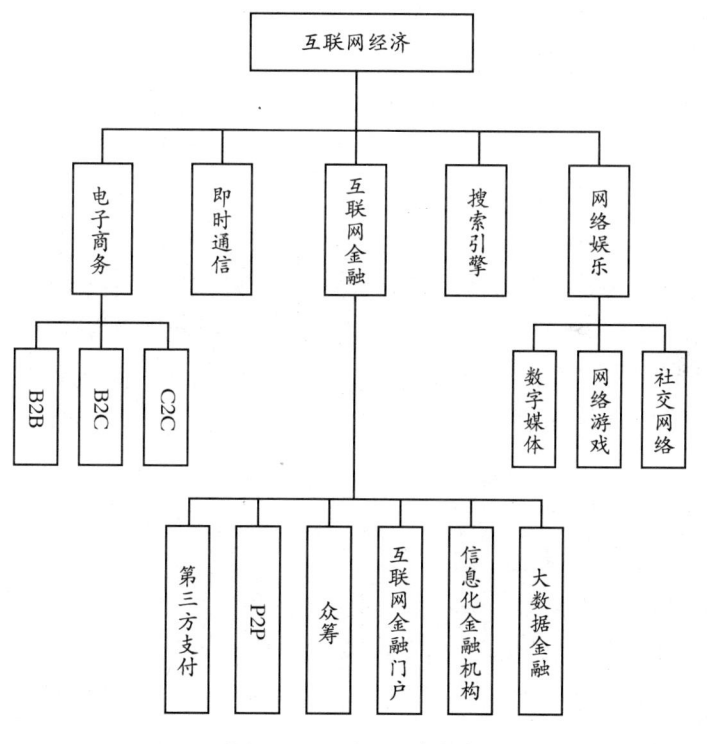

图1-2 互联网经济分类

（一）电子商务

国际商会于 1997 年 11 月，在巴黎举行的世界电子商务会议（the world business agenda for electronic commerce），会上各专家和代表对电子商务的概念第一次做出了比较权威的阐述：电子商务（electronic commerce），是指实现整个贸易过程中各阶段的贸易活动的电子化。目前国内对电子商务普遍的划分方法是按照参与交易的主体来进行划分，据此可以将电子商务模式划分为：企业对企业（business to business，B2B）电子商务模式、企业对消费者（business to consumer，B2C）电子商务模式、消费者对消费者（consumer to consumer，C2C）电子商务模式[1]。

1. B2B 电子商务模式。

B2B 电子商务即企业之间通过专用网络或 Internet，以及企业和企业为交易主体，以银行电子支付和结算为手段，进行数据信息的交换、传递，开展贸易活动的商业模式。它包括企业预期供应商之间采购事务的协调；物料计划人员与仓储、运输公司间的业务协调；销售机构与其产品批发商、零售商之间的协调；为合作伙伴及大宗客户提供的服务等。

2. B2C 电子商务模式。

B2C 电子商务即企业对消费者的商务，是指企业与消费者之间依托 Internet 等现代信息手段进行的商务活动，实现公众消费和提供服务，并保证与其相关的付款方式电子化的一种模式。它是随着万维网的出现而迅速发展的，简单地说，就是需求方和供给方在网络所构造的虚拟市场上开展的买卖活动，相当于电子版的零售。这是最为大众熟悉的电子商务类型，也是最吸引媒体关注的电子商务的商业模式。

3. C2C 电子商务模式。

C2C 是消费者个人对消费者个人的电子商务模式。C2C 模式的思想来源于传统的"跳蚤市场"，即通过为个体买卖双方提供一个在线交易平台，使卖方可以在网上发布商品拍卖消息，买方可以自行选择商品进行竞价，或是由购买商品的个人在网上发布求购信息，由多个卖者竞卖，或是与买者讨价还价，最终达成交易的电子商务模式。

---

[1] 杭州市信息化办公室，浙江工商大学. 中国电子商务之都互联网经济发展报告. 浙江大学电子音像出版社，2009.

（二）即时通信

即时通信（instant messenger，IM），是一种基于互联网的即时交流消息的业务，代表有：Microsoft Lync、百度 Hi、MSN、QQ、微信、易信、来往、FastMsg、UC、蚁傲、ActiveMessenger 等。

最早的即时通信工具是 ICQ。意思是："I seek you!" 1996 年 7 月，以色列青年成立了 Mirabilies 公司，因为与朋友的联络不方便等原因，所以于 1996 年 11 月发布了 ICQ 即时通信的跨时代软件，从此逐渐走进了人们的视线。即时通信除了能够加强网络之间的信息沟通外，最主要的是可以将网络信息与聊天客户直接联系在一起。通过网站信息向聊天用户群及时发送，可以迅速吸引聊天用户群对网站的关注，从而加强了网站的访问率和回头率，它不但成为人们的沟通工具，还成为人们利用其进行电子商务、工作、学习等交流的平台。对于即时通信的分类可以按照不同的方式，如功能、使用对象以及平台类型，而为了更明确地描述即时通信软件特性，中国互联网络信息中心（CNNIC）从垂直性、通用性以及不同软件的传输特性等维度对市场上主流的即时通讯软件进行分类，跨平台即时通信、综合即时通信、跨网络即时通信，而艾瑞网《2010-2011 年中国即时通讯年度监测报告》对即时通信软件的分类如图 1-3 所示。

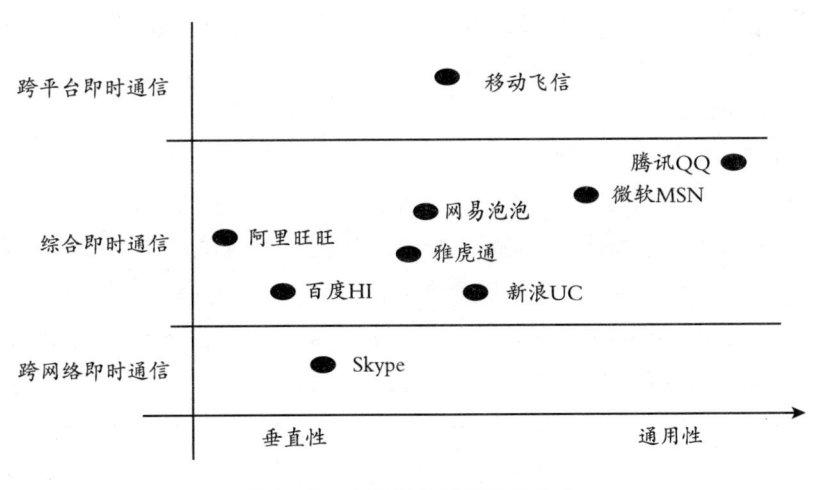

图 1-3 中国即时通信软件分类

（三）搜索引擎

搜索引擎（search engine）是指根据一定的策略、运用特定的计算机程序搜集互联网上的信息，在对信息进行组织和处理后，将处理后的信息显示给用户，是为用户提供检索服务的系统。它包括两大类：一是搜索引擎，如谷歌（www.google.com）、百度（www.baidu.com）；二是面对特定领域的专用搜索引擎，也称垂直搜索引擎，如"去哪儿"（www.qunar.com），"MACD金融网"（www.macd.cn）。而搜索引擎中的广告收入是其盈利的主要来源，其网络广告（Web Ad）作为一种新兴的广告形式，是广告方以付费的方式运用互联网媒体对公众进行劝说的一种新兴传播方式，它的目的是影响人们对其广告产品或劳务的态度从而达到营销的作用，而企业可以借助网络广告来宣传推广产品。

（四）网络娱乐

1. 网络游戏。

网络游戏（online game），又称"在线游戏"，简称"网游"。指以互联网为传输媒介，以游戏运营商服务器和用户计算机为处理终端，以游戏客户端软件为信息交互窗口的、旨在实现娱乐、休闲、交流和取得虚拟成就的、具有可持续性的个体性多人在线游戏。它的使命是"通过互联网服务中的网络游戏服务，提升全球人类生活品质"。

2. 数字媒体。

数字媒体是指以二进制数的形式记录、处理、传播、获取过程的信息载体，这些载体包括数字化的文字、图形、图像、声音、视频影像和动画等感觉媒体，我们通常所说的数字媒体指的是感觉媒体，它包括网上新闻、网络视频、网络音频等。它们的发展是通过影响消费者行为来影响着各个领域的发展。如网络视频网站——土豆网（www.tudou.com）、优酷网（www.youku.com）的发展改变了原来人们通过电视来观看节目的方式，对传统的媒体行业产生了很大的打击，网络音频网站——酷狗网（www.kugou.com）、音悦台（www.yinyuetai.com）使得人们可以在线收听音乐，从而改变了人们购买唱片收听音乐和去音乐剧院现场收听的传统方式。

3. 社交网络。

社交网络是通过互联网平台结识到的朋友，从而进行社交活动的一种新的社交形式。多数社交网站依靠网络交友功能来获得流量，提高用户的黏着度。随着更多应用功能的开发，网络交友的服务形式也越来越丰富，网络交友的方式变得更加具体，更具有针对性。网络交友较之其他交友方式更加经济、安全、健康。上网条件非常便利，上网费用也极其低廉，无须耗费大笔的资金去请朋友们吃喝玩乐以增加感情、友情、恋情。网上交友因其可以异地开展文字、音频、视频聊天，无须去面对面地处在一起，这样就减少了部分人士犯罪的几率。网络交友因其所进行的活动都是通过网络进行，很大程度上减少了网络之外的交友开销，进而减少了对地球的污染与浪费，因此是一种健康的交友方式。

（五）互联网金融

互联网金融是传统金融行业与互联网精神相结合的新兴领域。互联网金融与传统金融的区别不仅仅在于金融业务所采用的媒介不同，更重要的在于金融参与者深谙互联网"开放、平等、协作、分享"的精髓，通过互联网、移动互联网等工具，使得传统金融业务具备透明度更强、参与度更高、协作性更好、中间成本更低、操作上更便捷等一系列特征。互联网金融不是互联网和金融业的简单结合，而是在实现安全、移动等网络技术水平上，被用户熟悉接受后（尤其是对电子商务的接受），自然而然为适应新的需求而产生的新模式及新业务[1]。

随着互联网金融领域的不断创新，以及社会对互联网金融的认识不断加深，目前社会上的一些定义及模式分类还是难以全面覆盖当前互联网金融的发展状态。已经形成共识的互联网金融模式有：

1. 第三方支付。

第三方支付（third-party payment），狭义上是指具备一定实力和信誉保障的非银行机构，借助通信、计算机和信息安全技术，采用与各大银行签约的方式，在用户与银行支付结算系统间建立连接的电子支付模式。根据央行2010年在《非金融机构支付服务管理办法》中给出的非金融机构支付服务的定义，从广义上讲，第三方支付是指非金融机构作为收、付款人的支付中介所提供的网络支付、预付卡、银行卡收单以及中国人民银行确定的其他支付服务。第三支付已不仅仅局限于最初的互联网支付，而是成为线上线下全面覆盖，应用场

---

[1] 罗明雄，唐颖，刘勇. 互联网金融. 中国财政经济出版社，2013.

景更为丰富的综合支付工具。根据海通证券研究所《互联网金融VS银行业专题研究报告》，目前第三方支付的规模与增速如图1-4所示。

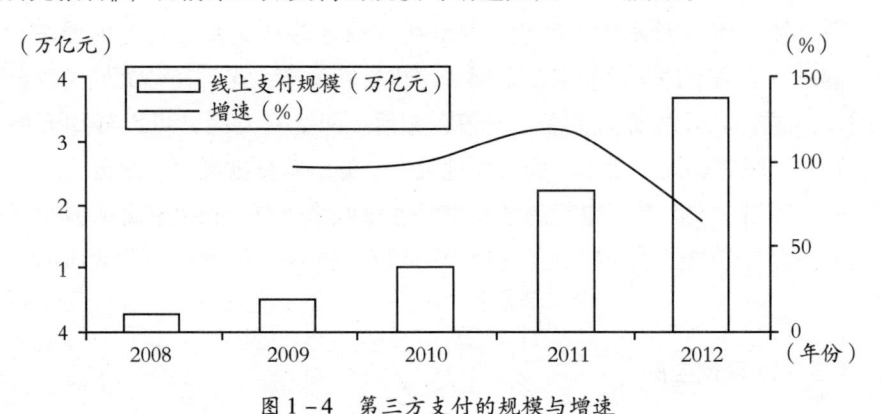

图1-4 第三方支付的规模与增速

资料来源：iResearch、海通证券研究所。

第三方支付从发展路径与用户积累途径来看，目前市场上第三方支付公司的运营模式可以归为两大类：

一类是独立的第三方支付模式，是指第三方支付平台完全独立于电子商务网站，不负有担保功能，仅仅为用户提供支付产品和支付系统解决方案，以快钱、易宝支付、汇付天下、拉卡拉等为典型代表。

另一类是以支付宝、财付通为首的依托于自有B2C、C2C电子商务网站提供担保功能的第三方支付模式。货款暂由平台托管并由平台通知卖家货款到达、进行发货；在此类支付模式中，买方在电商网站选购商品后，使用第三方平台提供的账户进行货款支付，待买方检验物品后进行确认后，就可以通知平台付款给卖家，这时第三方支付平台再将款项转至卖方账户。

第三方支付公司主要有交易手续费、行业用户资金信贷利息及服务费收入和沉淀资金利息等收入来源。比较而言，独立第三方支付立身于B（企业）端，担保模式的第三方支付平台则立身于C（个人消费者）端，前者通过服务于企业客户间接覆盖客户的用户群，后者则凭借用户资源的优势渗入行业。

2. P2P网贷平台。

网络贷款平台P2P（peer-to-peer lending），即点对点信贷。P2P网络贷款是指通过第三方互联网平台进行资金借、贷双方的匹配，需要借贷的人群可以通过网站平台寻找到有出借能力并且愿意基于一定条件出借的人群，帮助贷款人通过和其他贷款人一起分担一笔借款额度来分散风险，也帮助借款人在充分比较的信息中选择有吸引力的利率条件。

P2P平台的盈利主要是从借款人收取一次性费用以及向投资人收取评估和管理费用。贷款的利率确定或者是由放贷人竞标确定或者是由平台根据借款人的信誉情况和银行的利率水平提供参考利率。由于无准入门槛、无行业标准、无机构监管，对P2P网贷还没有严格意义上的概念界定，其运营模式尚未完全定型。

目前已经出现了以下几种运营模式：第一种是纯线上模式，此类模式典型的平台有拍拍贷、合力贷、人人贷（部分业务）等，其特点是资金借贷活动都通过线上进行，不结合线下的审核。通常这些企业采取的审核借款人资质的措施有通过视频认证、查看银行流水账单、身份认证等；第二种是线上线下结合的模式，此类模式以翼龙贷为代表。借款人在线上提交借款申请后，平台通过所在城市的代理商采取入户调查的方式审核借款人的资信、还款能力等情况。另外，以宜信为代表的债权转让模式现在还处于质疑之中，这种模式是公司作为中间人对借款人进行筛选，以个人名义进行借贷之后再将债权转让给理财投资者。

3. 众筹。

众筹，大意为大众筹资或群众筹资，是指用团购＋预购的形式，向网友募集项目资金的模式。众筹是利用互联网和SNS传播的特性，让创业企业、艺术家或个人对公众展示他们的创意及项目，争取大家的关注和支持，进而获得所需要的资金援助。众筹平台的运作模式大同小异——需要资金的个人或团队将项目策划交给众筹平台，经过相关审核后，便可以在平台的网站上建立属于自己的页面，用来向公众介绍项目情况。众筹的规则有三个：一是每个项目必须设定筹资目标和筹资天数；二是在设定天数内，达到目标金额即成功，发起人即可获得资金；项目筹资失败则已获资金全部退还支持者；三是众筹不是捐款，所有支持者一定要设有相应的回报。众筹平台会从募资成功的项目中抽取一定比例的服务费用。

与热闹的P2P相对，众筹尚处于一个相对静悄悄的阶段。目前国内对公开募资的规定及特别容易踩到非法集资的红线使得众筹的股权制在国内发展缓慢，很难在国内做大做强，短期内对金融业和企业融资的影响非常有限。

从行业发展来看，目前众筹网站的发展要避免出现当年团购网站由于运营模式和内容上的千篇一律，呈现出一窝蜂的兴起，而又一大片地倒下的局面。这就要求众筹网站的运营体现出自身的差异化，凸显出自身的垂直化特征。

4. 信息化金融机构

所谓信息化金融机构，是指通过采用信息技术，对传统运营流程进行改造或重构，实现经营、管理全面电子化的银行、证券和保险等金融机构。金融信息化是金融业发展趋势之一，而信息化金融机构则是金融创新的产物。从金融整个行业来看，银行的信息化建设一直处于业内领先水平，不仅具有国际领先的金融信息技术平台，建成了由自助银行、电话银行、手机银行和网上银行构成的电子银行立体服务体系，而且以信息化的大手笔——数据集中工程在业内独领风骚。

目前，一些银行都在自建电商平台，从银行的角度来说，电商的核心价值在于增加用户黏性，积累真实可信的用户数据，从而银行可以依靠自身数据去发掘用户的需求。例如，建行推出主打 B2B 的"善融商务"交易平台，交行推出"交博汇"网上商城等金融服务平台，工行的电商平台也在 2013 年 10 月上线，该平台兼顾 B2B、B2C，集网上购物、投资理财、网络融资、消费信贷于一体。这些都是银行信息化的有力体现。

从经营模式上来说，传统的银行贷款是流程化、固定化，银行从节约成本和风险控制的角度更倾向于针对大型机构进行服务，通过信息技术，可以缓解甚至解决信息不对称的问题，为银行和中小企业直接的合作搭建了平台，增强了金融机构为实体经济服务的职能。但更为重要的是，银行通过建设电商平台，积极打通银行内各部门数据孤岛，形成一个"网银 + 金融超市 + 电商"的三位一体的互联网平台，以应对互联网金融的浪潮及挑战。

信息化金融机构从另外一个非常直观的角度来理解，就是通过金融机构的信息化，让我们汇款不用跑银行、炒股不用去营业厅、电话或上网可以买保险，虽然这是大家现在已经习以为常的生活了，但这些都是金融机构建立在互联网技术发展基础上，并进行信息化改造之后带来的便利。未来，传统的金融机构在互联网金融时代，更多的是如何更快、更好地充分利用互联网等信息化技术，并依托自身资金实力雄厚、品牌信任度高、人才聚焦、风控体系完善等优势，作为互联网金融模式的一类来应对非传统金融机构带来的冲击，尤其是思维上、速度上的冲击。

5. 互联网金融门户。

互联网金融门户是指利用互联网进行金融产品的销售以及为金融产品销售提供第三方服务的平台。它的核心就是"搜索 + 比价"的模式，采用金融产品垂直比价的方式，将各家金融机构的产品放在平台上，用户通过对比挑选合适的金融产品。互联网金融门户多元化创新发展，形成了提供高端理财投资服务和理财产品的第三方理财机构，提供保险产品咨询、比价、购买服务的保险门户网站等。这种模式不存在太多政策风险，因为其平台既不负责金融产品的实际销售，也不承担任何不良的风险，同时资金也完全不通过中间平台。目前在互联网金融门户领域针对信贷、理财、保险、P2P 等细分行业分布有融 360、91 金融超市、好贷网、银率网、格上理财、大童网、网贷之家等。互联网金融门户最大的价值就在于它的渠道价值。互联网金融分流了银行业、信托业、保险业的客户，加剧了上述行业的竞争。随着利率市场化的逐步到来和互联网金融时代的来临，对于资金的需求方来说，只要能够在一定的时间内，在可接受的成本范围内，具体的钱是来自工行也好、建行也罢，还是 P2P 平台、小贷公司，抑或是信托基金、私募债等，已经不是那么重要。融资方到了融 360、好贷网或软交所科技金融超市时，用户甚至无须像在京东买实物手机似的，需要逐一的浏览商品介绍及详细的比较参数、价格，而是更多的将其需求提出，反向进行搜索比较。因此，当融 360、好贷网、软交所科技金融超市这些互联网金融渠道发展到一定阶段，拥有一定的品牌及积累了相当大的流量，成为互联网金融界的"京东"和"携程"的时候，就成了各大金融机构、小贷、信托、基金的重要渠道，掌握了互联网金融时代的互联网入口，引领着金融产品销售的风向标。

6. 大数据金融。

大数据金融是指集合海量非结构化数据，通过对其进行实时分析，可以为互联网金融机构提供客户全方位信息，通过分析和挖掘客户的交易和消费信息掌握客户的消费习惯，并准确预测客户行为，使金融机构和金融服务平台在营销和风控方面有的放矢。基于大数据的金融服务平台主要指拥有海量数据的电子商务企业开展的金融服务。大数据的关键是从大量数据中快速获取有用信息的能力，或者是从大数据资产中快速变现的能力，因此，大数据的信息处理往往以云计算为基础。目前，大数据服务平台的运营模式可以分为以阿里小额信贷为代表的平台模式和京东、苏宁为代表的供应链金融模式。

大数据能够通过海量数据的核查和评定，增加风险的可控行和管理力度，及时发现并解决可能出现的风险点，对于风险发生的规律性有精准的把握，将推动金融机构对更深入和透彻的数据的分析需求。虽然银行有很多支付流水数据，但是各部门不交叉，数据无法整合，大数据金融的模式促使银行开始对沉积的数据进行有效利用。大数据将推动金融机构创新品牌和服务，做到精细化服务，对客户进行个性定制，利用数据开发新的预测和分析模型，实现对客户消费模式的分析以提高客户的转化率。

三、互联网经济的八大特征

由于互联网经济是网络经济的一部分，所以它也具有网络经济的一些特征，而其主要特征可以归纳为以下几部分。

（一）互联网经济是全球化经济

互联网的诞生将整个世界变成了一个庞大的村落——"地球村"，突破了地区和国界的限制，物理空间的距离在消失，把空间因素对经济活动的制约降低到最小的限度。再者，由于网络的强调信息容纳能力，可以把世界上所有的经济活动及其他活动涵盖进去，这样就使得整个全球经济的一体化进程大大加快，让分工在全球范围内进行，使得世界各国的经济相互依存程度空前加强，网络是全球化的技术基础，而经济的全球化进一步加速了网络技术的发展，今天的高科技产业化也正使世界经济从主要依靠资源的工业经济向主要依靠智力的网络经济转变，通过信息高速公路的即时联系使世界经济一体化。

（二）互联网经济是24小时经济

由于信息网络和 Web 服务器等是全天 24 小时运转的，因此，人们的经济活动在某种意义上变成人与计算机之间，甚至是计算机与计算机之间的交易活动。这样，基于网络的经济活动就很少再受时间因素的制约，你可以在任何时间完成你需要进行的交易，特别是对于数字产品、信息服务等。因为这些产品、信息是被存储于计算机信息服务系统中的，而服务器是全天候运行的，因此互联网经济彻底打破了时间的限制。

（三）互联网经济是个性化经济

互联网经济是一种"个性化"经济，集中表现为"个性化"的服务。互联网经济之所以可以做到个性化是由于信息可以进行无限制地复制组合，互联网网络的存在使得个体与企业的联系更加密切，以及人们获取信息的范围速度变得更快，人们可以按着自己的需求寻找信息，从而通过互联网实现自己的目的，而且网络的经营者也可以轻而易举地为消费者提供周到的"个性化"服务。这样，不仅使得经济的交易成本在互联网经济体的运行模式下有所降低，而且可以使得互联网经济成为"个性化"的经济。这种个性化的服务是互联网经济对于传统的生产消费习惯的革命性冲击，当然这也深刻地体现了互联网经济的力量。

（四）互联网经济是快捷性经济

消除时空差距是互联网使世界发生的根本性变化之一。首先，信息、网络突破了时间的约束，使人们的信息传输、经济往来可以在更小的时间跨度上进行。互联网经济可以 24 小时不间断运行，经济活动更少受到时间因素制约。其次，互联网经济是一种速度型经济。现代信息网络可用光速传输信息，互联网经济以接近于实时的速度收集、处理和应用信息，节奏大大加快了。如果说 20 世纪 80 年代是注重质量的年代，90 年代是注重再设计的年代，那么，21 世纪的头 10 年就是注重速度的时代。因此，互联网经济的发展趋势应是对市场变化发展高度灵敏的"即时经济"或"实时运作经济"。再次，互联网经济从本质上讲是一种全球化经济。由于信息网络把整个世界变成了地球村，使地理距离变得无关紧要，基于网络的经济活动对空间因素的制约降低到最小限度，使整个经济的全球化进程大大加快，世界各国的相互依存性空前加强。

（五）互联网经济是创新型经济

互联网经济的创新包括技术创新、标准创新、组织创新、商业模式的创新。互联网经济的创新促进了经济发展方式的变化，引起了经济的变革。为什么说互联网经济是创新型经济，其根本就在于互联网经济的创新方面，它使得现实经济体中的生产方式由大规模的生产向个性化生产转化，信息的获得性使生产者和消费者的交易成本大幅度降低，企业盈利所需要的核心资源加入了新的内容，商业模式的优劣与企业的盈利状况更加相关。

（六）互联网经济是直接性经济

网络改变了人们的沟通方式，使企业组织结构趋向扁平化，生产者和消费者，企业与客户、供应商、合作伙伴可以直接联系，使传统经济中的中间管理层和中间商失去了存在的必要性，这必然改变企业的组织结构和生产、经营模式，比如美国戴尔计算机公司的直销模式，是互联网经济的经典模式。同时，为企业组织提供了一个新的电子化营销渠道，互联网可以作为信息产品的分销渠道，如软件、音乐、电影票或飞机票、经济服务、保险业务以及研究数据都可以通过互联网分销。当产品本身无法通过互联网分销时，产品的特性、定价、分销时间或其他关于产品的有用信息可以通过互联网传递。互联网对已有的分销渠道有两种影响：替代效应或扩充效应。当互联网用于向与旧有分销渠道相同的客户服务，并不创造新的客户时，就会产生替代效应。旅行服务机构的机票分销服务形式的更替就是一个很好的例子，人们不会仅仅因为网络售票的出现去购买机票。在另一方面，那些无法承受从股票经纪人那里购买股票的经纪费的投资者，在支付较低的在线经纪费后就可以使用互联网参与股票市场交易，这就是扩充效应。替代效应和扩充效应经常相伴发生。互联网经济是直接性经济。

（七）互联网经济是虚拟性经济

这里所说的虚拟经济不是由证券、期货、期权等传统的基础金融工具以及在传统金融工具上的衍生品交易活动所形成的虚拟经济，而是指在信息网络里构筑虚拟空间中进行的经济活动。互联网经济的虚拟性在于网络的虚拟性，把原来的诸如零售、批发、营销等环节转移到网上去经营的经济都是虚拟经济，它是与网外物理空间中现实经济相互并存，相互促进的。把现实中的经济体搬到网络上，在这种虚拟的空间里从事经济活动已成为现代经济新潮流的历史方向，当然这种虚拟经济会引起投机行为的增多从而会对经济的投机活动产生比较大的影响，会加深各个经济主体的风险，引起经济危机。

（八）互联网经济是高渗透经济

迅速发展的信息技术、网络技术，具有极高的渗透性功能，使得信息服务业迅速地向第一、第二产业扩张，使三大产业之间的界限模糊，出现了第一、第二和第三产业相互融合的趋势。三大产业分类法也受到了挑战。为此，学术界出了"第四产业"的概念，用以涵盖广义的信息产业；美国著名经济学家波拉特在1977年发表的《信息经济：定义和测量》中，第一次采用四分法把产业部门分为农业、工业、服务业、信息业，并把信息业按其产品或服务是否在市场上直接出售，划分为第一信息部门和第二信息部门。第一信息部门包括电子通信、印刷大众传播、广告宣传、会计、教育等。第二信息部门包括公共、官方机构的大部分和私人企业中的管理部门。除此之外，非信息部门的企业在内部生产并由内部消费的各种信息服务，也属于第二信息部门。从以上产业分类可以看出，作为互联网经济的重要组成部分——信息产业已经广泛渗透到传统产业中去了。对于诸如商业、银行业、传媒业、制造业等传统产业来说，迅速利用信息技术、网络技术，实现产业内部的升级改造，以迎接互联网经济带来的机遇和挑战,是一种必然选择。不仅如此,信息技术的高渗透性还催生了一些新兴的"边缘产业",如光学电子产业、医疗电子器械产业、航空电子产业、汽车电子产业等。以汽车电子产业为例,汽车电子装置在20世纪60年代出现,70年代中后期发展速度明显加快,80年代已经形成了统称汽车电子化的高技术产业。可以说,在网络信息技术的推动下,产业间的相互结合和发展新产业的速度大大提高。

第三节　中国互联网经济的发展现状与趋势

一、中国互联网发展的整体概况

20世纪90年代,互联网的普及使得美国取得了前所未有的繁荣并巩固了其全球科技领先的地位。20多年间,信息技术和互联网飞速发展,互联网已经延伸到实体经济并与之融合形成信息生产力,驱动全球经济新一轮的大发展、大变革。面向2020年,互联网经济体正在成为全球新的增长极。

过去20年间,信息通信技术通过促进金融深化,已经对中国经济增长产生了显著影响[1]。互联网经济是一个很大的细分市场,到现在已经发展出多种互联网商业模式。1994年中国接入国际互联网以来,互联网发展已经经历将近20年。在中国,发展最健康、最重要、最能体现互联网经济发展的就是电子商务模式。电子商务自1997年起,也已历时发展近17年。

根据中国互联网络信息中心(CNNIC)《第34次中国互联网络发展状况统计报告》,截至2014年6月底,中国网民规模达到6.32亿,较2013年年底增加了1442万人,互联网普及率为46.9%,较2013年年底上升了1.1个百分点。手机网民规模达到5.27亿,较2013年年底增加了2699万人。中国域名总数为1915万个,其中".CN"域名总数为1065万个,占中国域名总数的55.6%。中国网站总数为273万个,其中".CN"下网站数为127万个。商务部《中国电子商务报告(2013)》显示,2013年中国电子商务交易额为102834亿元,同比增长26.8%。其中,网络零售市场交易额达到18517亿元,同比增长41.2%,增速相当于当年社会消费品零售总额增长率(13.1%[2])的

---

[1] 谢平. 互联网金融模式研究. 中国金融四十人论坛月报, 2012 (8)
[2] 国家统计局. 中华人民共和国2013年国民经济和社会发展统计公报. 2014-02-24

3.1 倍；2013 年，中国网络零售市场交易规模超过美国，跃居全球第一，已经成为世界上最大的网络零售市场①。

近年来，随着中国互联网基础设施的完善、互联网用户爆炸性的增长、互联网应用的普及，使得中国互联网市场取得了迅猛发展，中国"互联网大国"的规模已经初显。无疑，今后将是互联网和移动网络的天下，而其中，电子商务与移动电子商务，将是重要组成部分。下面主要从中国互联网发展状况和电子商务发展规模两个方面来阐述互联网经济在中国的发展现状与未来。

二、中国互联网基础条件发展现状与规模

（一）互联网基础资源概述

截至 2014 年 6 月底，中国 IPv4 地址数量为 3.3 亿个，拥有 IPv6 地址 16694 块/32，较 2013 年年底增长 0.1%，如图 1-5 所示。域名总数为 1915 万个，相比 2013 年年底增速为 3.9%；其中".CN"域名总数为 1065 万个，相比 2013 年年底减少了 1.6 个百分点，占中国域名总数比例达到 55.6%；".COM"域名数量为 706 万个，占比为 36.9%。".中国"域名总数 28 万个，占比 1.5%，详情见表 1-2 和表 1-3。中国网站②总数为 273 万个，如图 1-6 所示。

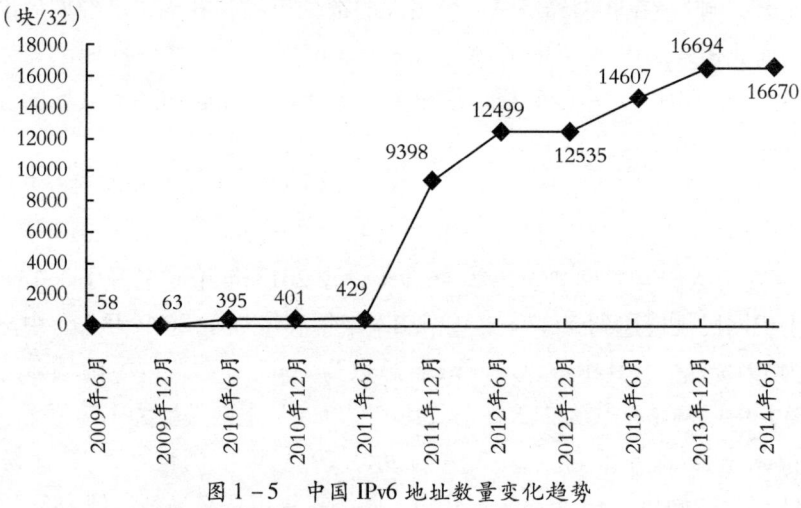

图 1-5　中国 IPv6 地址数量变化趋势

资料来源：根据 CNNIC 提供数据整理。

---

① 麦肯锡（McKinsey & Company）. 中国的数字化转型（中文版），2014 年 7 月，p. 15. 引自艾瑞市场咨询公司《中国网络购物行业年度监测报告 2014》（2014 年 5 月）。
② 域名注册者在中国境内注册的网站。

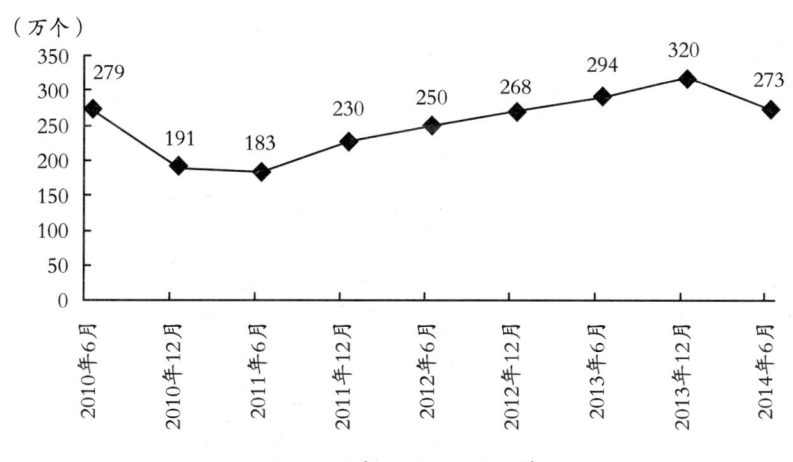

```
(万个)
350        279                                          320
300                                              294    
250                                      268            273
200                            230   250
150        191   183
100
 50
  0
    2010年6月 2010年12月 2011年6月 2011年12月 2012年6月 2012年12月 2013年6月 2013年12月 2014年6月
```

图1-6 中国网站数量趋势

资料来源：根据CNNIC提供数据整理。统计数据不包括".EDU.CN"下的网站。

表1-2　　　　　　　　　　中国各省域名数

省份	域名 数量（万个）	占总数比例（%）	".CN"域名 数量（万个）	占".CN"总数比例（%）	".中国"域名 数量（个）	占".中国"总数比例（%）
浙江	355	24.2	277	35.5	19041	7.0
广东	300	20.4	187	24.0	51075	18.7
北京	154	10.5	55	7.1	31104	11.4
上海	75	5.1	27	3.5	15753	5.8
山东	73	5.0	40	5.1	16785	6.1
福建	72	4.9	33	4.2	13911	5.1
江苏	60	4.1	19	2.4	22106	8.1
河南	37	2.5	7	0.9	4950	1.8
四川	36	2.5	8	1.0	10193	3.7
辽宁	22	1.5	7	0.9	12538	4.6
河北	22	1.5	7	0.9	7256	2.7
湖北	20	1.4	6	0.8	5435	2.0

续表

省份	域名 数量（万个）	域名 占总数比例（%）	其中 ".CN"域名 数量（万个）	其中 ".CN"域名 占".CN"总数比例（%）	其中 ".中国"域名 数量（个）	其中 ".中国"域名 占".中国"总数比例（%）
安徽	19	1.3	6	0.8	3627	1.3
湖南	18	1.2	6	0.8	4650	1.7
海南	15	1.0	2	0.3	666	0.2
重庆	14	1.0	4	0.5	6272	2.3
陕西	13	0.9	4	0.5	4043	1.5
天津	10	0.7	3	0.4	3102	1.1
黑龙江	9	0.6	3	0.4	4425	1.6
江西	9	0.6	3	0.4	2449	0.9
吉林	9	0.6	2	0.3	3116	1.1
广西	9	0.6	3	0.4	2918	1.1
山西	7	0.5	2	0.3	3125	1.1
云南	7	0.5	3	0.4	4841	1.8
内蒙古	5	0.3	1	0.1	1950	0.7
新疆	4	0.3	1	0.1	811	0.3
贵州	4	0.3	2	0.3	1481	0.5
甘肃	3	0.2	1	0.1	634	0.2
宁夏	2	0.1	0.4	0.1	369	0.1
青海	1	0.1	0.2	0.0	219	0.1
西藏	0.5	0.0	0.1	0.0	209	0.1
其他	85	5.8	62	7.9	14330	5.2
总计	1469	100	780	100	273384	100

资料来源：根据CNNIC提供数据整理。域名总数不包括".EDU.CN"。数据统计截至2013年6月底。

表1-3　　　　　　　中国分类域名数量统计

	数量（万个）	占比（%）
CN	1065	55.6
COM	706	36.9
NET	83	4.3
中国	28	1.5
ORG	19	1.0
INFO	5	0.3
BIZ	8	0.4
其他	0.04	0.002
总计	1915	100

资料来源：根据CNNIC提供数据整理。数据统计截至2014年6月底。类别顶级域名（gTLD）来源于域名统计机构WebHosting.Info在2014年7月1日公布的数据。

（二）网民规模

1. 总体网民规模。

在2007～2012年，中国是网名数量增长最多的国家[1]。截至2014年6月底，中国网民规模达6.32亿，半年共计新增网民1442万人。互联网普及率为46.9%[2]，如图1-7所示。预计未来15～20年，中国网民人数将超过10亿，是美国的4倍左右[3]。

近年来中国互联网普及率稳步提升，主要有两个方面的原因：一是2012年政府在信息化推进领域的一系列政策方针和基础网络设施建设、宽带普及、移动网络建设等；二是在于3G、移动设备的快速普及和无线应用的多样化。另外，来自手机客户端应用正在吸引越来越多的用户。截至2014年6月底，中国手机网民规模已达到5.27亿，网民中使用手机上网的人群占比进一步提升，由2013年的81.0%提升至现在的83.4%，手机网民规模首次超越传统PC网民规模，说明手机对互联网的普及是目前互联网增长的主要来源。

---

[1] CNNIC：《第31次中国互联网络发展状况统计报告》。
[2] 互联网普及率的计算所依据的总人口数来源于《中国统计年鉴（2013）》。不包括香港特别行政区、澳门特别行政区和台湾地区的人口数。
[3] 详见AliResearch。

互联网经济：中国经济发展的新形态

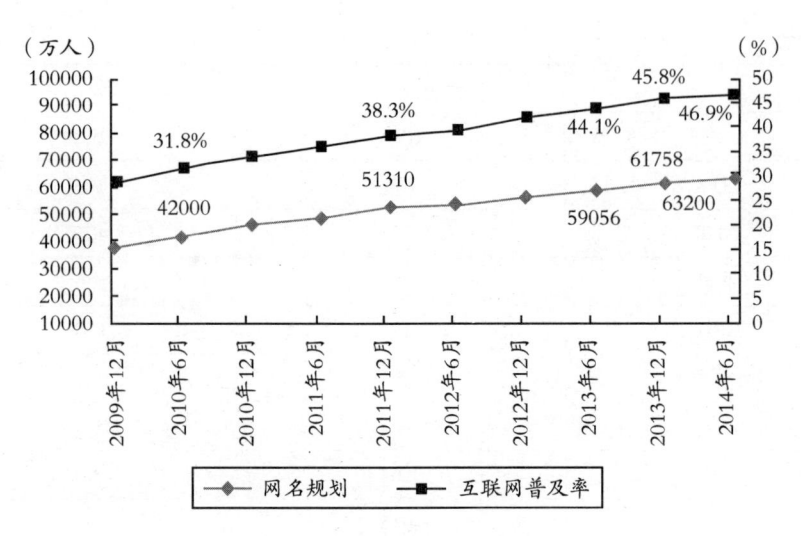

图1-7 中国网民规模与互联网普及率
资料来源：根据CNNIC提供数据整理。

2. 手机网民规模。

根据CNNIC的统计数据显示，截至2014年6月底，中国手机网民规模达到5.27亿，较2013年年底增加约2699万人，网民中使用手机上网人群占比由81.0%提升至83.4%。另根据工信部发布的数据，截至2013年5月，中国手机上网用户数达到7.83亿户。虽然两个部门的统计数据存在差异①，但都同时说明中国手机网民已经形成庞大规模，发展态势迅猛。自2013年上半年，新一轮的手机上网快速增长得益于3G的普及、无线网络发展（包括公用和私有WiFi的发展）和手机应用的创新。3G的快速普及和无线网络的覆盖为手机上网奠定了用户基础和网络基础。此外，各类手机应用也提升了网民的使用动力，尤其基于真实生活需要的购物、支付等应用满足了手机网民多元化生活需要，同时增强了其对移动互联网的兴趣，提升了手机网民的使用黏性，如图1-8所示

手机上网之所以成为互联网发展的新动力，一是手机上网的发展推动了中国互联网的普及，尤其为受网络、终端等限制而无法接入的人群和地区提供了

---

① CNNIC统计数据和工信部统计数据存在差异的原因是统计口径不同。因为CNNIC统计的是手机上网人，工信部统计的是手机上网用户数（号码数），所以工信部统计的数据要多于CNNIC。一个手机网民可能同时使用多个号码，根据CNNIC的调查，平均每个手机网民拥有1.45个手机号；而且CNNIC采用电话调查的方式统计的上网人数，只包括有意识的主动上网群体。

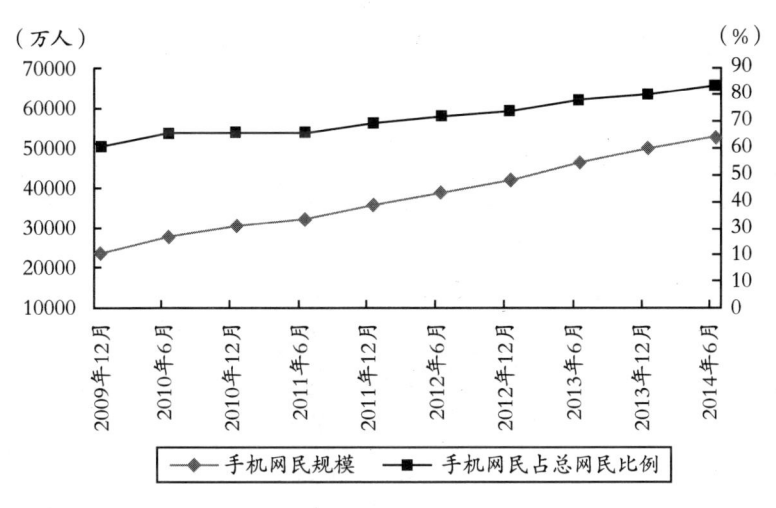

图 1-8 中国手机网民规模及其占网民比例

资料来源：根据 CNNIC 提供数据整理。

使用互联网的可能性；二是手机上网推动了互联网经济新的增长，基于移动互联网的创新热潮为传统互联网类业务提供了新的商业模式和发展空间。

（三）利用互联网现状：信息获取与商务交易

2014 年上半年，中国网民对网络应用的使用更为深入。交流沟通类应用中，即时通信使用率继续攀升，第一大网络应用的地位更为稳固。截至 2014 年 6 月底，中国即时通信网民规模达 56423 万人，比 2013 年增长了 3208 万人，半年增长率为 6.0%，使用率为 89.3%，较 2013 年增加了 3.1 个百分点，使用率仍然保持第一且持续攀升，尤其以手机端的发展更为迅速。手机即时通信网民规模为 45921 万人，较 2013 年增长了 2842 万人，半年增长率 6.6%，使用率为 87.1%。电子商务类在手机端应用发展迅速，其中手机在线支付使用率的涨幅很大，相比 2013 年增长了 13.8 个百分点。此外，手机购物、手机网上银行、手机团购的使用率相比 2013 年分别增长了 10.0%、11.4% 和 3.1%。

1. 信息获取。

搜索引擎作为互联网的基础应用，是网民获取信息的重要工具，其使用率自 2010 年后始终保持在 80% 左右，使用率在所有应用中稳居第二。截至 2014 年 6 月底，中国搜索引擎用户规模达 5.07 亿，使用率为 80.3%，用户规模较

2013年12月增长1783万人,增长率为3.6%。手机搜索用户数达4.06亿,使用率达到77.0%,用户规模较2013年12月增长4080万人,增长率为11.2%。手机搜索用户规模增长迅速,手机搜索已经超过手机新闻,成为除手机即时通信以外的第二大手机应用。

从整体上来看,搜索引擎网民增长已进入平稳发展期,但呈现出多元化的发展趋势。第一是搜索网站的多元化。除了传统的综合搜索外,还有微博、社交网站和电商网站搜索等。第二是搜索引擎的流量来源呈现多元化。除了直接键入网址进入搜索引擎外,还有网站和浏览器默认进入某个搜索引擎,还有即时通信工具等应用引导使用某个搜索引擎等方式,上述搜索入口也是搜索企业争夺的重点。第三是搜索过程多元化。搜索关键字输入不仅通过键盘,还通过语音、拍照、扫描等方式输入,搜索结果不仅以传统图文展示,还可以以地图、短信、语音等方式呈现。搜索引擎多元化的发展趋势满足了不同人群在不同场景的搜索需求,使得人们搜索更快捷方便,寻找和获取信息的成本更为低廉。此外,随着移动互联网快速发展,网民的部分搜索行为也转向了移动搜索,移动搜索成为搜索企业未来新的开拓点、增长点。各类搜索引擎企业也把目光投向了移动搜索领域。

2. 商务交易。

(1) 互联网购物。互联网购物网民增长的来源主要有以下几个方面。第一,网民数量的持续增长、网民购买力的提升和消费者线上消费习惯的养成,为互联网购物奠定了良好的用户基础,成为促进互联网购物大力发展的重要基础。第二,传统企业向电子商务转型拓展了互联网购物的渠道。线上产品的丰富、线上和线下的互动,提升了用户的购买体验。第三,互联网促销的常态化激发了消费者的购买欲望。网购市场的激烈竞争导致电商之间频繁的价格战。店庆和节日促销、特卖、低价秒杀等营销手段的使用频率越来越高,极大地刺激了消费者的购买欲望。第四,移动互联网的发展和智能手机的普及,促使移动支付、移动购物快速增长,手机端和PC端的应用互补,促进了互联网购物市场的繁荣发展。此外,商务部等相关部门联合企业加大力度整顿市场、打击假货,使网络诚信环境得到改善;新《消费者权益保护法》规定,网购7天,无理由退货,加强对消费者的保障力度;电商平台和快递企业推出预约配送和当日送达等服务,这样就提升了物流效率。截至2014年6月底,中国网络购物用户规模3.32亿,较2013年底增加了2962万人,半年增长率9.8%。手机购物在移动商务市场发展迅速,用户规模为2.05亿,半年度增长率42.0%,

是网络购物市场整体用户规模增长速度的4.3倍，手机购物的使用比例由28.9%提升至38.9%。

（2）网上支付。2013年上半年，中国网上支付市场取得快速增长的主要原因有四方面：第一，政府政策的引导。截至2013年年初，中央银行分6个批颁发了233张支付牌照，并出台了《支付机构互联网支付业务管理办法》等一系列相关政策，有力地引导了互联网支付行业的发展。在企业"现金补贴"、"折扣优惠"、"高收益率"等大力推广举措下，带动网上支付用户规模的迅速增长。第二，市场的支持。传统企业的电子商务化进程不断加速；涉及支付环节的各类市场的活跃以及用户对其他付款渠道不断增长的需求，推动了电子支付和移动支付网民规模的增长。第三，基于牌照、商户、用户资源以及商业模式等层面的创新，开创了网上支付新业务模式：个人消费信贷。通过第三方支付可获得贷款的金额从50元到1000万元不等，特别是小额信贷业务，为个人消费信贷提供了融资渠道和支付便利，从而促进支付业务的发展。此外，支付工具安全环境和安全性能的进一步提升，为用户使用提供了更完善的支持和保障。截至2014年6月，中国使用网上支付的用户规模达2.92亿，较2013年底增加3208万人，半年增长率为12.3%。与此同时，手机支付增长迅速，用户规模达到2.05亿，半年增长率为63.4%，网民手机支付的使用比例由25.1%提升至38.9%。

3. 手机网民利用互联网现状。

2014年上半年，中国移动互联网发展态势良好，各类应用领域网民规模均保持一定增长。交流沟通和信息获取仍然是手机端的主流应用。同时领域内各类应用的使用率整体均呈现上涨趋势，尤其是手机支付使用率涨幅较大，成为亮点。就2012年"光棍节"的统计数据而言，天猫和淘宝网共实现成功交易1.058亿笔，其中无线支付近900万笔，通过iPad、iPhone以及安卓系统手机等移动设备上完成的淘宝交易额达9.4亿元人民币。对比2011年，在总交易笔数翻了两番，交易额翻了四番的背景下，移动支付的规模增长了近4倍[①]。

当前随着智能手机性能的不断提升和价格的进一步降低，同时移动流量资费的下调，网民手机上网的比例逐渐提升，手机搜索是仅次于即时通信的第二大手机应用，在网民日常生活中占据着重要地位。手机搜索一方面是来自于电

---

① 万建华. 金融e时代：数字化时代的金融变局. 中信出版社，2013.

互联网经济：中国经济发展的新形态

脑搜索需求的延伸，另一方面是来自于人们碎片化时间里在各种场景的信息搜寻需求。由于其具有移动性能特点，手机搜索形式更加多元化，不仅有传统的综合搜索和垂直搜索，还有各种应用的搜索功能。同时手机搜索输入也变得多元化，不仅有文字图片输入，还有语音、拍照、扫描等输入方式。在手机上，网民不仅通过浏览器输入网址进行搜索，还通过搜索APP、浏览器默认搜索引擎、浏览器首页推荐搜索引擎、手机内置搜索引擎以及输入法和即时通信等工具导流进入搜索引擎进行搜索活动。正因为手机搜索的迅速发展，各搜索企业更加重视移动搜索技术的研发和推广，同时重视各种手机搜索入口，力求在手机搜索领域占据一席之地。截至2014年6月底，中国手机搜索网民规模40583万人，较2013年增长11.2%；使用率为77.0%。

手机的即时通信功能已经成为一个综合平台，它已不再仅仅是单纯的聊天工具，而是发展成为手机综合平台，融入了交流沟通、信息获取、商务交易等各类型互联网服务。对企业而言，利用这个平台的社交元素，其产品可以得到快速、广泛地传播，营销作用巨大。对手机即时通信产品而言，集交流沟通、信息获取、社交、电子商务和支付于一体，更是在手机即时通信产品中形成一个闭环生态系统，一切服务都可在其中完成，使其具有巨大的潜在商业价值。截至2014年6月底，中国手机即时通信网民数为45921万人，较2013年增长2842万人，半年增长率6.6%。手机即时通信使用率为87.1%，较2013年提升1.0个百分点。手机即时通信网民规模增长率和手机即时通信使用率均超过即时通信整体水平。

同时，手机在线支付发展迅速，手机互联网购物引领潮流。近年来，手机在线支付市场发展迅速，其网民规模在商务交易类应用中增幅最大。而且手机支付功能的不断优化，从侧面推动了手机互联网购物市场的迅速繁荣。首先，手机购物打破了时间和地域的限制，利用零散的时间，使得网上购物和网上支付能够随时随进行，这成为吸引消费者的重要原因。其次，由于手机屏幕的增大和网页设计的优化，手机互联网购物的用户体验在逐渐提升，用户的接受度和认可度与日俱增。最后，二维码、条形码、比价搜索等移动APP的发展和手机支付的完善，大大缩短了移动购物的时间和进程，在一定程度上吸引用户购买，带来手机互联网购物的新创新点和增长点。截至2014年6月底，手机在线支付网民规模达到20509万人，使用率提升至38.9%，与2013年相比提升了13.8个百分点；手机互联网购物网民规模达到20499万人，使用率为38.9%，较2013年提升了10.0个百分点。

第一章 互联网经济：经济发展的"新模式"

三、中国互联网经济发展现状

波士顿咨询预计，到 2016 年，中国互联网经济规模将与美国互联网经济规模持平①。在互联网经济发展的过程中，最具代表性的电子商务如火如荼。应用电子商务的方式主要以 B2B 为主，如图 1-9 所示，根据中国电子商务研究中心发布的历年数据，截至 2009 年 6 月，中国规模以上电子商务网站总量已经达 12282 家。其中，B2B 电子商务服务企业有 5320 家，B2C、C2C 与其他非主流模式企业达 6962 家。到 2013 年底，中国 B2B 电子商务企业规模为 12580 家，国内 B2C、C2C 与其他电商模式企业数已达 29303 家，较 2012 年增幅达 17.8%，预计 2014 年年底达到 34314② 家。到 2014 年 6 月，中国 B2B 电子商务服务网站达到 12030 家，同比增长 5.5%。

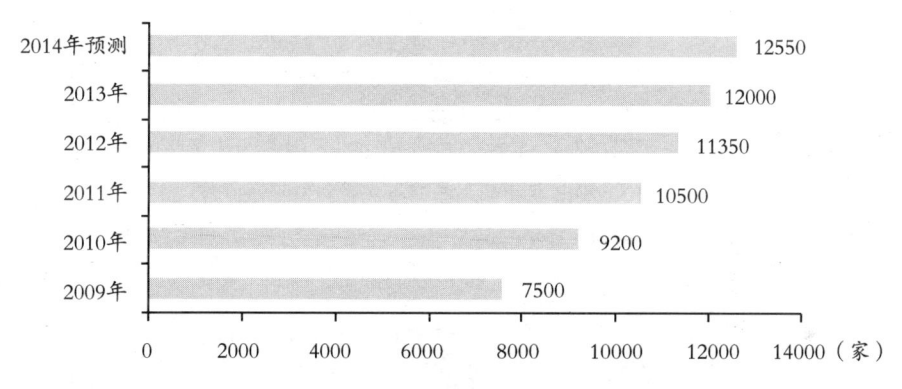

年份	数量（家）
2014年预测	12550
2013年	12000
2012年	11350
2011年	10500
2010年	9200
2009年	7500

图 1-9　2009~2014 年为预测值中国 B2B 电子商务企业数

资料来源：根据 www.100ec.cn 提供数据整理。

2013 年中国电子商务企业区域分布排名前十位的是：广东省、江苏省、北京市、上海市、浙江省、山东省、湖北省、福建省、四川省和湖南省。电子商务的发展与区域经济发展水平密切相关。沿海及经济发达地区，发展电子商务的基础设施完善、相关政策、融资等环境优良，使得经济发达地区电商企业密集，如图 1-10 所示。

中国电子商务服务企业主要分布在长三角经济圈、珠三角经济圈以及北京等经济较为发达的区域，如图 1-11 所示。电子商务服务企业多分布在经济较

---

① 波士顿咨询：《网络连接世界：4.2 万亿美元的机遇二十集团的互联网经济》。
② 中国电子商务研究中心：《2014 年（上）中国电子商务市场数据监测报告》。

互联网经济：中国经济发展的新形态

为发达的省市，主要是因为这些地方金融体系发展较完善、环境承载能力较强、政府扶持力度较大等。

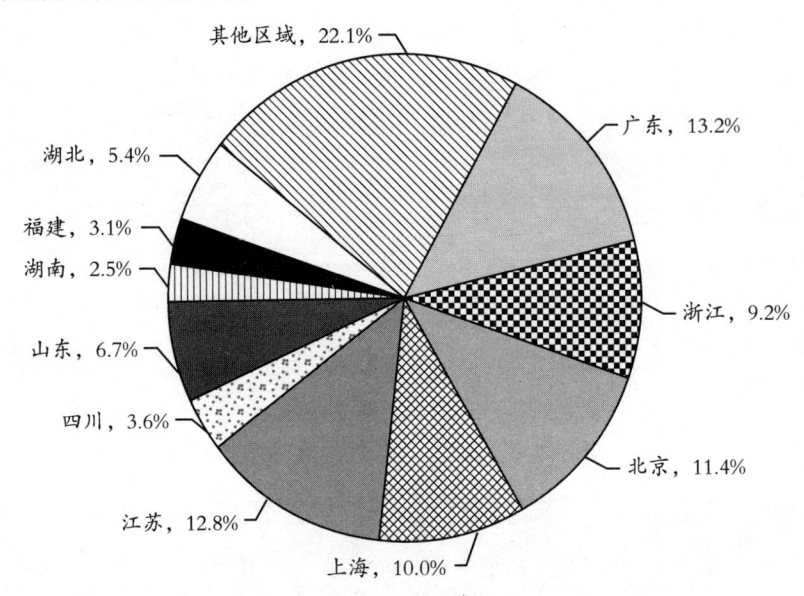

图 1-10　2013年中国电子商务服务企业区域分布

其他区域，22.1%
广东，13.2%
湖北，5.4%
福建，3.1%
湖南，2.5%
浙江，9.2%
山东，6.7%
四川，3.6%
北京，11.4%
江苏，12.8%
上海，10.0%

资料来源：根据www.100ec.cn提供数据整理。

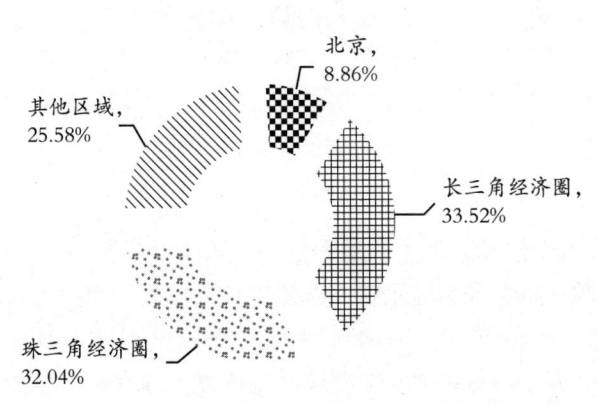

图 1-11　2009年中国电子商务服务企业区域分布情况

北京，8.86%
其他区域，25.58%
长三角经济圈，33.52%
珠三角经济圈，32.04%

资料来源：根据www.100ec.cn提供数据整理。见：中国电子商务研究中心：《1997~2009：中国电子商务十二年调查报告》。

近年来，电子商务企业营收累计呈快速增长状态，因为越来越多的中小企业开始使用第三方电子商务平台。根据中国电子商务研究中心数据，截至2009年6月，电子商务服务类企业（包括B2B、B2C、C2C、B2M和B2G等）

第一章 互联网经济：经济发展的"新模式"

营收累计达到75.3亿元人民币。其中B2B和B2C分别为32.5亿元和40.2亿元。在2013年上半年，中国B2B电子商务服务商的营收规模达到93.8亿元，同比增长25.9%。2014年上半年中国B2B电子商务服务商的营收规模为115亿元，同比增长22.6%。从整体上看，中国B2B电子商务市场总营收规模保持较为稳定的增长水平，如图1-12所示。

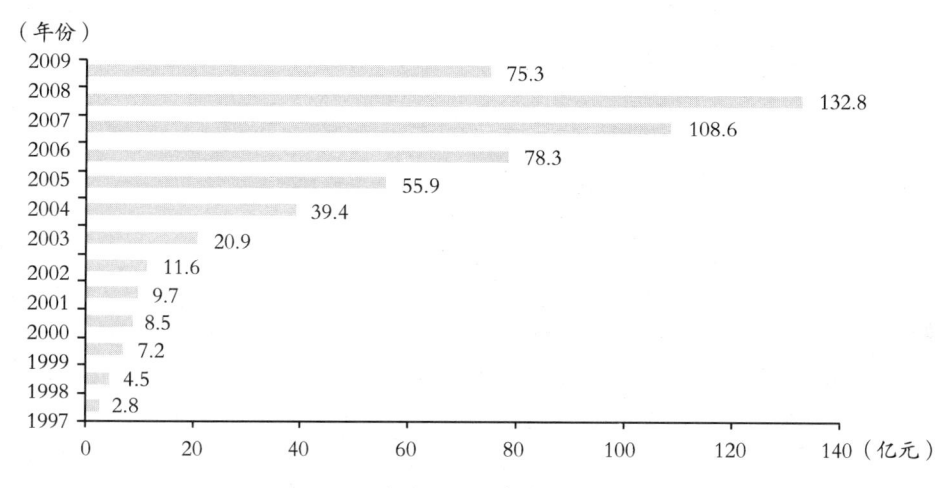

(年份)
年份	营收(亿元)
2009	75.3
2008	132.8
2007	108.6
2006	78.3
2005	55.9
2004	39.4
2003	20.9
2002	11.6
2001	9.7
2000	8.5
1999	7.2
1998	4.5
1997	2.8

图1-12 1997~2009年中国电子商务服务类企业营收累计情况

资料来源：根据www.100ec.cn提供数据整理。见：中国电子商务研究中心：《1997~2009：中国电子商务十二年调查报告》。

从图1-12可知，电子商务服务类企业营收年均增长幅度30%以上。2009上半年，包括阿里巴巴、环球资源、慧聪国际、网盛生意宝和焦点科技（已通过证监会发审委审核，待中小板IPO），仅这5家B2B上市公司的营业收入总值为23.9亿元人民币，净利润约为6亿元人民币[①]。

根据中国电子商务研究中心监测数据，2014年上半年，中国B2B电子商务服务商营收份额中，阿里巴巴继续排名首位，市场份额为40.5%。上海钢联（上海钢联电子商务股份有限公司）、环球资源（深圳环球资源网络服务有限公司）、慧聪网（北京慧聪国际资讯有限公司）、中国制造网（焦点科技股份有限公司）、环球市场集团、网盛生意宝（浙江网盛生意宝股份有限公司）分别位列第2至第7位，占比分别为8.0%、5.7%、4.0%、2.3%、1.6%、1.0%，其他类占比36.9%，如图1-13所示。

① 中国电子商务研究中心根据证券市场公开披露的文件统计资料整理。

互联网经济：中国经济发展的新形态

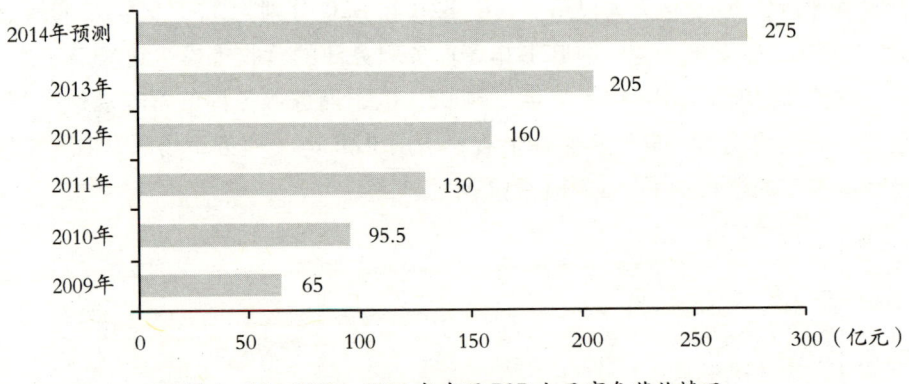

```
2014年预测 ━━━━━━━━━━━━━━━━ 275
2013年    ━━━━━━━━━━━━ 205
2012年    ━━━━━━━━━ 160
2011年    ━━━━━━━ 130
2010年    ━━━━━ 95.5
2009年    ━━━ 65
         0   50  100  150  200  250  300 (亿元)
```

图 1-13 2009~2014 年中国 B2B 电子商务营收情况

资料来源：根据 www.100ec.cn 提供数据整理。

  随着中国商务的不断发展，其交易规模也屡创新高。根据中国电子商务研究中心数据，2008 年中国电子商务市场交易额达到 3.2 万亿元；其中，B2B 交易额达 3 万亿元，B2C 与 C2C 网购交易额达到 1500 亿元。截至 2013 年年底，中国电子商务市场交易规模 10.2 万亿元，同比增长 29.9%。其中，B2B 电子商务市场交易额 8.2 万亿元，同比增长 31.2%；网络零售市场交易规模 18851 亿元，同比增长 42.8%。到 2014 年 6 月底，中国电子商务交易额 5.85 万亿元，同比增长 34.5%。其中，B2B 交易额 4.5 万亿元，同比增长 32.4%；网络零售市场交易规模达 1.08 万亿元，同比增长 43.9%，如图 1-14 所示。由此可见，中国电子商务已经成为互联网经济的主力，并大力推动互联网经济的进一步繁荣发展。

  同时，中国网购市场交易额也呈快速递增趋势，仅 2009 年上半年，网络购物市场规模突破千亿元，达到 1034.6 亿元人民币，同比增长 94.8%，环比增长 37.8%。排除行业自然增长因素外，金融危机对中国网购市场的发展反而起到了一定的助推作用，因为金融危机使消费者对价格的敏感度提高，因此网络购物所具有的价格优势成为吸引用户的重要砝码。根据中国电子商务研究中心监测数据，截至 2013 年年底，中国网络零售市场交易规模达 18851 亿元，较 2012 年的 13205 亿元，同比增长 42.8%。截至 2014 年 6 月底，中国网络零售市场交易规模 10856 亿元，同比增长 43.9%，如图 1-15 所示。

  对于国内电子支付市场而言，其发展速度仍然较高。据目前可获得的数

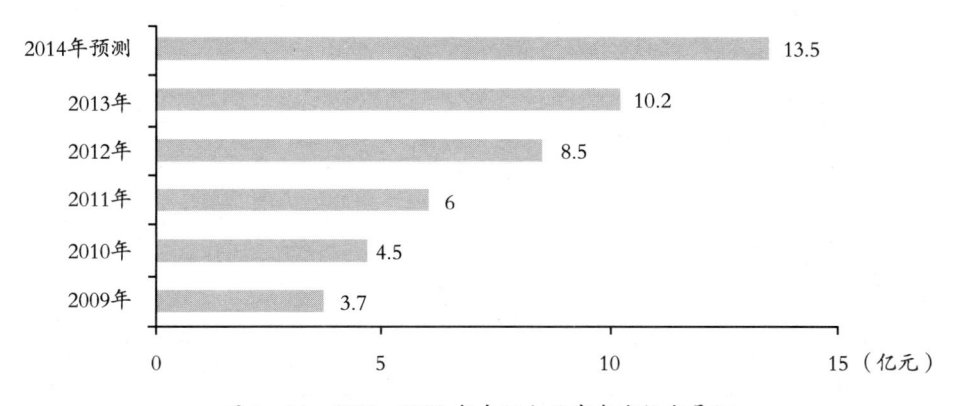

第一章 互联网经济：经济发展的"新模式"

年份	数值（亿元）
2014年预测	13.5
2013年	10.2
2012年	8.5
2011年	6
2010年	4.5
2009年	3.7

图1-14 2009~2013年中国电子商务市场交易额

资料来源：根据www.100ec.cn提供数据整理。

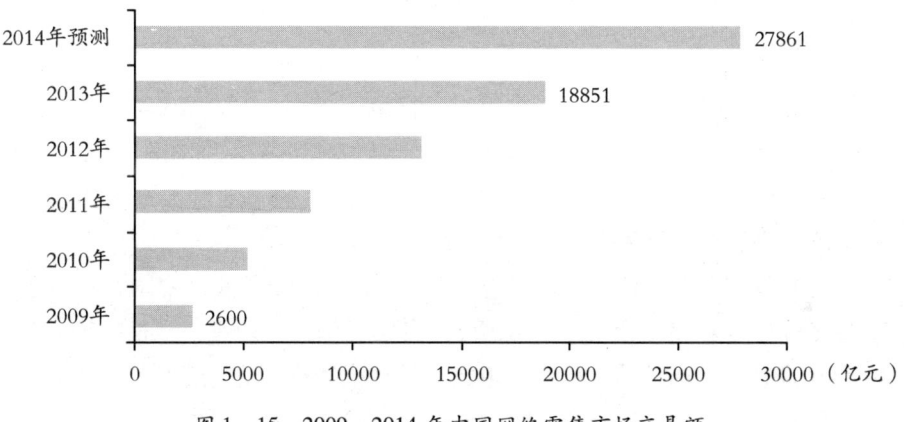

年份	数值（亿元）
2014年预测	27861
2013年	18851
2012年	
2011年	
2010年	
2009年	2600

图1-15 2009~2014年中国网络零售市场交易额

资料来源：www.100ec.cn。

据[1]，2008年网上支付市场交易额为3000亿元，同比增长200%，如图1-16所示。原因可能是国内网上支付渗透率依然偏低，商务电子化和支付电子化具有巨大的潜在提升空间。网络支付、手机支付等线上渠道，逐步与刷卡机、上门收款等服务模式融合。

在互联网经济浪潮的推动下，移动电子商务成为电子商务发展新的驱动力。随着3G时代、4G时代的到来与发展，中国电子商务已步入对移动电子商务市场进行布局的新阶段。以阿里巴巴集团为例，由于B2B、B2C、C2C、支

---

[1] 中国电子商务研究中心：《1997~2009：中国电子商务十二年调查报告》。

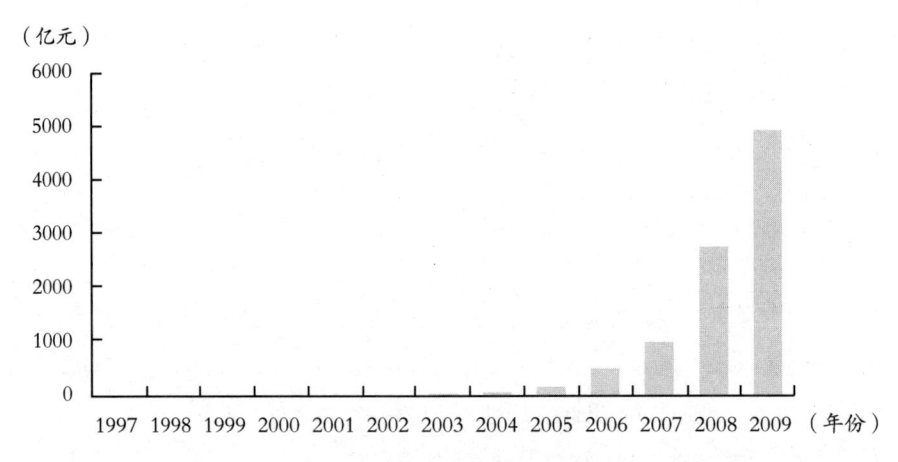

图 1-16 1997~2009 年中国第三方电子支付交易规模

资料来源：www.100ec.cn。见：中国电子商务研究中心：《1997~2009：中国电子商务十二年调查报告》。

付宝等模式具可移植性，能迅速应用于手机电子商务。早在 2004 年，其与英特尔合作建设中国首个手机电子商务平台；2007 年 8 月，推出阿里旺旺移动版，实现了线上与线下的互联；2008 年 2 月，淘宝网、支付宝进入移动电子商务领域（手机客户端淘宝网、手机支付宝）[①]。

根据中国电子商务研究中心数据，截至 2013 年 12 月底，中国移动电子商务市场交易规模为 2325 亿元，同比增长 141%，仍然保持快速增长趋势。截至 2014 年 6 月底，中国移动电子商务市场交易规模达到 2542 亿元，而 2013 年前半年为 532 亿元，同比增长 378%，增长势头依然强劲，如图 1-17 所示。

四、中国互联网经济发展趋势：面向 2020

根据目前的技术与经济条件判断，2015 年左右将是我国互联网经济发展的转折点。2015 年左右，具有彻底的、成熟的网络意识和网络文化的 90 后新生代将步入经济社会各领域，整个社会的网络生产经营与消费氛围基本形成，我国互联网经济将由快速发展转变为高速发展。2020 年左右将是我国互联网经济发展的攻坚点，互联网经济逐步成为国民经济的主导形态。

随着移动设备和互联网的不断普及，互联网对经济增长的影响也逐步加

---

① 详见官网：b2b.toocle.com。

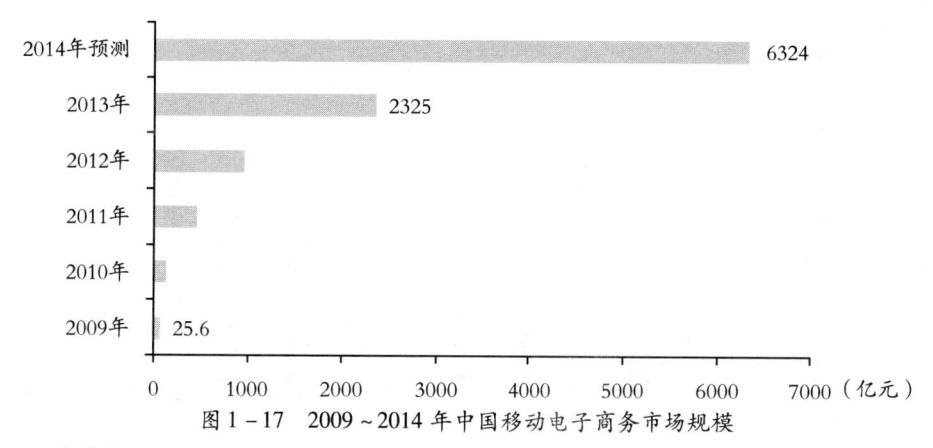

图 1-17 2009~2014 年中国移动电子商务市场规模

资料来源：www.100ec.cn。该预测数据来源于《2014 年（上）中国电子商务市场数据监测报告》。

深。在互联网发达的国家，1995~2009 年期间，互联网经济对 GDP 增长的平均贡献率达 10%；2004~2009 年这 6 年期间，平均贡献率高达 21%[1]。我国最能体现互联网经济发展的就是电子商务，它正成为连接互联网和传统产业的纽带与桥梁。

2013 年 6 月，中国电子商务交易额 4.4 万亿元[2]，同比增长 24.3%；其中，B2B 交易额为 3.4 万亿元，同比增长 15.3%。截至 2013 年年底，中国电子商务市场交易规模 10.2 万亿元，同比增长 29.9%。到 2014 年 6 月底，中国电子商务交易额 5.85 万亿元，同比增长 34.5%。预计到 2020 年中国电子商务交易规模将达到 43.8 万亿元。其中，B2B 电子商务交易额将达到 13.8 万亿元左右；网络零售交易额将突破 10 万亿元，占社会消费品零售总额的比例将达到 16.3%，与 2012 年相比，将增长约 10 个百分点[3]，如图 1-18 所示。

2012 年，中国电子商务服务业市场规模 2463 亿元，同比增长 72%[4]。其中，电子商务支撑服务业市场规模为 1174 亿元；电子商务交易服务业市场规模为 688 亿元，电子商务衍生服务业市场规模为 601 亿元。预计未来 3~5 年，中国电子商务服务将进入扩张期，其年均增长速度将保持在 60%~70%。电子商务服务业的强势发展，将推动电子商务应用的发展，尤其是传统企业转型

---

[1] Mckinsey. Internet matters: The net's sweeping impact on growth, jobs and prosperity. 2011
[2] 此处电子商务交易额不包括在线旅游、在线教育、在线炒股和政府采购。
[3] 具体推算方法详见 AliResearch：信息经济前景研究报告（No. 1），2013 年 4 月。
[4] 2012 年中国"电子商务服务"的统计口径略有调整。按照新的统计口径，2011 年中国电子商务服务业规模要高于《生态大爆发——2011 年中国电子商务服务业报告》中发布的 1200 亿元。

互联网经济：中国经济发展的新形态

（万亿元）

图中数据：
- 2008: 3.1
- 2009: 3.7
- 2010: 4.6
- 2011: 5.9
- 2012: 8.0
- 2013e: 11.2
- 2014e: 14.8
- 2015e: 18.8
- 2016e: 23.2
- 2017e: 27.9
- 2018e: 32.9
- 2019e: 38.2
- 2020e: 43.8

□ 电子商务交易额　■ B2B交易额　△ 网络零售交易额

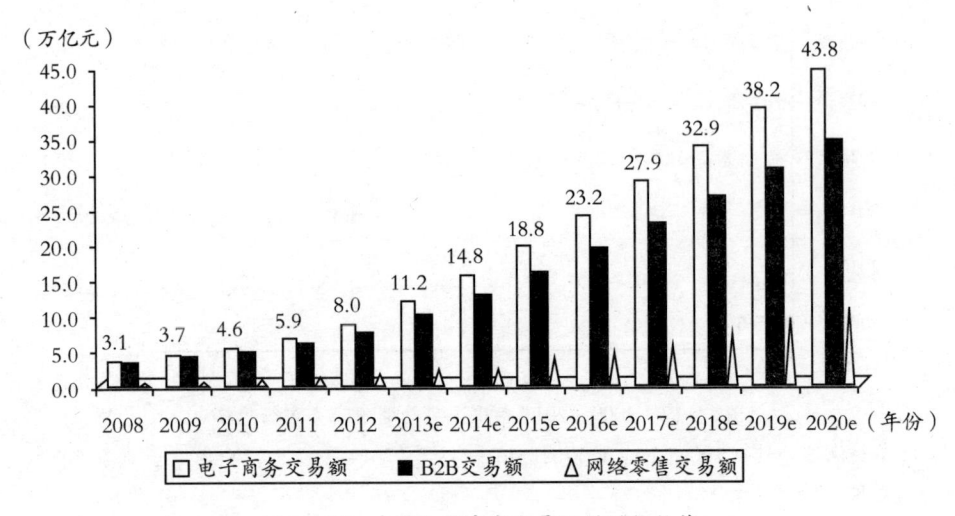

图1-18　中国电子商务交易规模增长趋势

资料来源：根据AliResearch提供数据整理。"e"表示该数据为预测值，下同。

电子商务应用的进程进一步加强，如图1-19所示。

（亿元）

图中数据：
- 2011: 550, 240, 410
- 2012: 688, 601, 1174
- 2013e: 1120, 2300, 1260
- 2014e: 1900, 3750, 2150
- 2015e: 3200, 3600, 3500

■ 电子商务交易服务业　□ 电子商务支撑服务业　▨ 电子商务衍生服务业

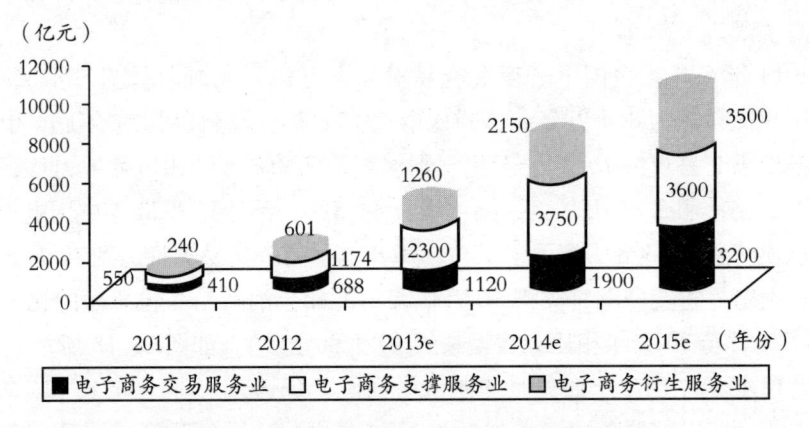

图1-19　中国电子商务服务业市场规模增长趋势

资料来源：根据AliResearch提供数据整理。

电子商务服务业进入扩张期的主要动力来自电子商务平台的开放。电子商务服务业所支撑的电子商务应用规模逐年扩大。电子商务服务业所支撑的电子商务应用规模占电子商务应用总体规模的比例也在不断增长。在网络零售领域，电子商务服务业支撑的网络零售交易额约占网络零售总交易额的90%。在B2B领域，绝大部分中小企业电子商务应用通过电子商务服务业支撑完成。

第一章 互联网经济：经济发展的"新模式"

2012年电子商务服务业支撑完成了约65%的B2B电子商务应用[①]，预计到2020年该比例会上升到70%~80%。2012年，2463亿元的电子商务服务业支撑了超过5万亿元的电子商务应用。预计在2020年，将有约4万亿元的电子商务服务业支撑超过30万亿元的电子商务应用，如图1-20所示。

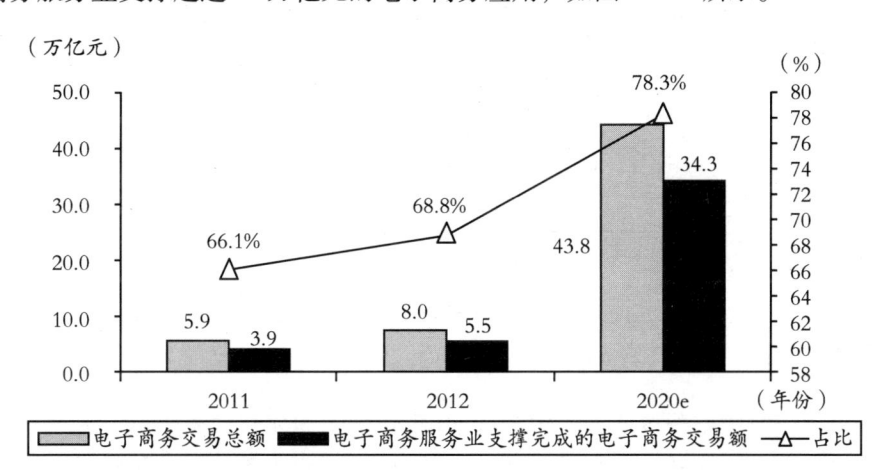

图1-20 中国电子商务服务业支撑完成的电子商务交易规模比例
资料来源：根据国家商务部、AliResearch、艾瑞咨询和易观咨询提供数据整理。

对于整个电子商务经济体而言，其规模等于电子商务交易规模与电子商务服务业规模的总和。2012年，电子商务经济体规模为8.2万亿元，其中，电子商务交易规模为7.95万亿元，电子商务服务业规模为2463亿元。预计到2020年，中国电子商务经济体规模将可能达到47.8万亿元，约为2012年的5.8倍。其中电子商务交易规模和电子商务服务业规模将分别达到43.8万亿元和4万亿元。

未来电子商务经济体将继续高速成长。到2020年，中国电子商务经济体规模将约为2010年的10倍和2012的5.8倍，如图1-21所示。驱动电子商务经济体继续高速成长的因素主要包括：第一，越来越多的传统零售商将转型电子商务，进一步带动消费者从线下转向线上。第二，随着中国电子商务服务业进入扩张期，电子商务服务业日趋丰富和完善，电子商务应用门槛会进一步降低，将帮助更多的传统企业转型电子商务，特别是B2B电子商务。第三，移动互联网和大数据的应用，将会极大地促进互联网消费，催化互联网经济市场

[①] 包括中大型企业的电子商务应用和中小企业的电子商务应用，后者绝大部分通过电子商务服务业支撑完成。"65%"这一数据来源于艾瑞咨询。

互联网经济：中国经济发展的新形态

的不断扩张和逐步完善。

```
                                         电子商务经济体规模

            ┌→ 电子商务服务业规模：4万亿元
2020e ──┼→ 网络零售规模：10.1万亿元          47.8万亿元
            └→ B2B规模：33.7万亿元
                                              ↑
                                           增长5.8倍

            ┌→ 电子商务服务业规模：0.3万亿元
2012 ───┼→ 网络零售规模：1.3万亿元           8.2万亿元
            └→ B2B规模：6.6万亿元
```

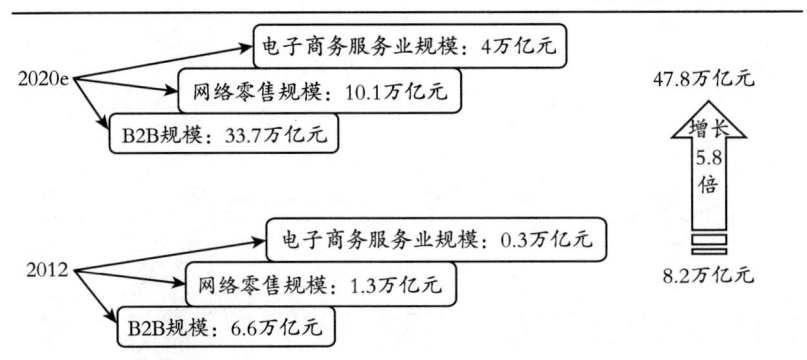

图1-21 2012年和2020年中国电子商务经济体规模及其构成
资料来源：根据国家商务部、AliResearch、艾瑞咨询和易观咨询提供数据整理。

阿里研究中心分析认为，中国在30多年前大胆实行改革开放，奋力推动中国经济与国际接轨，大踏步融入了全球经济，推动了经济和社会的巨大转型。现在，面向2020年，面向信息社会，为进一步发展互联网经济体，进一步发挥其对中国经济和社会的巨大推动力，迫切需要以新的思维方式，抓住历史机遇，加速创新与变革，应该：高度重视互联网经济体对经济和社会发展的引擎作用，确定互联网经济体国家战略；大力促进互联网与实体经济融合，进一步释放互联网经济体巨大潜力，保持经济快速增长态势；加强农村、西部等经济欠发达地区的互联网基础设施建设，全力缩小"数字鸿沟"，探索以互联网经济体推进城镇化建设的新路径；鼓励各类科技与互联网企业开展各种类型的创新型金融服务；加快相关制度创新与变革，建立完善促进信息生产力和互联网经济体发展的制度环境。

中国互联网经济的快速发展有两个方面的原因可能非常重要。第一，中国经济经历30多年改革开放的发展，经济市场从效率较低的初级阶段，向高效率的新时代过渡，使得经济模式的创新成为发展的必然趋势。第二，2003年泡沫破裂后的互联网行业重新爆发出新的活力，整体产业呈现强劲的增长态势。随着传统经济与互联网交叉渗透的深入，互联网的经济模式已经孕育出很多具有强大竞争力的创新经济模式。

第二章

互联网经济理论：中国经济发展的"新理论"

互联网经济这种新的经济形态对未来的经济增长、企业经营、市场结构、居民消费行为产生的巨大影响，而这些影响无法完全用传统理论来解释，因此，新的经济现象和经济形态需要新的理论来解释。本章首先介绍互联网经济的经济学理论，具体阐述互联网经济对传统经济的影响衍生出的新经济理论。在此基础上，我们将对影响互联网经济的因素进行理论和实证的分析。在理论分析中，我们将从经济发展水平、信息化水平、教育发展水平、金融发展水平、政策和制度以及其他社会经济因素，对影响互联网经济的因素进行阐述。本章将为后续几章提供理论基础，后面的章节将分别阐述互联网经济对经济增长、经济转型升级、企业行为和市场结构以及居民的消费行为进行实证分析。

第一节 互联网经济学的理论分析框架

传统的微观经济学理论是以新古典经济学的经典框架为分析系统，通过经济活动过程中的理性人假设获取消费者的需求曲线，与生产者的供给曲线，在市场中达到一般均衡从而指导微观经济活动的一门学科。而传统的宏观经济学则是通过利用总量分析法来分析整个国家的总需求与总供给，从而实现整个宏观经济的内外均衡。由于传统的经济学是基于当时的技术水平以及社会生产状况对于经济变量进行合理的假设，在当时具有一定的合理性。

经济学是一门与时俱进、经世致用的学科。为了研究互联网经济时代下的经济形势，我们需要根据已有的研究成果，结合当今经济的新情况，重新建立新的经济分析框架来解决新的经济形态。目前，国内外的研究大多数是从互联网经济的特点或者某个具体的网络产业链的分支入手，进行具体分析，对互联网经济的经济学分析比较零散，并没有一个系统概括。我们试图在已有的研究基础上，结合新古典经济学，构建互联网经济学理论研究的总框架，从而完善互联网经济的相关经济学理论。

一、互联网经济学的定义

《长尾理论》的作者克里斯·安德森（Chris Anderson）在《免费：商业的未来》（Free：The Future of a Radical Price）率先提出了"免费经济学"（Free Economics）这个概念，它是指将免费商品的成本进行转移（转移到另一个商品或者后续服务上），或者将免费商品的成本极大地降低，低到趋近于零。目前的互联网经济正把我们的生活推向免费模式，互联网经济作为一种新的经济模式，根本的变化在于把现实中的经济模式搬到互联网上运行，将人们传统的生产、流通、交换、消费过程依托互联网进行成本转移的经济模式。

互联网经济学（Internet Economics）以三条原则为基础：第一是交易必须通过互联网完成；第二是交易记录必须公开，故意隐瞒信息甚至传递虚假信息都是不道德的，提高道德风险从而可以减少投机、打击不合理收入；第三是计划交易意向公开，人都是有计划、有预测、有梦想的，理想社会应该是为梦同行的和谐社会，那么资源配置是可以预先达到大家认可的理想状态的。

因此，我们可以将互联网经济学定义为：以互联网经济模式为研究对象，解释这种现象背后的规律，从而最大化互联网推动经济发展的一种学科。

二、互联网经济对经济假设的影响

1. 完全信息假设。

在互联网的条件下，相对于工业经济中的消费者，网络消费者可以获取更多的商品信息，消费者可以通过点评网站（如大众点评网、淘宝的点评系统），了解了一个商品的质量、效用、生产成本，以及商品的具体生产流程。可以说，消费者在商品信息获取上的劣势得到了一定的扭转，由信息不对称向信息对称方面转变。在互联网经济中，消费者可能随着互联网经济体的发展逐渐地掌握完全的商品信息，可以假定在互联网经济学中的网络消费者都是完全的信息拥有者。

2. 经济理性假设。

互联网经济中，由于打破了原来的信息不对称的状态，消费者所有的消费行为都可以通过互联网平台得到评价。当然，互联网经济体会产生一些专业的咨询机构专门指导消费者做出合乎理性的消费选择。也就是说，在这种完全信息以及在专业机构测评下，消费者由原来的有限理性人向完全的理性人转化。但是，互联网的环境使得理性人的决策更加多元化，消费者获得不仅仅是关于商品属性的信息，还有其他消费者决策和行为的信息。在消费决策的过程中，消费者的消费行为会受到其他消费者的行为和感知的影响，因而，网络消费者的消费决策并不完全遵循经典的理性人假设。

3. 经济可预测性。

人类对于自己所生活的社会充满了测量、记录和分析的渴望，想要从分析的信息中把握未来。莱维斯曾说，"预测给我们知识，而知识赋予我们智慧和洞见。"他很确信，有一天，这个系统一定能在用户意识到问题之前预测到并且解决问题。在互联网经济时代，通过数字化交易模式记录数据，我们可以得到更多的数据，有时候甚至可以处理和某个特别现象相关的所有数据，而不再依赖于随机采样。数据化的另一个变化是更加个人化，直接触摸到了我们的关系、经历和情感。数据化的构思是许多社交网络公司的脊梁。社交网络平台不仅给我们提供了寻找和维持朋友、同事关系的场所，也将我们日常生活的无形元素提取出来，再转化为可作新用途的数据。正因此，Facebook 将关系数据化——社交关系在过去一直被视作信息而存在，但从未被正式界定为数据，直到 Facebook "社交图谱"的出现。一旦世界被数据化，就只有你想不到，而没有信息做不到的事情了。莫里通过艰辛的人工分析才揭示了隐藏在数据中的价值，而今天，拥有了数据分析的工具（统计学和算法）以及必需的设备（信息处理器和存储器），我们就可以在更多领域、更快、更大规模地进行数据处理了。

三、互联网经济的经济规则

从经济运行的角度分析，互联网经济的五大法则决定了互联网经济的运行规则，表现出与工业经济的不同特征。

1. 马太效应（Matthew Effect）。

马太效应最早出自《新约全书·马太福音》："倘若有的，则双倍给他，让他有余；没有的，将他仅剩的一点也拿走。"马太效应描述的是一种典型的正反馈，正反馈使强者愈强，弱者愈弱。在最极端的形式中，正反馈可以导致赢家通吃的市场，单个公司或技术击败了所有的对手。Intel公司在芯片产业，Microsoft公司在PC软件产业中地位的形成过程，充分说明了互联网经济中正反馈的作用。

2. 摩尔定律（Moore's Law）。

根据对1959~1965年半导体工业的发展实际数据的观察，1965年4月Intel公司创始人戈登·摩尔（Golden Moore）发表论文，提出著名的摩尔定律："计算机芯片集成电路上可容纳的元器件密度每18个月左右就会增长1倍，性能也会提升1倍"，后来进一步拓展为："每18个月左右性能提升1倍而价格下降一半"。摩尔定律被计算机和信息技术发展30多年的实践所证明，反映了计算机技术、信息技术快速发展和持续更新的内在动力。这一定律在互联网经济中也将继续起作用。Intel公司为了能够在快速更新的芯片产业中处于主导地位，获取动态的竞争优势，不断地驱动技术向前发展，并在其竞争对手能够生产出性能相近的产品时，将价格大幅下降，利用规模经济和学习曲线来使竞争对手处于不利地位。李宝山教授根据摩尔定律提出了"定时出击"策略，加强企业对创新的时效管理，主动地、科学地排定创新的步伐[①]。

3. 梅特卡夫法则（Metcalfe's Law）。

3COM公司创始人鲍勃·梅特卡夫（Bob Metcalfe）提出了著名的梅特卡夫法则，即网络的价值等于网络节点数的平方，换言之，网络价值以用户数量平方的速度增长。网络外部性是梅特卡夫法则的本质，网络外部性产生了正反馈。如果一个网络中有n个人，那么网络对每个人的价值与网络中其他人的数量成正比，这样网络对所有人的总价值与 $n*(n-1)=n^2-n$ 成正比。在传真机时代，当我购买了一台传真机时，你的传真机的价值也增加：因为你现在可以给我发传真，并且可以接收我的传真了。即使你现在没有传真机，你也有更强的动机去购买一台，因为你现在可以用它和我通信了。正是由于网络价值存在的这种特性，导致了网络在特定情形下的边际收益递增现象。

4. 吉尔德定律（Gilder's Law）。

吉尔德定律也称胜利者浪费定律。由乔治·吉尔德提出，最为成功的商业运作模式是价格最低的资源将会被尽可能地消耗，以此来保存最昂贵的资源。

---

① 李宝山. 新经济新规则新对策. 经济与管理研究，2000（6）

比如，在蒸汽机出现的时代，蒸汽机的成本低于当时传统的运输工具马车，聪明的商人使用蒸汽机替代马车。互联网时代，电脑及网络宽带资源比工业经济时代的机器的成本低多了。据预测：在未来25年，主干网的带宽将每6个月增加1倍。其增长速度超过摩尔定律预测的CPU增长速度的3倍！几乎所有知名的电信公司都在乐此不疲地铺设缆线。当带宽变得足够充裕时，上网的代价也会下降。在发达国家，有很多的ISP向用户提供免费上网的服务。

梅特卡夫法则与摩尔定律是联系在一起的。前面提到，在某种意义上讲，摩尔定律从微观角度解释了产品的性能提高而成本降低的现象；梅特卡夫法则从宏观角度解释了产生这种现象的社会渊源——这就是随着一个技术的使用者的不断增多，每一个使用者从使用中获得的价值不断增加，但使用费用却不断下降的现象是由市场决定的。互联网使用者的不断增加，互联网应用技术的日新月异和新技术公司的不断崛起为这三大定律的准确性提供了最好的诠释。

四、互联网经济的微观经济分析

1. 消费者分析。

在传统的经济学，由于空间因素以及时间因素导致消费者不能完全地按照经济学中的理性经济人的假定去选择其偏好，只能根据经济学家的理论假设去估计一个理性人的偏好选择。在互联网经济时代，消费者直接参与生产和流通的全过程，消费者具备较完备的信息、擅长理性分析、喜好新鲜事物、有强烈的求知欲、缺乏耐心等一系列的心理特征。网络消费者的购买过程可分为五个阶段：确认需要——→信息收集——→比较选择——→购买决策——→购后评价。消费者的偏好选择以及其对产品的满意度都可以通过具体的数据统计真实地记录下来，消费者的消费记录也可以被真实地记录下来，消费者的无差异形曲线以及投入在商品消费上的预算约束就可以被真实地通过计算机的程序模拟出来。这样，我们就可以模拟推导消费者需求曲线，当然我们也可以模拟出消费群体的整体偏好。

2. 生产者分析。

互联网经济对传统生产者的影响目前看来至少可以简要地归纳为以下几个方面：

（1）企业成长方面。互联网经济时代市场竞争的焦点不再集中于谁的科技更先进，谁的规模更强大，谁的资本最雄厚，而是要看谁最先发现最终消费者，并能最先满足最终消费者的需求。谁最先顺利地为消费者提供了其所需的商品或服务，谁就是成功者。互联网经济时代的企业把技术研发看成是工具、手段，满足消费者的需求才是目的。

（2）企业经营方式。以网络化为基础的电子商务将极大地改变传统的企业经营方式，摆脱常规的交易模式和市场局限。这不仅要求交易双方和服务部门的商业信用和支付的银行信用高度成熟，而且要求保险机构、金融机构、供应商和客户在电子网络交易系统中的高度整合与兼容，使网上市场成为交易参与者密切关联和利益攸关的集合体，从而改变传统企业的经营方式和参与者之间的关系。因特网可以使企业通过供应链管理（SCM）急剧降低成本，将客户关系管理（CRM）提高到超乎想象的新水平，进入企业原来因为地理条件而被排斥在外的市场，创造新的收入渠道，并最终重新界定它们所经营的业务的本质。网上交易之所以能在很短的时间内得以迅速扩张和普及，就在于它能够在很大程度上降低成本。

（3）企业生产组织方式。传统的生产组织方式发生了很大变化，产生了所谓的"虚拟垂直一体化"（OEM方式生产）。内部垂直一体化是工业经济时代绝大多数企业的价值链管理模式。互联网经济时代，虚拟垂直一体化成为主要的企业价值链管理模式。此外，由于进入虚拟市场的门槛很低，企业规模的意义在减少。

（4）企业内部机制和管理。互联网经济时代，企业内部机制和管理进一步电子化、信息化，促进企业经营管理技术的变革，使企业的内部机制和管理更为高效、协调和及时。互联网经济使企业经营管理的手段得以创新，从而使管理具有更高的效率。事实上，在信息化、网络化的背景下，一方面，企业运行的环境呈现复杂多变、无法预测的趋势，工业经济条件下的金字塔式层级管理方式和组织结构越来越难以适应；另一方面，同样在快速发展的信息、网络技术又为应对这种趋势提供了多种多样的手段，推动着管理方式和组织结构的创新和发展。

（5）企业组织结构。在企业组织结构方面，工业经济时代严密的企业层级制组织理所当然地受到冲击，而在信息和网络技术的强大支撑下，非层级制呈现如鱼得水之势，具体表现为网络化、扁平化、柔性化和分立化等基本趋势。运用信息化、网络化手段能够提高企业的组织效率，使减少管理层次和管理职能部门成为企业改革与调整组织结构的新时尚。

3. 市场分析。

通过市场的虚拟化，国民经济更加市场化，市场向一个近乎理想的状态下的经济模式发展。未来,市场经济中可能只存在基础的生产者与消费者,而原来中间的批发商、零售商大大削减,社会的交易成本大大降低,市场准入门槛也不断降低,市场接近完全竞争。

五、互联网经济的中观经济分析

20世纪70年代中叶,德国爱登堡大学的国民经济学教授汉斯·鲁道夫·彼得斯博士首次提出"中观经济(Meso-economy)"这一区别于传统宏观经济和微观经济的新范畴。80年代中期,王慎之出版的《中观经济学》是国内学者第一部中观经济学专著。根据彼得斯博士的研究,中观经济学的研究对象主要为三个:部门经济、地区经济、集团经济。而互联网经济对于传统经济的影响不仅改变了不同行业的经济发展模式,改变了企业的盈利模式,产生了像百度、腾讯、阿里巴巴这种互联网经济时代的互联网巨头企业集团,而且改变了原来各地区的经济消费方式,如杭州的电子商务之都的发展。当然一些地区可以利用互联网的发展改变其原来受地域局限的经济发展模式。

1. 部门经济。

部门经济一般是某个地区或多个地区分布的同类经济的集合体,它是按照产品群、物质生产的工艺特点或经济活动的性质和职能而形成的。人们有时也称之为行业。各部门之间相互联系、相互制约,共同构成一国或一地区经济的部门结构(产业结构)。而互联网最有价值之处不在自己生产很多新东西,而是对已有行业的潜力再次挖掘,用互联网的思维去重新提升传统行业。从这个角度去观察,互联网影响传统行业的特点有三点:(1)打破信息的不对称性格局,竭尽所能透明一切信息。(2)对产生的大数据进行整合利用,使得资源利用最大化。(3)互联网的群蜂意志拥有自我调节机制。

2. 地区经济。

地区经济是若干部门、多种隶属关系在同一区域的集合体,它具有综合性、相对独立性,每个地区依其区域优势而各具特色,各地区相互联系、相互制约,形成国民经济的空间结构(生产力布局)。当然,地区经济不是一般的区域经济,而是行政性区域经济。即地区一般是指行政区(省、市、县等),而其他性质的区域则主要是区域经济学研究的对象。传统市场存在地域的界限,但是在互联网经济的虚拟市场中,市场不存在明确的时空界限,只要建立起良好的物流体系,那么无论某一地区是否有着发达的工业基础或者是拥有大的人口基数,都可以通过网上市场完成经济活动(如远在新疆的企业可以向北京的消费者出售其产品），从而促进某些偏远地区的经济发展，改变原来的经济发展瓶颈。

3. 集团经济。

集团经济通常认为就是企业集团经济，它是部门经济和地区经济在同一经济组织内的集合体，它具有交叉性、综合性和独立性。对于专业化的集团来说，它属于单一部门在同一地区或者不同地区的集合；对于综合性、一体化的集团来说，它属于若干部门在同一地区或者不同地区的集合；对于跨地区的集团来说，它是一个部门或者多个部门在不同地区的集合。而从中国的实际情况来看，大多数集团是既跨地区、又跨部门的企业集合。在互联网经济时代下，企业集团的组织形式发生变化，企业不像过去那样需要建立庞大的中间层来完成信息的传输、货物的批发、分销等环节来完成销售活动，作为新生代市场的企业只需要建立自己良好的生产体系和流通体系，通过数据的统计分析来分配线上与线下的商品配额，这时企业集团只是作为设计者来统筹自己的整个盈利流程。

六、互联网经济的宏观经济分析

从上面的分析中我们知道互联网经济的发展不仅改变了我们原有的微观经济中消费与生产方式，而且也对我们整个传统的经济部门进行了强有力的打击，那么这种新时代的经济形式对于我们的宏观经济的影响到底是怎样的呢？下面我们从三个方面剖析互联网对宏观经济的影响。

1. 社会就业

根据《经济学人》（7月）的报道显示，2016年欧美电子商务占零售比预计将超过11%，其中英国为14%，美国为13%。《商业周刊》（6月）的报告指出，美国2004~2012年的劳动生产力增长率回到1972~1996年的水平，只有1.33%。佛曼（Chris Forman）在《美国经济评论》的研究文章清楚地表明，互联网技术投入没有带来令人信服的高回报，同时，它也没有带来明显的就业机会。网络技术的电子变化速度远远超过下岗"过期"的劳动力大脑的生物更新能力。网络技术更新带来社会劳动力结构、能力和需求的巨大变化。其过程中的消化成本（负外在性）完全由社会承担。长远来看，它也是网络企业自身无法持续的经济模式：分流到低级工作岗位的人群消费能力下降；导致实体经济萎缩，减少广告需求；网络企业丧失长期收入来源。

2. 经济增长。

人类社会的每一次巨大发展背后都是技术的一个巨大革命。第一次工业革命是以蒸汽机为标志的机械动力的革命,第二次工业革命是以电力的广泛应用为标志的电力革命,它推动了内燃机和新交通工具的创新以及新通信方式的产生。而预言中的第三次工业革命将是以3D打印为核心,而它的背后则是互联网技术的发展推动了生产方式的巨大变革,它加快了经济增长方式从粗放型向集约型转变的步伐,提高了生产效率、流通效率和工作效率。由于互联网经济对机械设备、厂房、区位、基础设施等要求不高,只要有优秀的人才、一定的资金、一个好的概念和相当的技术就完全可以"描绘美丽的图画",落后地区完全能够依靠网络"后来居上",不必走传统经济那样的发展模式。互联网经济将缩短地区之间差别,使欠发达地区实现"后发优势"。互联网经济加快了中国经济融入全球经济的步伐。

3. 经济政策。

在互联网经济时代,互联网成为推动中国经济发展的重要引擎,消费与生产模式的网络化不仅给我们的经济发展增添了新的活力,同时也给我们的经济增加了潜在的风险。为了保证我们宏观经济的在这个信息化、数据化的时代里健康发展,政府需要制定合理的政策措施来保障这种经济模式的发展,政府应该从保障互联网经济使用者的信息安全角度来维护公民的交易安全;当然中央政府也要制定健全的法律法规来保护充分的互联网经济市场的竞争,制定互联网经济反垄断法律来规范市场,提高互联网经济资源的有效利用,防止恶性竞争;国家要继续积极地推动信息化的建设,争取通过信息化的基础建设来提高互联网经济的发展,从而促进中国经济发展水平。

七、互联网经济学的分析方法:大数据分析

从互联网经济的分析框架里,我们会发现市场完全处在一个电子网络的平台中,消费者偏好需求可以用数据来表示,生产者的生产也可以用数据来表示,甚至我们的一切行为都可以用数据来表示。我们就生活在数据的海洋里,正如哈佛大学肯尼迪学院信息监管科研项目负责人维克托·迈尔-舍恩说:"世界的本质是数据,大数据将开启一次重大的时代转型,就像望远镜让我们能够感受宇宙,显微镜让我们能够观测微生物一样,大数据正在改变我们的生活以及理解世界的方式,成为新发明和新服务的源泉,而更多的改变正蓄势待发⋯⋯"维克托·迈尔-舍恩在《大数据时代》一书中也阐述了在大数据时代,大数据的分析是如何改变我们这个时代的生活、工作与思维。大数据时代的来临使人类第一次有机会和条件,在非常多的领域和非常深入的层次获得和

使用全面数据、完整数据和系统数据，深入探索现实世界的规律，获取过去不可能获取的知识，得到过去无法企及的商机。我国正面临着一个重大的历史抉择关口。应该说，在过去的30余年时间里，中国在快速走向工业化、信息化、网络化方面交出了一份不错的成绩单。如今适逢世界走向数据化、迈入大数据时代的时刻，无论对个人、企业还是对社会和国家，都有认真理解、严肃决策的必要性和紧迫性。

而目前大数据分析被广泛应用于电商平台，以对平台用户和供应商进行贷款融资，从中获得贷款利息以及流畅的供应链所带来的企业收益。随着大数据分析系统的完善，企业将更加注重用户个人的体验，进行个性化金融产品的设计。未来，大数据分析企业之间的竞争将存在于对数据的采集范围、数据真伪性的鉴别以及数据分析和个性化服务等方面。

第二节 互联网经济发展影响因素的理论分析

一、经济发展

现实经济的发展，无论是经济的简单增长还是经济结构的改善，抑或是收入分配的改善对于互联网经济的发展起着重要的促进作用。现实经济发展包含多种含义。第一种含义是指社会物质生产的发展。在这一层含义上，"经济发展"往往与"经济增长"具有相同的含义。它通常是指在一个较长的时间跨度上，一个国家人均产出（或人均收入）水平的持续增加。经济增长率的高低体现了一个国家或地区在一定时期内经济总量的增长速度，也是衡量一个国家或地区总体经济实力增长速度的标志。第二种含义是广义的经济发展，既包括社会物质生产的发展，也包括人们物质福利生活的改善，还包括环境质量的提高。在这层含义上，经济发展既包括经济增长，还包括经济结构和收入分配的变革。本节我们将就经济发展中诸因素对于互联网经济的影响做出分析。

（一）经济增长

一般而言，经济增长集中表现在经济实力的增长上，而这种实力的增长就是在一定时间内，一个经济体系生产内部成员生活所需要商品与劳务潜在生产力的扩大。一个国家实现经济增长有多种方式，诸如集约型增长或粗放型增长。但无论采取哪种方式，能够显著的证明经济增长的指标包括经济总量、人均经济总量和经济增长率等。所以,经济增长最简单的定义就是国内生产总值的增加。

我们已经论证了互联网经济推动现实经济增长的各种途径。同时,我们将看到,现实经济的增长也将从各个方面推动互联网经济的发展。

第一,经济增长背后是产品和服务生产能力的提升,是现实经济的繁荣。在经济增长的大环境下,市场需求增加,单个企业利润增加,使得企业能够投入更多资金进行投资,从而导致企业规模增大,此外,企业数量增加,增加了企业对于商品、服务和劳务的需求,也增加了产业对于社会的供给。从而企业与企业、企业与个人之间的商品和服务交易额上涨。在越来越倚重电子商务进行沟通和贸易的今天,交易规模的增长势必意味着电子商务交易额的增加。而由于电子商务优势越发凸显,电子商务交易额的增加幅度也势必会超过社会商品和服务总交易额增加的幅度。这也体现了经济增长对于互联网经济的发展有着巨大的影响。

第二,经济增长意味着金融和资本市场的繁荣,为互联网行业注入了大量资金,促进了互联网基础设施的建设,促进了互联网创新。同时经济增长催生了对于网络支付、互联网融资的迫切需求,引起了互联网金融创新的加速发展。

第三,经济增长在某种程度上意味就业的增加和居民收入的增长,而这至少会从以下三个方面促进互联网经济的发展。

(1) 居民收入的增加使得居民在互联网接入方面拥有更多的预算,网民数量和平均接入时间大大增加,更多的人能够更加充分地接触到互联网,从而互联网的覆盖面得以扩大。据统计,中国的互联网普及率在2009年底达到28.9%,2014年6月到达46.9%;2014年6月,我国网民规模达6.32亿,这一数据是1997年的930余倍。而这些网民也成了互联网中各种商品和服务的潜在消费者。

(2) 收入增加使得居民消费意愿提升,而在信息化如此发达的今日,便捷而形式多样化的网络消费则成了众多年轻消费者的首要选择。2013年中国电子商务交易额达到10.2万亿元,较2008年2.9万亿元增长了3.5倍,虽然电子商务交易主要集中在中小企业和规模以上企业B2B交易上,但网络购物交易额近年也有较快增长,作为网络消费的主力军,年轻消费者收入的增长对于各类电子商务平台的兴盛繁荣做出了不可磨灭的贡献。

(3) 居民收入的增加引起居民理财观念的变化,投资理财需求越来越大。

传统的理财方式受到场所和信息流动的限制，影响了人们的理财积极性和理财效果，于是坐在家中管理财富便成为许多投资者的梦想。而互联网，借助其信息流动及时性、操作便捷性等优势，正好为投资者提供了这样的平台。因此，随着居民收入的增加，许多互联网理财产品应运而生，同时，许多传统的理财产品，如股票、基金、银行理财服务、保险等理财产品也推出了在线交易平台，人们的理财方式得到了极大的改变。这一变化也直接导致理财产品的繁荣，不仅理财产品的交易额大幅增加，而且其形式也呈现出多样化特征，发展出 P2P 网络借贷、移动记账理财、O2O 闭环、P2C 网络借贷等新型理财模式。

（二）产业升级

产业升级主要是指产业结构的改善和产业素质与效率的提高。产业结构的改善表现为产业的协调发展和结构的提升；产业素质与效率的提高表现为生产要素的优化组合、技术水平和管理水平以及产品质量的提高。

在新形势下，传统产业的产业升级主要包括以下基本环节：首先是对传统产业的信息化改造，其中包括信息产业的快速发展、企业的信息化建设和信息基础工程的建设等。其次是对传统行业的技术创新，包括加大科研与开发、积极探索产、学、研联合新机制、引进高层次的技术和加强企业内部员工培训以及人才培养等方式。再次是对传统产业进行组织结构创新，包括加快企业间的购并联合，提高产业整合度，及时组建与生产力相匹配的企业集团等形式。最后是对传统产业进行体制创新。

产业升级对于互联网经济的影响主要表现在以下几个方面：首先，产业升级使得以产品制造业企业为主体的产业结构向以第三产业企业为主体的产业结构转变，其中一个重要的环节是对传统企业进行信息化改造，在这一过程中企业趋于小型化、扁平化、模块化和虚拟化，这种变化使得企业无论是内部还是外部的管理、协调和资源分配都严重依赖于互联网进行，从而激发了对于互联网发展的需求，这从某种程度上对互联网经济的发展起到了促进作用。其次，产业升级还包括对传统行业的技术创新，而技术创新的积累也会对互联网技术的创新形成溢出效应。同时，随着企业通互联网联系越来越紧密，传统行业技术创新中也包括了诸多互联网的因素，与互联网或互联网应用相关的创新也越来越多，从而促进互联网经济的发展。

（三）收入分配的改善

收入分配的改善表现为低收入者相对收入份额升高。一方面，根据边际消费理论，这部分居民的消费愿望会升高，增强互联网消费的能力。另一方面，从经济增长理论出发，更加公平的收入分配会促进社会的和谐发展，从而促进经济增长，这会提高居民整体的平均收入。如上文所言，居民平均收入的升高会提高互联网消费的能力、愿望和增强消费的观念。

（四）衡量经济发展的指标

从狭义的经济发展也即经济增长角度出发，对一个国家或地区经济发展的水平，可以从其规模（存量）和速度（增量）两个方面来进行测量。所谓"经济规模测量"是指对一个国家在特定时间范围里能够生产出来的财富总量，包括从基本的生活用品到复杂的生产资料，再到各种文化和精神产品等财富的总量。在对经济规模的测量中最常用的指标是"国内生产总值"（GDP），它综合性地代表了一个国家或地区在一定时期内所生产的财富（物品和服务）的总和。此外，衡量经济发展水平的指标还包括国民收入等指标。对经济规模的测量又分为对绝对规模和相对规模的测量。绝对规模只是测量一个国家或地区在特定时期内的 GDP 总量，而不论这一规模的 GDP 是多少劳动力创造出来的。而相对规模指标则要关心一个国家的人口（或劳动力数量）与其 GDP 总量之间的关系。在相对规模指标中，最常用的是"人均 GDP"和"人均收入"指标。在经济发展速度方面，常用的指标是"GDP 年增长率"、"人均收入增长率"等。

二、信息化水平

信息化又称"国民经济信息化"、"国民经济和社会信息化"。其实质在国民经济和社会各个领域，广泛利用电子计算机、通信、网络等现代信息技术和其他相关智能技术，以提高整个国民经济的现代化水平和整体运行效率、提高人民生活质量的过程。

国民经济信息化可以分四个层次。第一，企业信息化。它是信息化的微观层次，它是指信息技术与企业生产经营活动的创新性结合，充分利用信息技术改造和重构企业生产经营的结构、模式和机制。第二，产业信息化，是信息化的中观层次。产业信息化是指各个产业大规模地推广应用现代信息技术，使各行业实现智能化、自动化。第三，经济结构信息化，是信息化的宏观层次。这是使国民经济系统实现诸要素之间相互关联方式的信息化和网络化。第四，全面信息化，是信息化的社会层次。它是指在全社会各个领域，包括人民生活领域，推广和应用现代信息和智能技术。

很显然，互联网的发展是信息化水平提高的重要推动因素。同时，信息化水平的不断提高又会激发出对于互联网的进一步发展的需求。互联网经济的高速发展依赖于互联网的高速发展，因而信息化水平的提高也从各方面影响着互联网经济水平的提升。

信息化水平包括信息技术和信息设备应用能力、信息资源及开发利用能力。本节我们将会对信息技术和设备的应用能力、信息资源及其开发能力做出论述。

（一）信息技术和设备应用能力

互联网经济的发展依赖互联网技术的进步，而互联网技术进步同互联网雄厚的基础设施以及基础设施的应用能力是密不可分的。信息技术和设备应用能力的提高会从以下几个方面促进互联网的发展。

首先，互联网技术的发展降低了网络设备，诸如服务器、集线器、交换机、路由器、网管以及终端设备等的生产成本。同时，互联网技术的发展也提高了网络设备的技术含量，促进了网络设备的更新换代，使得网络设备功能更加强大。随着技术的进步，设备的应用能力得到提高，互联网设备质量也得到了提升，降低了维护成本。

其次，终端网络设备，诸如个人计算机的普及提高了互联网的覆盖面，尤其是近年来，智能移动设备生产技术的提高，使得诸如智能手机、平板电脑等移动设备保有数量呈爆炸性增长。据统计，到2013年底，平板电脑保有量预计已达到2.68亿台，而智能手机将会达到惊人的14亿台，而中国的智能移动设备的保有量占据全球总保有量的24%。可以预见，随着智能移动设备的普及，这些设备的使用者由此可以享受到互联网提供的各种服务以满足自身多样化的需求。

最后，信息技术的发展使得网络接入能力呈现级数型增长，带宽接入速率逐年增长，2013年1~6月，2M以上、4M以上和8M以上宽带接入用户占宽带用户总数的比重分别达到95.1%、72.3%、17.2%，相比上一年，光纤用户也增加了5个百分点。同时，随着移动终端设备的普及，移动互联网也发展迅速。从 1995 年第一代模拟制式手机出现，到 1996 年 GSM 数字制式手机开始普及，到目前第三代通信网络成为主流技术，而第四代移动电话行动通信标准的运营牌照开始发放。经过不到 20 年的发展，移动互联网通信技术已经跨越了 4 个时代，传输内容从最初仅能传输语音到高质量视频图像，传输速率也提高到 100Mb/s。互联网功能越来越强大，给互联网用户带来了前所未有的使用体验，使更多的人愿意使用互联网提供的服务，产生了对于互联网巨大的需求。信息技术对于互联网发展的贡献可见一斑。

因此，可以说信息技术和信息设备的应用能力是互联经济发展的基础性因素。衡量信息技术和信息设备应用能力的指标有很多。国家统计局在《中国信息能力报告》中使用以下指标来衡量：(1) 每千人拥有 PC 数；(2) 每千人拥有传真机数；(3) 每百人拥有电话数；(4) 每千人拥有电视机数；(5) 每千人拥有收音机数；(6) 每万人接入因特网用户；(7) 每百万人互联网上网主机数；(8) 每平方公里光缆长度；(9) 每百家企事业单位上网数；(10) 基础信息产业产值占 GDP 比重。

(二) 信息资源及开发能力

信息资源是指以文字、图形、图像、声音、动画和视像等形式储存在一定的载体上并可供利用的信息，它是信息化的重要组成部分。如果说信息技术以及信息技术的应用能力是互联网发展必备的硬件基础，那么信息资源及其开发能力则是互联网发展的软件要素。

信息资源对于互联网发展的必要性在于：

第一，信息资源是网络得以存在的首要因素。如果不是为了获取信息资源，信息技术的发展或者信息设备的制造都是没有意义的。

第二，互联网世界是虚拟的世界，其提供的各种商品和服务同现实世界中的商品和服务有很大差别。一个重要的特征就是这些商品和服务的数字化，而数字化的本质其实就是各种信息资源的整合，其基础自然也就是信息资源的开发能力。可见信息资源的开发能力决定了互联网中商品和服务的提供，这也是互联网经济发展的基础。

第三，信息资源开发能力的提高创造出大量和多样化的信息资源，这也正是吸引作为网络服务接受者——众多网络用户的重要途径。网络资源的不断丰富使得网络用户在现实生活中无法得到满足或者难以得到满足的需求得以在网络世界中方便地得到满足。在如今，信息资源开发能力空前强大，用户可以在互联网中获得娱乐、消费、社交通信、学习等各方面的服务。

由此可见，信息资源的开发利用是信息化建设取得实效的关键，开发利用的程度是衡量国家信息化水平的一个重要标志。国家统计局在《中国信息能力报告》中使用以下指标来衡量信息资源及其开发能力：（1）每户打国际电话时间；（2）每百人期刊发行量；（3）每日发布信息量；（4）网络用户平均上网时间；（5）每万人Web站点数。

三、教育发展水平

教育对于社会和经济的发展有着重要的作用，毫无疑问，教育对于互联网经济的发展的作用也不可忽视。教育水平对于互联网经济的影响应从两个方面进行解读：

第一，教育水平的提高促进了信息技术的普及，促使更多人能接触到互联网，使用互联网搜寻自身需要的信息，利用互联网解决遇到的问题，满足娱乐、工作、学习等多方面的需求。这些人也最终会成为互联网提供商品和服务的受众，从而激发对于互联网商品和服务的需求，推动了互联网技术的进步和互联网经济的发展。

第二，教育水平尤其是互联网相关专业高等教育水平的提升为IT电子等行业提供了大量可靠的技术人才，这极大地提高了电子信息行业从业人员的素质。掌握知识和信息的人力资源在未来社会经济生活中将担负着极其重要的角色，是提高信息化水平的关键，对其他各个要素的发展速度和质量会产生决定性的影响。正是由于这些技术人员的存在，互联网技术创新才能层出不穷。这也成为互联网经济发展的重要支撑力量。

可以用作人口素质或教育水平的衡量指标包括：（1）每万人平均科学家和工程师数；（2）第三产业从业人数占就业总人口比重；（3）大学入学率；（4）每10万人在校学生数；（5）计算机专家和工程师数。

四、金融发展水平

金融发展水平从以下角度影响互联网经济的发展：首先，金融业的繁荣为互联网技术发展提供了多样化的融资平台；其次，金融创新促进互联网金融的变革，尤其是网络支付平台的发展带动了电子商务的繁荣。

（一）互联网行业投融资

互联网经济依赖于互联网的发展，然而互联网作为高新技术产业，其发展过程中科研投入、设备扩张需要依靠大量的资金支持。金融支持对于互联网产业发展至关重要，没有资本大量的投入和积累，没有融资制度的支持，互联网技术的创新和由此带来的生产组织的彻底变革都难以实现，也就无法形成新的增长点。

首先，作为高新技术产业，互联网行业具有高风险、高收益、高投入等区别于传统产业的特征，这些特征也决定了互联网技术的发展必须要有成熟的金融市场和金融体系作为依托。显然，这依赖于一国的金融发展水平。其次，互联网发展技术经济系统是分为多阶段的，由于各个阶段和各个环节投融资的金融价值不同，对投融资需求的方式和数量也不同，从而导致对金融工具多样性的需求。除大型企业可以通过内源性融资进行研发外，高新技术产业成长根据各个阶段的目标、主体和特点不同，需要选择商业银行、投资银行、共同基金、风险投资基金、资本市场等不同的渠道融资和方式。因此，金融发展程度对互联网经济的发展起着关键作用。

目前，互联网行业融资在经历过 2012 年经济和互联网资本市场的低迷后，2013 年开始触底反弹，据统计，2013 年下半年，互联网行业 VC/PE 投资交易 243 笔，披露金额案例 136 笔。在已经披露金额的案例中，融资额超过 1000 万美元为 68 笔，投资金额在千万美元以上 5000 万美元以下的案例数有 45 笔，大于 5000 万美元小于 1 亿美元的有 6 笔，位于 1 亿美元和 5 亿美元之间的案例数为 13 笔，大于 5 亿美元的案例有 4 笔。由此，金融业和资本市场的繁荣对于互联网行业投融资，从而互联网行业发展的重要性可见一斑。

（二）互联网金融和网络支付

互联网产业和金融产业的相互渗透及竞争给互联网金融提供的发展环境。互联网金融是互联网与金融相结合的新兴领域，它是指借助于互联网技术、移动通信技术实现资金融通、支付和信息中介等业务的新兴金融模式，既不同于商业银行间接融资，也不同于资本市场直接融资的融资模式。在互联网金融模式下，因为有互联网、移动支付、搜索引擎、大数据、社交网络和云计算等先进技术手段，极大程度消除了市场信息不对称问题，使市场充分有效，从而接近一般均衡定理上描述的无金融中介状态。交易双方在资金期限匹配、风险分担上的成本非常低，金融产品的发行、交易以及货币的支付可以直接在网上进行，进而大幅度降低市场交易的成本。

互联网金融主要有三个特征。一是在支付方式方面，以移动支付为基础，个人和机构都可在中央银行的支付中心（超级网银）开设存款和证券登记账户；证券、现金等金融资产的支付和转移通过移动互联网进行；支付清算完全电子化。二是在信息处理方面，社交网络生成和传播信息，搜索引擎对信息进行组织、排序和检索，云计算保障海量信息高速处理能力，最终形成时间连续、动态变化的信息序列，解决信息不对称问题。信息处理具有私人信息公开化、隐性信息显性化、分散信息集中化、海量信息指标化等特点。三是在资源配置方面，资金供需信息直接在网上发布并匹配，供需双方可以直接联系和交易，形成了"充分交易可能性集合"，实现透明、公平的交易环境，中小企业融资、民间借贷、个人投资渠道等问题更容易解决。

目前中国互联网金融呈现快速发展态势，市场中主要包括三种基本的企业组织形式：网络小贷公司、第三方支付公司以及金融中介公司。当前商业银行普遍推广的电子银行、网上银行、手机银行等也属于此类范畴。

以网络支付为例，互联网经济的发展和互联网金融的繁荣催生了网络支付这种新型支付模式。电子支付在中国的发展始于网上银行业务，随后各大银行的网上缴费、移动银行业务和网上交易等逐渐发展起来。在经济全球化的趋势下，电子商务凭借便捷、低成本的优势日益深入人心，作为电子商务的核心环节，在线支付也得到了迅速发展。

目前国内电子支付市场主要有几大阵营：一是独立的第三方支付企业，如快钱、易宝支付等；二是国内电子商务交易平台价值链延伸的在线支付工具，如支付宝、财付通、百付宝等；三是银行阵营，如中国银联的 ChinaPay 以及各个银行自己的网上银行等；四是以中国移动等电信运营商为代表的移动支付企业。

根据中国互联网络信息中心（CNNIC）2013 年 1 月发布的第 31 次《中国互联网络发展状况统计报告》显示，截至 2012 年 12 月，中国使用网上支付的用户规模达到 2.21 亿，与 2011 年相比，用户增长 5389 万，增长率为 32.3%。来自研究机构艾瑞咨询的数据则显示，2012 年国内互联网支付业务交易规模 36589 亿元，同比增长 66%。其中该年四季度单季交易规模突破万亿，达 10650 亿元。至 2013 年 1 月 8 日，央行累计发放 223 张非金融机构支付许可证，其中从事互联网支付和移动支付的共计80家。此外，在PC端在线支付高速发展的同时，随着智能手机的普及，移动支付也有了长足的进步。在移动支付市场上，随着标准之争逐渐从市场层面达成一致，以及移动电商带动的远程支付的发展，手机刷卡器、二维码支付等多种创新支付方式的引入，银行金融机构的积极加入，移动支付市场的发展也在加速膨胀。

目前，中国第三方支付市场牌照格局基本确定，各第三方支付企业获牌后纷纷加大各方面的资源投入，加快支付领域的市场争夺。而且，从宏观环境看，传统企业电子商务化趋势加强，特别是对于一些新兴传统细分市场的挖掘，今后数年互联网支付行业仍保持高速发展。根据有关机构预计，2015年，中国第三方互联网支付交易规模将达139200亿元，互联网支付注册账户规模将达13.78亿元，移动支付交易规模将达7123亿元。

电子支付因互联网经济的发展而繁荣。同时，这种新兴支付模式以其方便、快捷、高效、经济的优势带动了电子商务和互联网经济的进一步繁荣。

众所周知，传统结算是在较为封闭的系统中运作，通过现金的流转、票据的转让及银行的汇兑等物理实体流转来完成款项支付的。这种结算方式存在结算方式单一、现金结算风险大、银行接入成本高、结算周期长、退款较慢、缺乏诚信机制、营销推广成本高等诸多局限性，互联网金融的发展涌现出了包括第三方支付在内的新型支付模式，正好解决了这些矛盾。互联网支付的优势在于：第一，网络支付具有方便、快捷、高效、经济的优势。用户只要拥有一台上网的PC机，便可足不出户，在很短的时间内完成整个支付过程。支付费用仅相当于传统支付的几十分之一，甚至几百分之一。网络支付可以完全突破时间和空间的限制，可以满足24/7（每周7天，每天24小时）的工作模式，其效率之高是传统支付望尘莫及的。第二，互联网支付中介采用了与众多银行合作的方式，可同时提供多种银行卡的网关接口，从而大大地方便了网上交易的进行。第三，互联网支付平台作为中介方，可以促成商家和银行的合作，既可以降低企业运营成本，同时可以帮助银行节省网关开发成本。第四，可以通过对交易双方的交易的详细记录，防止交易双方对交易行为可能的抵赖以及为在后续交易中可能出现的纠纷问题提供相应的证据。这些新型支付方式不仅为消费者带来全新的支付体验，增加了支付的便利性和可靠性，也为企业之间的支付提供了保障，从而促进了电子商务的发展。

(三) 金融发展的衡量指标

衡量金融发展水平的指标主要有以下三大类。

第一，Goldsmith 指标是用来衡量金融相关比率（Financial Interrelations Ratio，FIR）的。它是一个存量指标，表示一国在某一时点上所有未清偿金融工具余额（金融资产总值）与国民财富的比值，其中金融工具可以包括商业银行资产、中央银行资产、银行的信贷余额、私人信贷（如乡镇集体企业、私营企业）等。它是衡量金融上层结构相对规模最广义的指标，其变动反映的是金融上层结构与经济基础结构之间在规模上的变化关系。因而它也是衡量金融深化和金融改革的一项指标。不同国家的 FIR 都有上升的趋势，金融体系越发达，金融相关比率即金融发展水平就越高。

第二，McKinnon 指标的计算方法为货币供应量与国民财富之比，主要是衡量一国金融深化程度，同时也强调了货币金融体系中支付中介和动员储蓄的功能。在此指标的基础上，还发展出与货币供应量相关的诸多指标，如非货币金融深度指标（non-monetary financial depth），即（M3 - M1）/GDP。（M3 - M1）正好剔除了银行高流动性、与银行金融效率关系并不密切的部分，能够较准确地反映与长期投资相关联的那部分货币负债，也是金融机构服务实体经济效率的直观体现。

第三，通过国内金融机构的相对地位、金融资产的配置状况、股票与债券市场的活跃程度等角度来衡量某地区的金融发展状况。从金融功能的角度，可以从五方面来考察金融发展水平：资金集聚与辐射能力、金融风险管理水平、金融深化程度、金融机构多样性和金融产品多样性。第一，资金的集聚与辐射能力是金融发展水平的最直接表现。第二，金融风险管理水平，金融风险管理水平与法治及监管环境有密切关系，而法治建设是金融建设中的一个长期因素。第三，金融深化程度是对资金集聚与辐射能力指标的延伸。这个指标分别从存款货币机构、资本市场以及保险机构三个方面进行资金数量的深入考察。第四，金融机构多样性是对上述三个方面的机构以及体制外金融机构数量上的考察。第五，金融产品多样性是对金融深化和机构多样性更为细致的划分。金融产品数量在一定程度上可以代表金融创新的情况。中国金融发展水平还处于较低层次，一方面金融的高端人才还不多；另一方面从需求方来说消费者的金融知识水平和法律水平也不高。

五、政策和制度

国家政策和相关法律法规的制定、完善也是互联网经济发展的一个重要因素。政府对于产业的政策干预，即产业政策能够弥补市场缺陷，有效配置资源；保护幼小民族产业的成长；熨平经济震荡；发挥后发优势，增强适应能力。

政府对于互联网产业的政策倾斜很显然能够促进互联网经济的快速发展。中国政府对于互联网的基本政策是积极利用、科学发展、依法管理、确保安全。首先，近年来中国在互联网基础设施建设上投入了大量的资金，1997~2009 年，全国共完成互联网基础设施建设投资 4.3 万亿元，建成辐射全国的通信光缆网络，总长度达 826.7 万公里，其中长途光缆线路 84 万公里。其次，中国政府还大力促进互联的普及，解决互联网发展、普及和应用中存在的城乡发展不平衡问题。互联网的普及水平居于发展中国家的前列。再次，中国政府积极推动下一代互联网的研发。与之同时，国家也不断制定和完善相关政策引导电子商务、网络金融等互联网应用的发展。随着移动互联网的重要性日益凸显，国家关于移动互联网的相关政策也在密集出台。如 2013 年 8 月，国务院印发了《关于促进信息消费扩大内需的若干意见》，将培育移动互联网等产业发展作为"稳增长、调结构、惠民生"的重要手段；仅仅 3 天后，国务院发布"宽带中国"战略，首次将宽带明确定位为"经济社会发展的战略性公共基础设施"。可见国家对于互联网政策制定的重视程度。

但是考虑政策因素存在一定问题，即政策因素较难量化，难以找到合适的指标来衡量。国家投入是政策因素中较易量化的一个因素，一般而言，国家对于信息化的投入主要包括以下几个方面：（1）信息产业产值占 GDP 比重；（2）研究开发（R&G）支出占 GDP 比重；（3）每主线电信投资；（4）人均 GNP；（5）教育投入。

六、其他社会经济因素

其他影响互联网经济发展的因素包括人口密度、城市化水平等。

互联网经济的发展依赖于互联网的发展，而互联网的扩散速度还要受到该国地理条件的影响，其中人口密度就是一个非常重要的因素。作为一个网络型产业，互联网接入网络具有典型的规模经济性，互联网提供商都是优先在人口密度大的地区提供互联网接入服务,因为在人口密度低的地区提供互联网接入服务相应的成本会很高。因此可以认为人口密度越高,互联网扩散速度越快,对互联网经济发展的促进作用也越大。

创新扩散理论认为绝大多数的采用者会受到社会其他成员的影响,周围使用新产品的人越多,影响力越大,其中这种影响经常是以口碑传播的方式来进行的。城市浓密的人口为口碑传播提供了便利条件。城市作为经济集中区,随着企业对行业信息、电子商务、信息化需求的增加,对于互联网的接入需求也在激增。城市密集的人口、完善的通信基础设施、较高的收入以及较大的市场需求都使得城市一般成为互联网最初进入和快速增长的地区。因此,城市化水平越高,互联网经济发展的环境越有利。

第三节 互联网经济发展影响因素的实证分析

一、变量选取

考虑我们的研究对象——互联网经济的发展水平,能够衡量互联网经济发展水平的指标有很多,如域名、网站数量、上网人数等,我们最终选取了互联网上网人数作为衡量标准进行分析,主要有以下几方面的原因。首先,考虑到注册域名的现实情况,域名并不是合适的选择,因为域名注册后并不一定拥有网站,而且有许多机构将域名注册作为保护域名的手段,甚至有些机构将域名注册作为一种投资手段。此外,域名注册时还存在着一家机构拥有多个域名的情况以及域名注册时该机构可能不存在的情况等。其次,对于网站来说,它是互联网发展到一定阶段时的必然产物,在互联网发展的初级阶段,是不能用网站作为衡量指标的,因为其存在着结构变动,只有当互联网发展相对成熟以后,才能用网站数量作为衡量互联网水平的主要指标,结合中国目前的情况看,网民增长速度很快,电子商务交易额也处于高速增长期,中国互联网的发展仍然处于初级阶段,所以网站数量也不是最好的选择。再次,上网人数能较客观真实地反映中国互联网的发展水平,具体分析时采用每千人互联网上网人数作为衡量中国互联网发展水平的主要指标比较合适。

互联网是新生事物,能够影响互联网经济发展水平的因素有很多,从经济理论分析及数据的可得性的角度出发,大致有以下因素:经济发展水平、教育水平、信息化水平、金融发展水平和技术水平。这些因素都与互联网经济发展水平成正相关关系。针对每一个影响因素，我们选取了最具代表性的变量来表示，具体的变量选取见表2-1。

表2-1　　　　　　　　　　主要变量含义

变量意义	变量	变量表示
互联网经济发展水平	每千人互联网上网人数	NP
经济发展水平	人均GDP（元）	GDP
教育水平	每千人普通高等学校在校学生数	CS
信息化水平	人均邮电业务量（元）	PT
金融发展水平	信贷额-GDP比例	TD
技术水平	每万人专利申请授权量	PA

经济发展水平：社会经济发展水平一般用GDP表示，它是一个国家或地区的经济实力总体体现，社会经济发展水平越高，相应地互联网的发展水平越好，在进行分析时为了具有可比性，采用人均GDP表示。

教育水平：互联网属于高科技产品之一，对使用者的文化水平有一定的要求。一般认为，居民的平均文化程度越高，上网人数的比例越高，从而带动互联网经济的发展。在这里我们采用每千人普通高等学校在校学生数来表示教育水平。

信息化水平：毫无疑问，一个国家或地区信息化程度越高，互联网发展水平越高，衡量信息化发展水平的一个较好的指标是信息产业部发布的国家信息化指数，但由于相关数据不可得，所以用人均邮电业务量代替，该指标包括信息传播、信息存储等的总体水平。

金融发展水平：我们选择信贷额这一指标来衡量金融发展水平，可以初步认为金融发展水平与互联网经济发展水平成正相关关系，因为现在很流行的网购主要取决于网上支付的便利程度，而这又取决于金融发展水平。

技术水平：众所周知，互联网是一个需要大量高技术支持的行业，所以技术水平的高低直接影响到互联网的发展状况。在这里我们使用每万人专利申请授权量来衡量技术水平。

二、数据处理与描述

本书中的模型一共包含6个变量,采用中国31个省市2002~2011年10年的面板数据。原始数据全部来源于中国统计数据库。数据处理过程包括两个步骤:首先,除去衡量金融发展水平的数据外,其余数据均取其人均指标,即用原始数据除以该城市年末常住总人口,年末常住总人口的数据同样来自于中国统计数据库,数据描述性统计见表2-2;然后将所有数据做取对数的处理,以调整数据使其更平稳,6个变量分别表示为LNP、LGDP、LCS、LPT、LTD、LPA。

表2-2 主要变量的简单统计描述

变量意义	变量符号	均值	最大值	最小值	标准差
互联网经济发展水平	NP	182.3384	683.0114	11.19403	147.5727
经济发展水平	GDP	21880.07	83448.56	3240.631	15750.18
教育水平	CS	13.73576	35.6502	3.134328	6.812704
信息化水平	PT	1318.582	6255.556	200.5212	979.1271
金融发展水平	TD	1.019764	2.252222	0.5329276	0.311193
技术水平	PA	2.431208	25.29611	0.0261194	4.022302
截面数		31			
观测数		31*10=310			

图2-1~图2-5是中国31个省份2002~2011年各影响因素和互联网经济发展水平(用每千人互联网上网人数表示)之间的散点图。从图2-1、图2-2和图2-3可以看出,经济发展水平、教育水平和信息化水平与互联网经济发展水平呈现出正相关关系。图2-4说明金融发展水平与互联网经济发展水平没有明显的相关关系。而图2-5则反映出,技术水平可能与互联网发展水平存在较弱的相关关系。由此我们可以估计,经济发展水平、教育水平和信息化水平的回归结果显著,但金融发展水平和技术水平对互联网经济发展的影响并不显著。

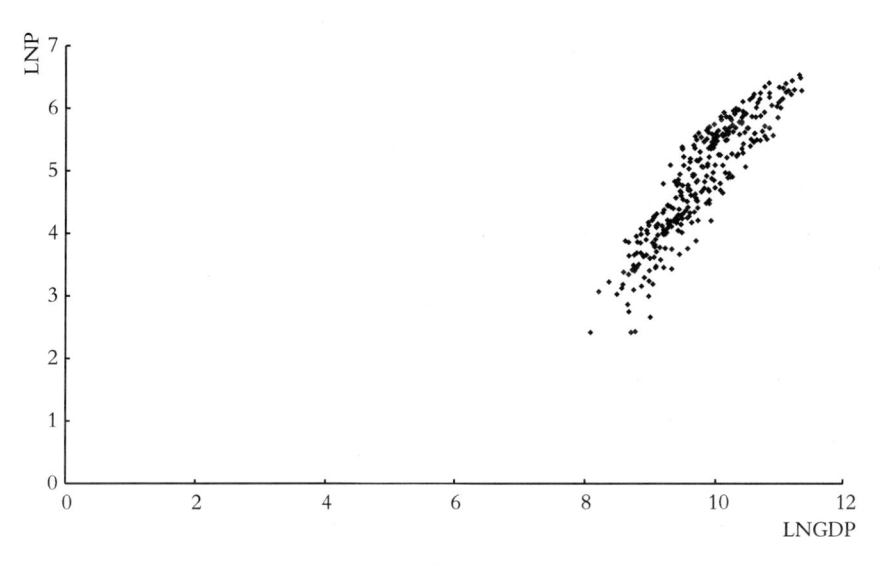

图 2-1 人均 GDP 与每千人上网人数的散点图

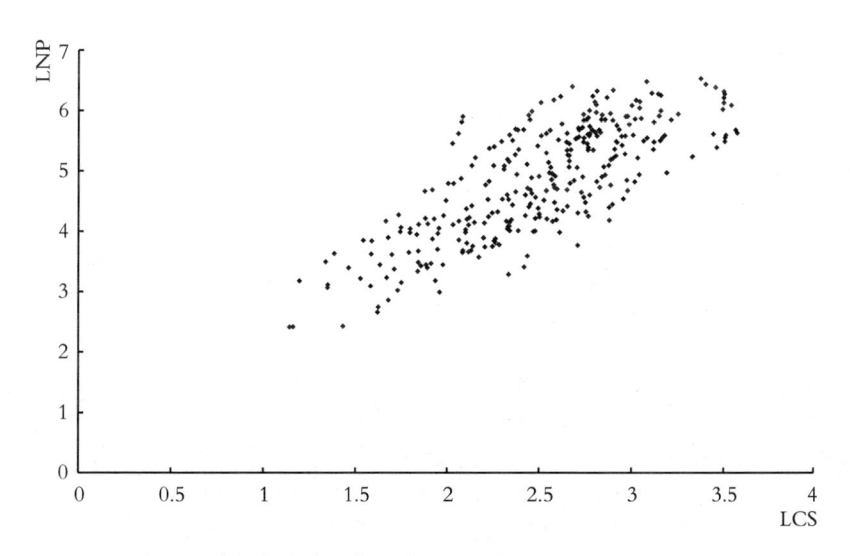

图 2-2 每千人普通高等学校在校学生数与每千人互联网上网人数的散点图

图 2-6 描述了 2002 年和 2011 年中国分省的互联网经济发展水平（每千人上网人数）。我们可以看出，各省的互联网经济发展水平差别较大，北京、天津、辽宁、上海、福建、广东的互联网经济发展水平较高，以 2011 年互联网经济发展最好的北京和发展最慢的贵州省比较，北京的发展水平是贵州的 3 倍；2011 年较之 2002 年，各省的互联网经济发展水平提高很多，而且各省的

| 互联网经济：中国经济发展的新形态 |

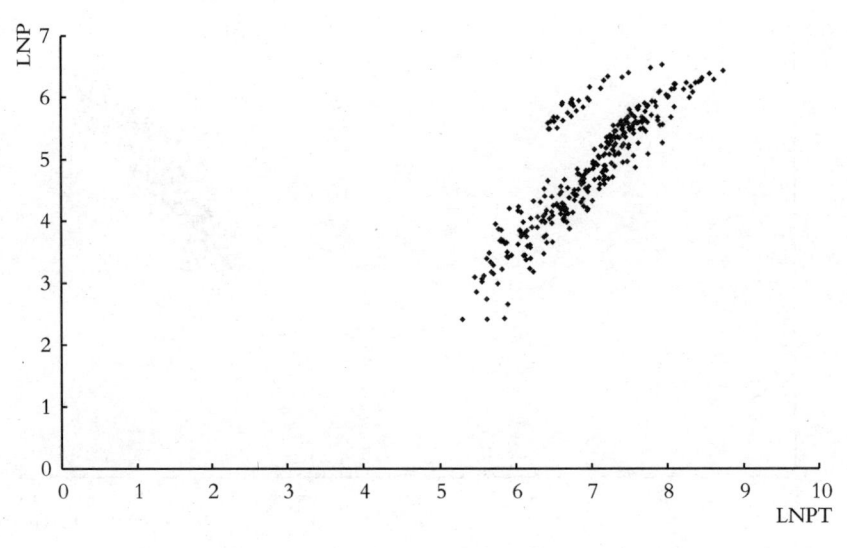

图2-3 3人均邮电业务量与每千人上网人数的散点图

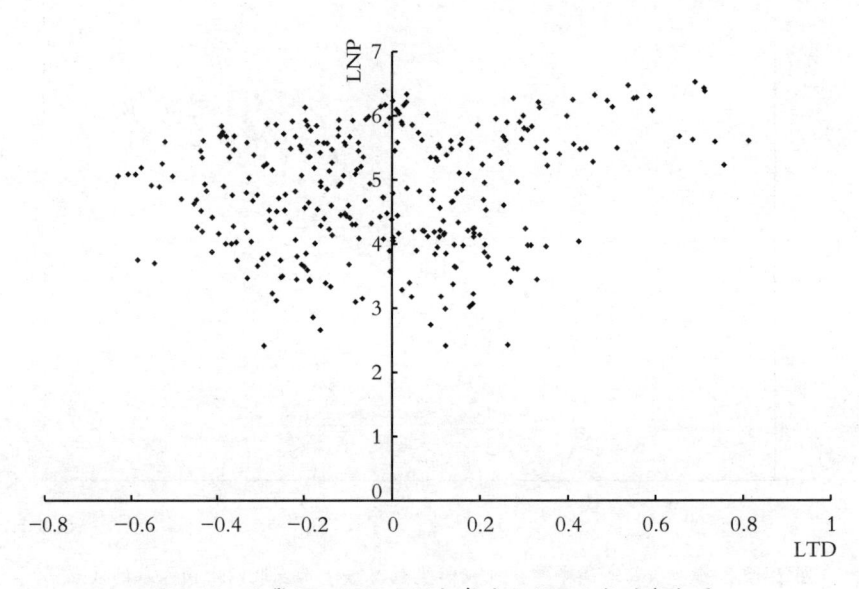

图2-4 信贷额-GDP比例与每千人上网人数的散点图

差距明显加大，其中北京、天津和上海一直保持领先水平，而福建和广东发展速度很快，从2002年的一般水平迅速增长到2011年的领先水平；而且从整体来看，经济发展水平较高的地方，互联网经济发展水平也较高。

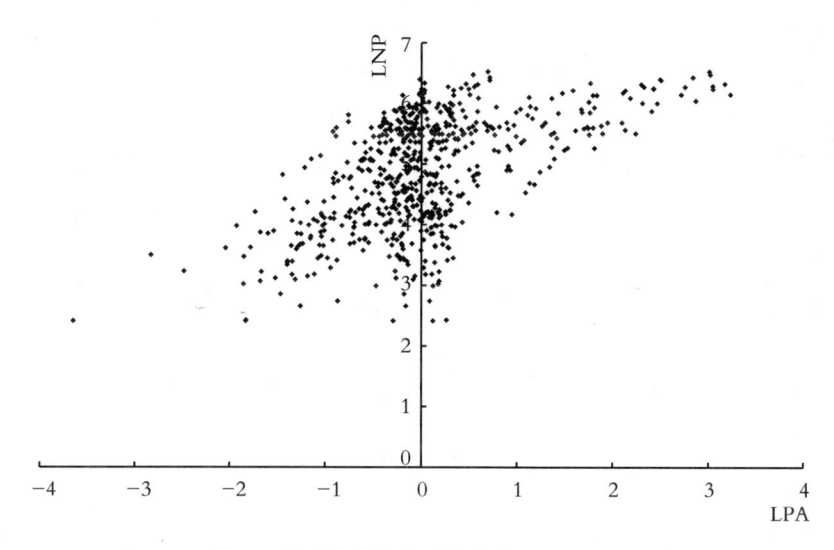

第二章 互联网经济理论：中国经济发展的"新理论"

图 2-5 每万人专利申请授权量与每千人上网人数的散点图

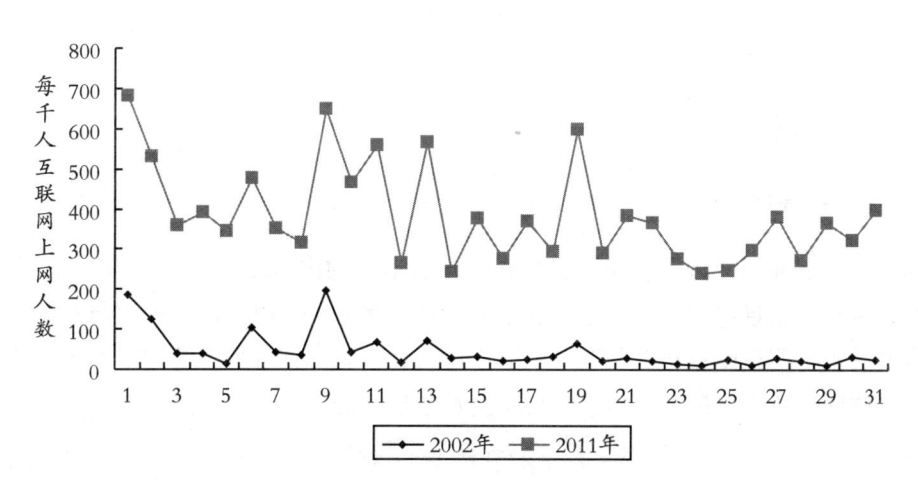

图 2-6 2002 年和 2011 年中国分省的互联网经济发展水平（每千人上网人数）

注：图中横轴上的 1~31 分别表示北京、天津、河北、山西、内蒙古、辽宁、吉林、黑龙江、上海、江苏、浙江、安徽、福建、江西、山东、河南、湖北、湖南、广东、广西、海南、重庆、四川、贵州、云南、西藏、陕西、甘肃、青海、宁夏、新疆。

图 2-7 描述了北京市、广东省和贵州省 2002~2011 年互联网经济发展状况。其中北京市代表了一直处于领先水平的省市，广东省代表了互联网经济发展较快的省市的水平，而贵州省代表了一直处于低水平发展的省市的状况。从图中可以看出北京市和广东省的互联网经济一直保持着较快增长，相比之下贵州省的

就发展缓慢。图 2-7 还反映出从 2006~2008 年是互联网迅速发展的时期,广东省基本保持了不低于北京市的发展速度,直至发展到领先水平;而贵州省的发展就一直较缓慢,也没有抓住 2006~2008 年的机遇,所以差距被拉大。

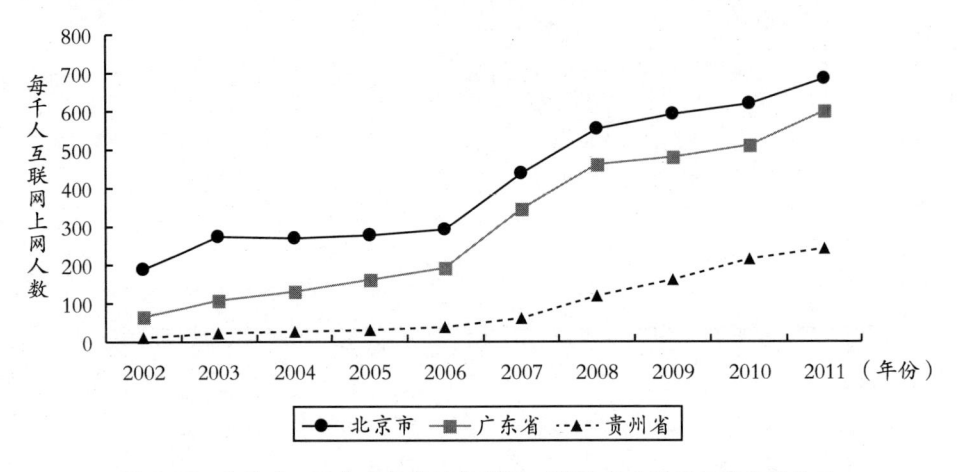

图 2-7 北京市、广东省和贵州省 2002~2011 年互联网经济发展状况

三、实证分析方法

(一) 模型设计

根据上面的分析,能够影响互联网发展水平的因素主要有经济发展水平、教育水平、信息化水平、金融发展水品、技术水平等,预期这些因素与互联网的发展水平应该呈正相关关系。一般来说,在多元回归分析中常用以下函数进行互联网发展水平的影响因素分析,其数学形式为:

$$Y = AX_1^{\beta_1} X_2^{\beta_2} X_3^{\beta_3} \cdots X_n^{\beta_n} \qquad (2-1)$$

其中,Y 表示被解释变量,在这里即互联网经济发展水平;A 为常数;X 为解释变量,在这里即能够影响互联网经济发展的因素;β_i 为系数,表示弹性,即解释变量每增加 1% 导致的被解释变量增加的百分比。对上试两边同时取自然对数,我们可以得到如下回归方程:

$$\ln Y = \ln A_0 + \beta_1 \ln X_1 + \beta_2 \ln X_2 + \cdots + \beta_n \ln X_n \qquad (2-2)$$

根据本书的需要,加上随机扰动扰动项 u,此模型可以具体简化为:

$$\ln Y = \ln A_0 + \beta_1 \ln X_1 + \beta_2 \ln X_2 + \beta_3 \ln X_3 + \beta_4 \ln X_4 + \beta_5 \ln X_5 + u \qquad (2-3)$$

第二章 互联网经济理论：中国经济发展的"新理论"

根据许多经验数据研究表明，该方程能够很好地拟合某个复杂的经济变量与其影响因素之间的关系。

（二）回归方法

上述模型是一个面板数据（panel data）结构模型，面板数据，也被翻译为"平行数据"、"嵌入数据"、"综列数据"，指在时间序列上取多个截面，在这些截面上同时选取样本观测值所构成的样本数据。

单方程面板数据模型的一般形式为：

$$y_{it} = \alpha_i + x_{it}\beta_i + u_{it} \quad i = 1,\cdots,n, t = 1,\cdots,T \quad (2-4)$$

其中，x_{it} 为 $1 \times K$ 向量，β_i 为 $K \times 1$ 向量，K 为解释变量的数目。该模型常用的有以下三种情形：

情形一：$\alpha_i = \alpha_j$，$\beta_i = \beta_j$；

情形二：$\alpha_i \neq \alpha_j$，$\beta_i = \beta_j$；

情形三：$\alpha_i \neq \alpha_j$，$\beta_i \neq \beta_j$。

对于情形一，在横截面上无个体影响、无结构变化，则普通最小二乘估计给出了 α 和 β 的一致有效估计。相当于将多个时期的截面数据放在一起作为样本数据。情形二为变截距模型，在界面上个体影响不同，个体影响表现为模型中被忽略的反映个体差异的变量的影响，可分为固定影响和随机影响。情形三为变系数模型，除了存在个体影响外，在横截面上还存在变化的经济结构，因而结构参数在不同的横截面单位上是不同的。典型的面板数据模型是截面单位较多而时期较少的数据。

方程的残差 u_{it} 可以由三部分构成，$u_{it} = \mu_i + v_t + \varepsilon_{it}$，其中，$\mu_i$ 是不随时间变化的、与截面相关的项；v_t 是只随时间变化、与截面个体无关的项，刻画所有个体面临的共同冲击；ε_{it} 是随时间变化的随机扰动项，因此，u_{it} 被称为复合残差。对面板数据的估计方法取决于复合残差 u_{it} 的特征。如果对于不同的截面或不同的时间序列，模型的截距是不同的，则可以采用在模型中加虚拟变量的方法估计回归参数，称此种模型为固定效应模型。在固定效应模型中，由于复合残差与解释变量相关，对固定效应模型回归采用 within 差分法进行回归。在固定效应模型中采用虚拟变量的原因是解释被解释变量的信息不够完整，如果固定效应与解释变量不相关性，这时候也可以通过对误差项的分解来描述这种信息的缺失，这便是随机效应模型。随机效应模型和固定效应模型比较，相当于把固定效应模型中的截距项看成两个随机变量,一个是截面随机误差项(μ_i),另一个是随时间变化的随机误差项(ε_{it})。如果这两个随机误差项都服从正态分布,对模型估计时就能够节省自由度,因为此条件下只需要估计两个随机误差项的均值和方差。

随机效应模型的好处是节省自由度。对于从时间序列和截面两方面上看都存在较大变化的数据,随机效应模型能明确地描述出误差来源的特征。固定效应模型的好处是很容易分析任意截面数据所对应的因变量与全部截面数据对应的因变量均值的差异程度。此外,固定效应模型不要求误差项中的个体效应分量与模型中的解释变量不相关。当然,这一假定不成立时,可能会引起模型参数估计的不一致性。Hausman检验方法可以对模型采用何种效应进行检验。

四、实证分析结果

由于是面板数据,我们分别使用了OLS、固定效应模型以及随机效应模型进行估计。三种回归的结果见表2-3,(a)、(b)、(c)分别是OLS回归,固定相应模型以及随机相应模型的回归结果。

表2-3　　　　　　　　　　回归结果

变量	(a)	(b)	(c)
LGDP	0.875***	1.130***	1.137***
	[0.089]	[0.090]	[0.092]
LCS	0.155**	0.329***	0.142*
	[0.071]	[0.106]	[0.085]
LPT	0.417***	0.185***	0.320***
	[0.055]	[0.042]	[0.050]
LTD	-0.038	0.180*	-0.046
	[0.079]	[0.108]	[0.093]
LPA	-0.051	0.162***	-0.049
	[0.038]	[0.047]	[0.043]
Constant	-6.995***	-8.316***	-8.846***
	[0.673]	[0.744]	[0.721]
R^2	0.8557	0.8254	0.8526

注:括号内为标准误,***、**、*分别表示在1%、5%和10%的水平上显著。

根据回归结果,我们有如下的结论:

（1）LGDP 对应的系数始终为正，且三种回归都是在 0.01 的显著性水平下显著。这说明用人均 GDP 表示的经济发展水平对互联网经济的发展具有严格正的影响。这完全符合我们的预期，经济发展对各方的发展均具有带动作用，这其中必然包含对互联网经济发展的促进。而且我们知道互联网消费其实是属于较为高端的产业，只有具备一定经济实力的地区才会致力于发展互联网经济。这也说明了因为互联网发展水平与经济发展状况息息相关，所以中国互联网发展水平的地区差异明显。

（2）LCS 对应的系数也为正，只是显著性在不同的模型下不同，但是从 0.1 的显著性水平来看，LCS 依然都是显著的。这说明教育水平对互联网经济发展也具有严格正的影响。

（3）LPT，同 LGDP 一样，对应的系数始终为正，且三种回归都是在 0.01 的显著性水平下显著，说明用人均邮电业务量表示的信息化水平对互联网经济的发展同样具有严格正的影响。在互联网产生之初，信息化水平是互联网产生和发展的土壤，随着互联网的发展，互联网已经融入信息化的发展中去，并且推动着信息化的发展，二者形成了良性循环。

（4）LTD 对应的系数的正负并不一定，且在 0.05 的显著性水平下我们可以认为它并不显著。即用信贷 - GDP 比例表示的金融发展水平对互联网经济的影响是不显著的。这与我们之前从折线图推测出来的预期是一样的。

（5）LPA 对应的系数的正负以及显著性都是不确定的，即用专利申请授权量表示的技术水平对互联网经济发展的影响不能确定。可能的原因是：利用专利申请授权量来衡量技术水平只是表示当前最前端的技术发明，但这些专利转化为一般的生产技术是需要很长时间的，而且在中国专利转化效率很低，这也降低了技术水平对互联网经济的影响能力。另外，中国的互联网经济发展仍处于起步阶段，对技术水平的要求并不高，所以技术水平对互联网经济发展的影响状况还不确定。

第 三 章

互联网经济：中国经济增长的"新引擎"

相对于传统经济模式，互联网经济会通过知识溢出效应、刺激新的商业模式和新的生产组织方式来影响企业的生产行为。互联网经济会通过消费结构优化、生产方式变化等渠道促进产业结构升级，使得生产和消费结构更加匹配，从而促进经济增长。互联网经济会通过市场扩大效应促进经济增长，尤其是推动了本国产品在国外市场的销售，开拓了海外市场。我们的实证分析发现，滞后一期的互联网变量对经济发展的贡献比当期高出一截，达到了 27.5%，这说明互联网基础设施建设对经济发展具有很强的滞后效应和积累效应；互联网基础设施建设对区域增长收敛、降低区域收入差异具有重要的作用。

第一节 互联网对经济增长的影响机制分析

互联网作为 20 世纪最伟大的发明，正在全世界得到迅速普及和发展，使得人类的生产和生活方式发生了翻天覆地的变化。然而，互联网又是在产业革命的背景下不断发展起来的，所以互联网不仅赋予了实体经济新的内容也逐渐发展形成了一个属于自己的经济形式，并对世界各国的经济发展方式产生了巨大影响。具体来说，互联网对经济增长的影响主要包括以下五个途径。

一、知识的溢出效应

互联网的发展对世界产生了深远的影响。在推动研发国家经济发展的同时，互联网也广泛影响着其他国家经济的发展。尤其是依托全球化背景，互联网越来越成为知识传播的主要途径。而借助这一途径，越来越多的国家享受到由发达国家主导下互联网发展带来的福利。Irwin 和 Klenow（1994）的研究表明知识在不同国家公司间的溢出和在给定一国国内公司间的溢出从量上是相似的[1]。互联网加速了知识的传播，除了使本国企业受益之外，也使得先进的技术和思想得以快速地推广到其他国家，在微观层面上刺激了全球范围内企业经济效益的提升，并在宏观层面带动了相对落后的发展中国家的经济增长。

二、刺激企业商业模式创新

作为互联网发展的受益群体之一，企业同样在抓紧步伐布局网络市场。作为信息化时代先锋的电子商务得到空前的发展，并由此创新出诸如 B2B、C2C、O2O 等一系列商业模式。而传统产业也越来越依赖于互联网，商品及服务的销售逐渐从线下转移到线上，或者直接将自身嵌入网络产业，借此以更小的代价接触到更多的消费者，这些无店铺经营、与客户直接双向沟通的商业模式，打破了以往传统的"店铺模式"覆盖面的局限性，更能及时有效地面向目标群体，有利于大幅度降低企业的流通及经营成本，提高公司的竞争优势[2]。

三、企业生产组织方式创新

除了商业模式上的创新，互联网的发展同样带来了企业生产组织方式上的剧变。以批量定制、预售为代表的新兴生产方式越来越取代传统的流水线生产，市场导向和订单式生产日渐成为企业的主要生产组织方式。此外，诸如CAD（计算机辅助设计）、MIS（管理信息系统）、CIMS（计算机集成制造系统）等技术的发展以及外包非核心业务在全球范围内兴起，同样是企业依托互联网进行生产组织方式革新的重要体现。以"温特制"为代表的一系列生产组织方式构建出了新型跨国生产体系，专业化设计、分包、代工、大规模定制、供应链管理等模式由此迅速展开，进而出现了主导企业"虚拟化"和产权控制弱化等情况的发生[3]。

---

[1] Irwin, D. A. and P. J. Kelnow. 1994, Learning – by – doing Spillover in the Semiconductor Industry. *Journal of Political Economy*, 102（6）: 1200 – 1226

[2] 钱志新. 创新商业模式创新. 现代管理科学，2007（8）

[3] 唐振龙. 生产组织方式变革、制造业成长与竞争优势：从工厂制到温特制. 世界经济与政治论坛，2006（3）

四、产业结构升级

随着互联网的普及,网络市场日渐成为消费热点。而依托互联网发展的信息产业借此吸引了大量的投资,加上其相比于传统产业拥有着高附加值和低污染的优势,使得其发展能得到国家和地方政策的倾斜,始终保持着快速增长的势头,并向着成为主导产业而发展。而电子商务的发展同样为以制造业为代表的传统产业带来了转型升级的机会,依靠网络设计与制造等相关业务全面发展,使得这部分产业的技术活动越发活跃,对创新成果的吸收融合能力越强,并得以继续生存并获得更好发展,进而实现产业结构根本性调整升级[1]。同时也衍生出第三方托管商和代理设备运营商等新兴企业类型,使相关产业得以联动发展。

五、推动贸易和出口

互联网的发展创造了一种新的"生产力",使得企业间的贸易进入"无国界"时代,得以在一个更大的规模上进行,而且降低了渠道成本,扩大了企业市场。越来越多的企业依靠互联网走出地区,走向世界。Clarke 和 Wallsten (2006) 的研究表明互联网普及率的增加与出口增长可能具有同时性,而出口较多国家往往比较少的国家有更高的互联网普及率[2]。而 Freund 和 Weinhold (2004) 同样通过实证数据表明互联网发展有助于国家贸易和双边贸易的发展[3]。

第二节 互联网对经济增长作用的经验分析

一、模型设定

本部分在现代经济增长框架加入互联网作为生产要素,考察其对经济增长的影响。现代经济增长理论开始于罗伯特·索洛和斯旺的新古典增长模型

---

[1] 周淑莲,王伟光. 科技创新与产业结构优化升级. 国民经济管理,2001 (12)
[2] Clarkel, George R. G. and Scott J. Wallsten, 2006. Has the Internet Increased Trade? Developed and Developing Country Evidence. *Economic Inquiry*, 44 (3): 465 – 484
[3] Freund, Caroline L. and Weinhold, Diana. 2004. The Effect of the Internet on International Trade. *Journal of International Economics*, 62 (1): 171 – 189

(Solow, 1956; Swan, 1956),我们称为索洛模型。该模型只有生产部门,没有家庭部门,技术进步和人口都是外生的,资本积累是实现经济赶超的唯一驱动力[1]。

但是,索洛模型之所以在很多检验中没有被证实,很大程度上它本身忽略了一些影响经济增长更重要的因素,而这些因素又决定了经济增长的稳态值,如人力资本。即使物质资本具有边际报酬递减的特征,人力资本的存在会抵消这一特征,使得规模报酬不变甚至规模报酬递增[2]。因此,Mankiw、Romer 和 Weil (1992) 在索洛模型中加入了人力资本,考虑到人力资本的内生性,推导出了经济增长收敛的条件,我们称之为 MRW 框架[3]。

本书在 MRW 框架上考察互联网的影响,假设总量生产函数为:

$$Y_t = K_t^{\alpha} H_t^{\phi} (A_t L_t)^{1-\alpha-\phi} \qquad (3-1)$$

其中,K 为总量资本存量,H 为总量的人力资本存量,并且,物质资本 K 和人力资本 H 的动态变化过程是:

$$\dot{K}_t = s_k Y_t - \delta K_t \\ \dot{H}_t = s_h Y_t - \delta H_t \qquad (3-2)$$

其中,s_k 和 s_h 分别是指物质资本储蓄率和人力资本的投资率,参数 α 和 ϕ 分别是物质资本 K 和人力资本 H 的产出弹性。假设人均收入的稳态水平是 y^*,则在时间 t 上的收敛速度是:

$$\gamma_y = d[\ln(y)]/dt = \lambda[\ln(y^*) - \ln(y_t)], \quad \lambda = (n+g+\delta)(1-\alpha-\phi) \qquad (3-3)$$

该式暗示:

$$\ln(y_t) = (1-e^{-\lambda t})\ln(y^*) + e^{-\lambda t}\ln(y_0) \qquad (3-4)$$

其中,y_0 表示起初的有效劳动人均产出。在式 (3-4) 中两边都减去

---

[1] Solow, Robert M. 1956. A Contribution to the Theory of Economic Growth. *Quarterly Journal of Economics*, 70: 65 – 94. Swan, Trevor W. 1956. Economic Growth and Capital Accumulation. *Economic Record*, 32: 334 – 361
[2] Lucas, R. E., Jr., 1988. On the Mechanics of Economic Development. *Journal of Monetary Economics*, 22 (1): 3 – 42
[3] Mankiw, N. G., D. Romer, and D. Weil. 1992. A Contribution to the Empirics of Economic Growth. *Quarterly Journal of Economics*, 107 (2): 407 – 437

$\ln(y_0)$，可得

$$\ln(y_t) - \ln(y_0) = (1 - e^{-\lambda t})\ln(y^*) - (1 - e^{-\lambda t})\ln(y_0) \qquad (3-5)$$

在式（3-5）中代入该模型的均衡值 y^* 的表达式，可以得到人均收入增长率方程：

$$\gamma_y = -(1 - e^{-\lambda t})\ln y_0 + (1 - e^{-\lambda t})\frac{\alpha}{1 - \alpha - \phi}\ln s_k$$
$$+ (1 - e^{-\lambda t})\frac{\phi}{1 - \alpha - \phi}\ln s_h - (1 - e^{-\lambda t})\frac{\alpha + \phi}{1 - \alpha - \phi}\ln(n + g + \delta)$$
$$(3-6)$$

我们基于 MRW 的框架对中国地市级经济增长收敛性进行估计。将式（3-6）写为回归方程的形式：

$$\gamma_{iy} = \beta\ln(y0_i) + \psi X_i + \pi Z_i + \varepsilon_i \qquad (3-7)$$

其中，$\beta = -(1 - e^{-\lambda t})$。$X_i$ 是一个向量组，$X_i = \{x_{i1}, x_{i2}, \cdots\}$ 包括储蓄率 s_k 的自然对数、人力资本投资率 s_h 的自然对数以及与技术水平、人口等因素有关的因素 $\ln(n_i + g + \delta)$。这些因素是模型中包括的变量，我们称为"核心变量"。Z_i 是索洛模型没有包括的、而我们又比较关心的其他影响经济增长的变量。如果经济增长是收敛的，系数 β 应该是负的。因此，这种收敛被称为 β 收敛。

MRW（1992）用截面回归方法对经济增长收敛进行检验，但是截面回归暗示所有地区都具有相同的生产函数，显然这个假设不现实。并截面方程估计由于没有考虑到地区的异质性可能与外生解释变量之间的正相关性，这会导致估计值 $\hat{\beta}$ 被高估，因而会低估收敛速度 $\hat{\lambda}$。Islam（1995）将该检验扩展到面板方法来处理这个问题，因为面板数据方法可以考察地区上不可观察的异质性。Islam（1995）证明，面板方法得到的地区增长条件收敛速度更高，产出的资本弹性更低，这与经验数值更为一致[①]。

仍然假设带人力资本的生产函数如式（3-1）所示，根据 Islam（1995）的方法，面板形式的增长模型是：

[①] Islam, N., 1995. Growth Empirics: A Panel Data Approach. *Quarterly Journal of Economics*, 110(4): 1127-1170

第三章 互联网经济：中国经济增长的"新引擎"

$$\ln y_{it} = e^{-\lambda\tau}\ln y_{i,t-\tau} + (1 - e^{-\lambda\tau})\frac{\alpha}{1-\alpha-\phi}\ln s_k + (1 - e^{-\lambda\tau})\frac{\phi}{1-\alpha-\phi}\ln s_H$$
$$- (1 - e^{-\lambda\tau})\frac{\alpha+\phi}{1-\alpha-\phi}\ln(n + g + \delta) + (1 - e^{-\lambda\tau})\ln A$$
$$+ g(t - e^{-\lambda\tau}(t - \tau))$$

(3-8)

其中，τ 表示收敛考察的时间段，A 是不随时间变化的地区特征，反映了地区的异质性。与上式对应的经验方程可以写为：

$$\ln y_{it} = \gamma\ln y_{i,t-1} + \beta x_{it} + \mu_i + \eta_t + \varepsilon_{it} \quad (3-9)$$

其中，y_{it} 是指地区 i 在 t 时期的人均实际 GDP，$y_{i,t-1}$ 是指该地区在 $t-1$ 时期的人均实际 GDP，这里下标 t 表示时期的概念。x_{it} 是一个向量组，$x_{it} = \{x_{it}^1, x_{it}^2, \cdots\}$，包括物质资本储蓄率的对数 $\ln(s_k)$，人力资本储蓄率的对数 $\ln(s_h)$ 和劳动率增长率、折旧率和技术进步率之和的对数 $\ln(n + g + \delta)$。$\mu_i = (1 - e^{-\lambda\tau})\ln A$ 表示地区 i 的个体效应，不随时间而发生变化，$\eta_t = g(t - e^{-\lambda\tau}(t - \tau))$ 是时间趋势项，ε_{it} 为残差项。由于 $\gamma = e^{-\lambda\tau}$，因此收敛速度 $\lambda = \frac{1}{\tau}\ln(\frac{1}{\gamma})$。

方程（3-9）是一个面板模型，这个模型可以估计地区经济的收敛速度，也可以估计一个地区收入的影响因素。

二、跨国面板的回归分析

本节我们将利用世界发展指数数据库（World Development Indicators，WDI）的跨国数据分析互联网经济发展与经济增长之间的关系。本书在 WDI 选择三类国家进行研究：第一类是 OECD 国家，其中大部分是欧美等发达国家，网络普及程度高，他们的发展经验相对值得借鉴，所有 34 个国家的样本都收录进来；第二类是中高等收入国家（包括中国），其中大部分是经济发展迅速的发展中国家，新兴经济体居多，人均 GDP 以及网络使用率持续上升，剔除 OECD 中已选择的样本国以及不具代表性的主要依赖石油天然气发展的高收入国家，共选取 14 个样本国；第三类是中低等收入国家，其中大部分国家人均 GDP 水平较低，网络使用率有所改善，但幅度基本还不及中高等收入国家，剔除掉依赖石油天然气发展的国家以及 2000 年至今发生过内战的国家，共选取 14 个样本国。后两类国家的选取

互联网经济：中国经济发展的新形态

主要是考虑互联网发展对存在收入分化的中等收入国家经济增长的影响。样本如表3-1所示。

表3-1　　　　　　　　　选取的样本国列表

OECD 国家		中高收入国家	中低收入国家
奥地利	比利时	巴西	乌克兰
加拿大	丹麦	中国	印度
法国	德国	保加利亚	印度尼西亚
希腊	冰岛	突尼斯	也门共和国
爱尔兰	意大利	哈萨克斯坦	玻利维亚
卢森堡	荷兰	哥斯达黎加	巴基斯坦
挪威	葡萄牙	马来西亚	赞比亚
西班牙	瑞典	南非	菲律宾
瑞士	土耳其	阿根廷	乌兹别克斯坦
英国	美国	纳米比亚	尼日利亚
日本	韩国	罗马尼亚	摩尔多瓦
芬兰	波兰	白俄罗斯	危地马拉
澳大利亚	斯洛伐克	安哥拉	喀麦隆
新西兰	智利	哥伦比亚	摩洛哥
墨西哥	斯洛文尼亚		
捷克	爱沙尼亚		
匈牙利	以色列		

我们分别作出所有国家、OECD 国家、中高收入国家、中低收入国家人均GDP 与网络使用率散点图，如图3-1和图3-2所示。由图3-1左图分析可知网络使用率与人均GDP 有较强正相关关系，曲线拟合近似为二项相关关系，符合一般经济规律。因为一国的网络使用率越高则科学技术水平越高，科技的发达带来生产力的高速发展，因而 GDP 水平越高。再分析发达程度不同的三类群体，由图3-2可知，不同收入水平组国家互联网使用率与人均 GDP 仍然有很强的线性正相关关系。

为了消除国家异质性和内生性的影响，本书基于 Islam（1995）框架构建面板模型进行实证回归分析，检验不同经济发展水平的国家互联网对该国经济增长的作用，进一步加深互联网对经济增长影响机制的理解。本书的模型设计如下：

第三章 互联网经济：中国经济增长的"新引擎"

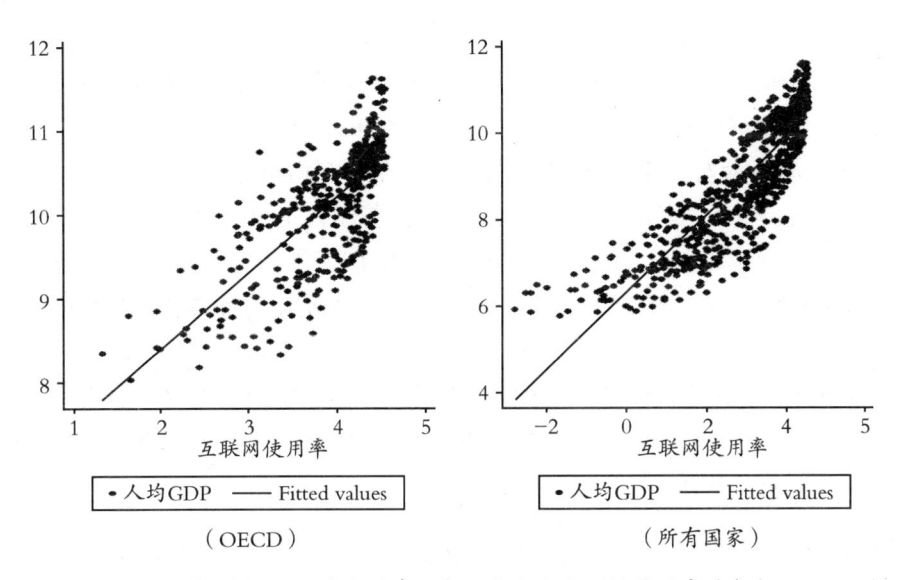

图 3-1 OECD 国家和所有国家人均 GDP 与网络使用率的散点

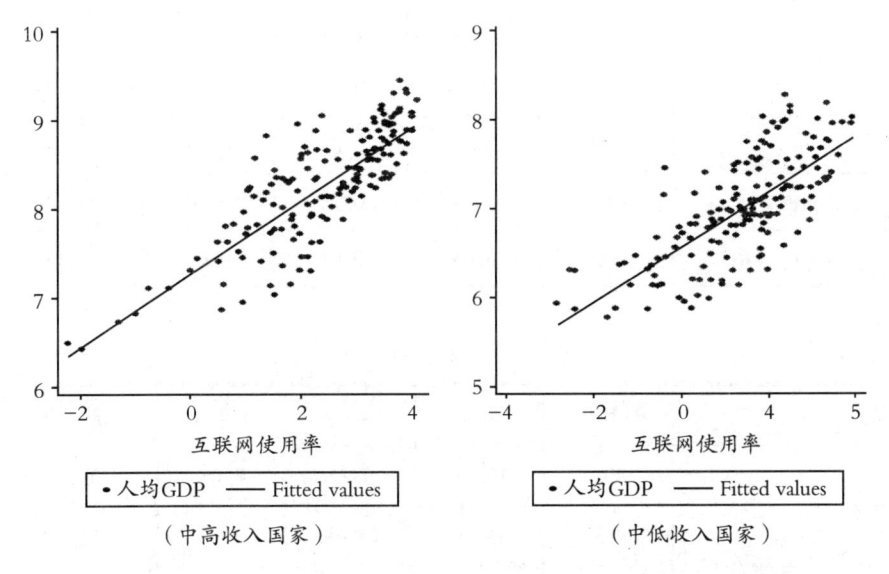

图 3-2 中高收入国家、中低收入国家人均 GDP 与网络使用率散点

$$\ln y_{it} = \alpha + \beta_1 \ln y_{i,t-1} + \beta_2 \ln(nets_{it}) + \beta_3 \ln(s_{it}) + \beta_4 \ln(h_{it}) + \beta_6 \ln(n_{it} + \delta + g) + \mu_i + \varepsilon_{it} \qquad (3-10)$$

模型中 μ_i 是国家的固定效应，u_{it} 是独立的随机误差项，满足 $Eu = 0$，$\mathrm{var} u = \sigma^2$。被解释变量是人均 GDP 自然对数 $\ln pergdp_{it}$，解释变量包括：

（1）$y_{i,t-1}$ 为因变量人均 GDP 的一阶滞后项；

（2）$nets_{it}$ 表示各国互联网使用率，用每百人互联网使用人数来衡量；

（3）s_{it} 表示投资率固定资产，用投资占 GDP 比重来衡量；

（4）h_{it} 表示人力资本积累率，用中学入学率来衡量；

（5）$n_{it}+g+\delta$ 表示人口增长率与固定资产折旧率和技术进步率之和，其中，n_{it} 为各国的人口增长率。按照研究惯例，其中折旧率和技术进步率之和 $g+\delta$ 为 0.05。投资率为自然对数。上述所有变量都用自然对数来表示。

我们对模型选取的一共 62 个国家的解释变量数据进行总样本和分组样本统计描述，表 3-2~表 3-5 依次分别代表所有国家、OECD 国家、中高收入国家、中低收入国家。

表 3-2　　　　　　　　所有国家的数据统计描述

变量	观察值	均值	标准差	最小值	最大值
y	744	8.99	1.47	5.77	11.63
$nets$	737	37.13	28.76	0.06	95.02
$\ln(s)$	742	0.22	0.05	0.05	0.46
$\ln(h)$	463	0.78	0.25	0.00	1.00
$\ln(n+g+\delta)$	732	0.05	0.01	0.02	0.08

表 3-3　　　　　　　　OECD 国家的数据统计描述

变量	观察值	均值	标准差	最小值	最大值
$\ln y$	408	10.11	0.72	8.03	11.63
$nets$	405	55.36	23.48	3.76	95.02
s	408	0.22	0.04	0.11	0.36
h	317	0.84	0.24	0.00	1.00
$n+g+\delta$	396	0.01	0.01	-0.01	0.03

表 3-4　　　　　　　　　中高收入国家的数据统计描述

变量	观察值	均值	标准差	最小值	最大值
lny	168	8.25	0.62	6.43	9.44
nets	165	18.92	15.77	0.11	61.00
s	167	0.23	0.07	0.09	0.46
h	73	0.71	0.22	0.00	0.93
$n+g+\delta$	168	0.01	0.01	-0.02	0.04

表 3-5　　　　　　　　　中低收入国家的数据统计描述

变量	观察值	均值	标准差	最小值	最大值
lny	168	6.99	0.58	5.77	8.27
nets	167	8.18	9.76	0.06	53.00
s	167	0.20	0.06	0.05	0.34
h	85	0.57	0.21	0.27	0.91
$n+g+\delta$	168	0.02	0.01	-0.01	0.03

因为样本涉及发达国家 OECD，中高等收入国家（包括中国），中低等收入国家，所以人均 GDP 差异较大。重要的解释变量即网络使用率也从基本无使用（0.06%）覆盖到基本都使用（95.02%），所以样本广度大代表性强。投资率数据来源于固定资产投资额与总 GDP 的比值，描述显示稳定在 0.2 左右，符合一般经济规律。另外，入学率数据缺失较严重，一定程度上影响了面板回归的效果，但因为样本量本身很大，所以样本数据符合模型实证分析要求。

对方程（3-10）模型，我们分别用固定效应和随机效应模型进行回归，表 3-6 是实证回归的结果，第 1 列到第 4 列分别显示了对所有样本、OECD 国家、中高等收入国家和中低等国家群体分别进行回归的结果。根据 Hausman 的检验结果，有两组回归的 Hausman 检验拒绝原假设，因而固定效应（FE）模型优于随机效应（RE）模型，另外两组检验值为负数。考虑到国家的异质性，我们用固定效应进行回归，这在即使随机效应存在时也能保证回归系数的一致性。

表3-6　　　　　　　　　　　　回归结果

	所有国家	OECD国家	中高收入国家	中低收入国家
$\ln y(-1)$	0.762***	0.690***	0.653***	0.844***
	(31.07)	(23.05)	(7.02)	(16.29)
$\ln(nets)$	0.113***	0.221***	0.186**	0.0611**
	(7.76)	(9.27)	(3.30)	(2.82)
$\ln(h)$	0.0720	-0.327	-0.203	0.0855
	(0.62)	(-1.33)	(-0.51)	(0.59)
$\ln(n+g+\delta)$	-0.00315	0.0580	-0.0807	-0.597*
	(-0.06)	(0.92)	(-0.53)	(-2.01)
$\ln(s)$	0.243***	0.290***	0.331*	0.192
	(5.84)	(5.55)	(2.35)	(1.92)
常数项	2.294***	2.921***	2.669*	-0.337
	(7.75)	(8.63)	(2.64)	(-0.28)
样本个数	445	290	71	84
Hausman检验	102.34***	-38.39	-11.64	15.53***

说明：括号中为标准误，*** $p<0.01$，** $p<0.05$，* $p<0.1$。

通过对表3-6的数据分析，发现各群体样本中互联网使用率都对人均GDP有显著正相关关系，且总样本与OECD样本在0.001的水平上显著，中高等收入、中低等收入国家都在0.01水平上显著。模型中人均GDP一阶滞后非常显著，投资率正相关也比较显著，符合一般经济假设。但受教育程度对人均GDP呈负相关，并且明显不显著。理论上教育程度代表人力资本积累，应与GDP呈正相关关系，故分析原因可能是：人力资本积累（入学率）可能与互联网使用率或其他解释变量有较强共线性，另外原始数据中中学入学率是数据缺失最严重的部分，样本小影响了回归效果。同时，人口增长率解释变量也不够显著，原因可能是固定效用模型中存在某些内生性因素。但总体来说四组数据拟合效果良好，网络使用率对人均GDP的正效用非常显著。

比较OECD国家、中高收入组国家和中低收入组国家的回归结果，我们还发现，OECD国家互联网的发展对经济增长的影响是最高的，中高收入国家其次，中低收入国家互联网发展对经济增长的促进作用最少。但是，总体来说，无论对于发达国家还是发展中国家，互联网都显著促进了经济发展。

三、基于地市级城市面板数据的实证分析

(一) 中国互联网基础设施相关产业的发展

互联网经济发展离不开互联网基础设施的发展。互联网基础设施相关产业包括计算机产业、通信产业和其他电子设备制造业。图3-3和图3-4分别显示互联网相关产业的总产值和增加值自然对数随时间而变化的趋势。

2000年，中国计算机、通信和其他电子设备制造业总产值为7795.78亿元，而到了2009年这一数值已上升为44562.63亿元，是2000年总产值的5.72倍。同时，2001年计算机、通信和其他电子设备制造业工业增加值为1818.53亿元，至2007年工业增加额已上升为7924.57亿元，是2001年工业增加值的4.36倍。因此，近10年来，中国互联网基础设施相关产业发展迅速，计算机产业、通信产业和其他电子设备制造业总产值和增加值迅速升高，表明中国在互联网基础设施方面的投资不断增加。

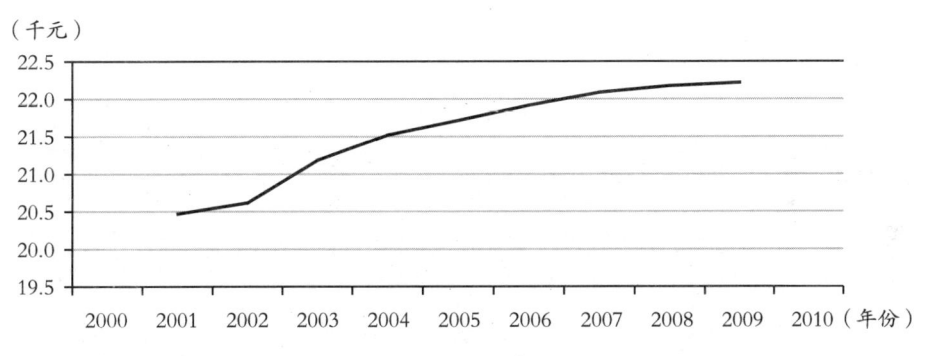

图3-3 计算机、通信和其他电子设备制造业总产值（自然对数）随时间变化

图3-5和图3-6反映了计算机、通信和其他电子设备制造业总产值和增加值占工业总产值和增加值比重随时间的变化趋势。

互联网基础设施相关产业的总产值和增加值虽然不断增加，但是在工业总产值和增加值中的比重并非一直处于持续增加的状态，尤其是互联网基础设施相关产业总产值占工业总产值比重从2003年持续下降，而增加值从2006年开始下降。这反映相对于传统产业，互联网基础设施投资和产出还有待进一步加强。

随着互联网基础设施投资的增加，中国互联网普及率不断升高。图3-7显示，近十几年来中国固定宽带互联网用户数量逐年上升。2000年，中国只

互联网经济：中国经济发展的新形态

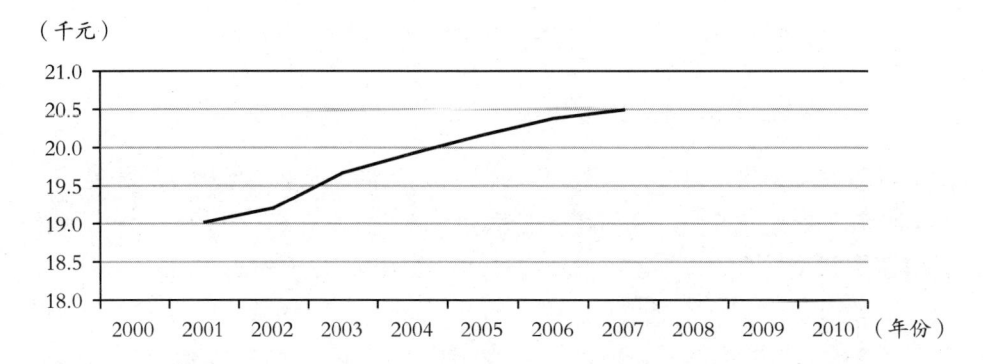

图3-4 计算机、通信和其他电子设备制造业总产值增加值（自然对数）随时间变化

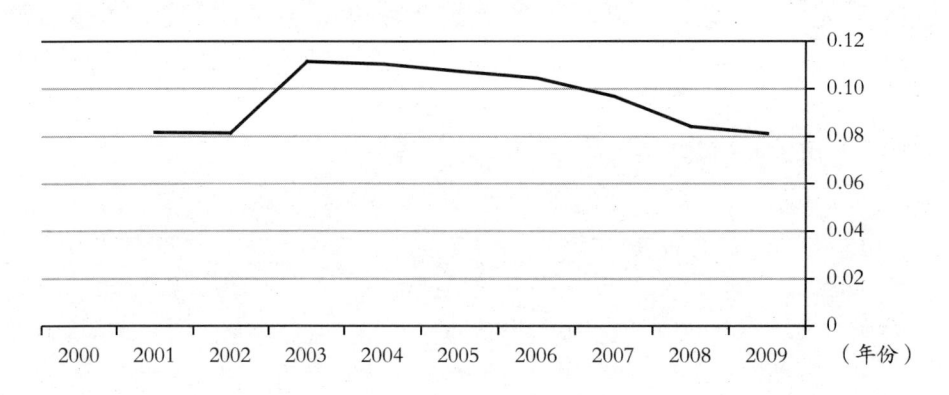

图3-5 计算机、通信和其他电子设备制造业总产值占工业总产值比重随时间变化

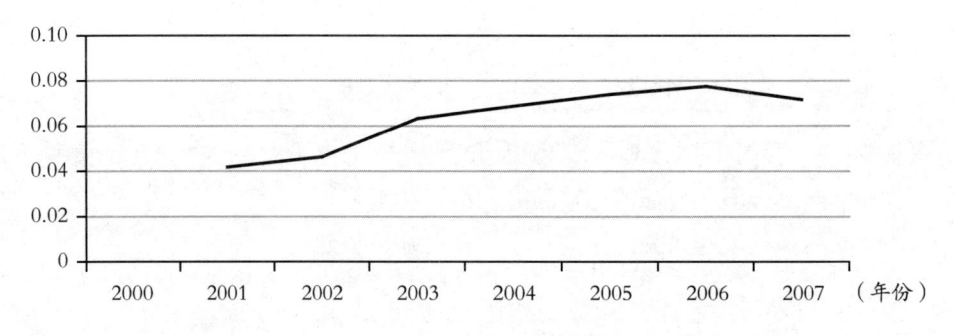

图3-6 计算机、通信和其他电子设备制造业总产值增加值占工业总产值增加值比例随时间变化

有2万多户固定宽带互联网用户，而到了2012年，这一数字升高到了1.7亿多户，增长速度非常快。图3-8显示了互联网用户和互联网基础设施相关产

业发展有密切的关系,二者呈显著的正相关关系。这表明随着对互联网投资力度的加大,互联网普及程度不断上升,互联网的影响力不断增加。

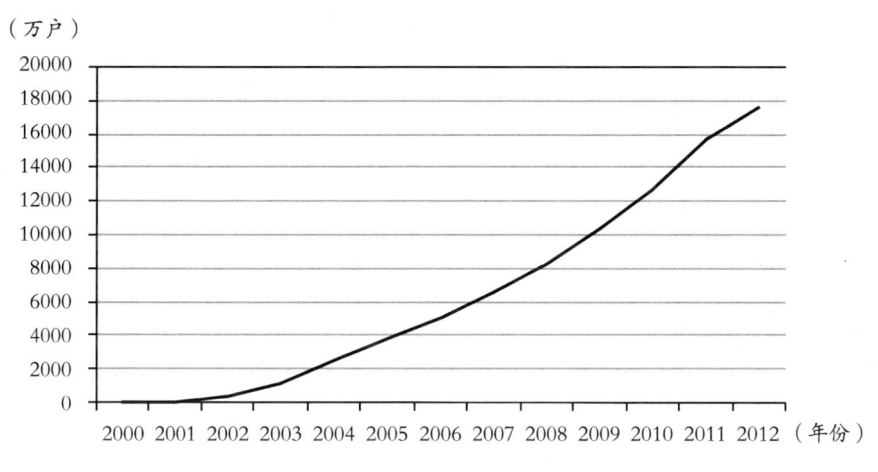

图3-7 固定宽带使用人数随时间变化趋势

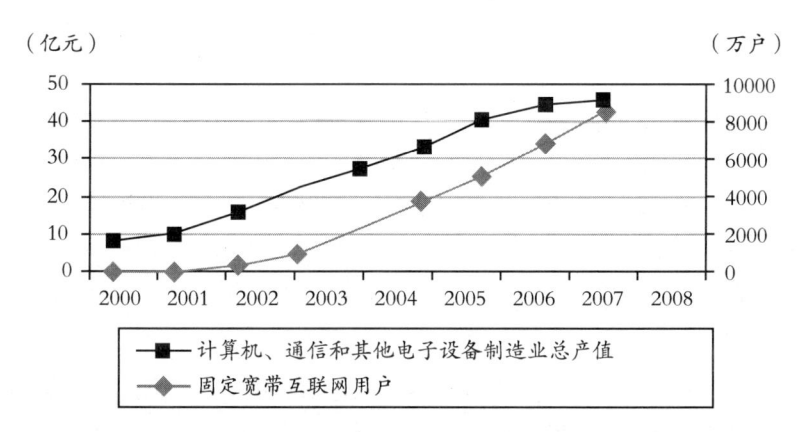

图3-8 计算机、通信和其他电子设备制造业总产值与固定宽带互联网用户随时间变化

随着互联网对生活和生产的影响越来越大,它会通过各种途径影响经济增长。通过图3-9可以看出,计算机、通信和其他电子设备制造业总产值与人均国内生产总值随时间变化均呈现出上升趋势且上升速度趋同,说明中国互联网投资正逐年上升且与国内人民生活水平共同提高,两者之间可能存在正相关。为了严格论证互联网与经济增长之间的关系,下文将利用计量经济学方法进行分析。

| 互联网经济：中国经济发展的新形态 |

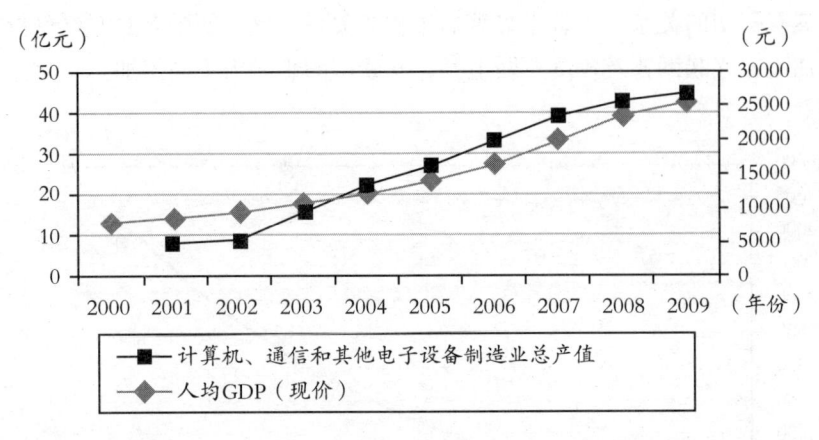

图 3-9 计算机、通信和其他电子设备制造业总产值与人均 GDP 随时间变化关系

（二）数据分析和计量模型

根据模型（3-10），我们用中国地级市数据分析互联网基础设施的发展对中国经济增长的影响。首先，中国地域广大，人口众多。由于地理区位以及历史的种种原因，各地方的发展状况参差不一，特别是有些地处沿海以及行政区划中心的城市因为资源以及各种优惠措施的扶持，经济社会发展水平在全国处于领先的水平，这些地区各项设施也是发展迅速，特别是基础设施的质量和数量都远远超过其他地级市的规模，如果我们把全国的所有的城市都统一分析就会出现一定的偏差。其次，地级市层面的数据比较丰富，使用地级市面板数据能够增加观测值，使得回归结果更加稳健。

我们收集的数据来自中经网统计数据库、国家统计局网站、历年的国家统计年鉴以及各地方统计年鉴及统计局。我们选取全国 271 个地级市的城市数据进行分析。我们选取一般城市的标准为：

（1）此城市不属于四个直辖市（北京市、上海市、天津市、重庆市）；

（2）此城市不属于经济发达的 15 个副省级城市（沈阳市、大连市、长春市、哈尔滨市、南京市、杭州市、宁波市、厦门市、济南市、青岛市、武汉市、广州市、深圳市、成都市、西安市）；

（3）此城市也不属于其他各省和自治区划的省会城市（乌鲁木齐、呼和浩特、银川、昆明等）；

（4）此城市也不属于沿海经济发达的城市和经济特区城市（汕头市、北海市、连云港市等）。

这样我们选取的城市就都是一般城市，这样的城市放在一起分析结果会具有一般性，不会出现结果上的偏差，但是由于中国的东部、中部、西部发展水平存在严重的差距，与发展水平相适应的是这些发展严重之后地方的统计数据也存在严重的缺失情况，在统计资料上与这些城市相关的数据寥寥，为了保证不影响我们接下来的回归结果也做了剔出，最后我们留下了这 200 多个城市的 2001~2011 年的 11 年的数据进行分析。

由于互联网基础设施建设的投入包括在基础设施的投入中，并且互联网的投入不会被单独划分出来，所以这部分数据无法统计。但是由于中国近几年的发展，各地的互联网接入户数连年增加，我们知道各地互联网设施包括光纤和光缆等设施的铺就，会带动各地的互联网的联网人数的增加，并且由于规模效应也会使得互联网的使用费用下降。因此是我们使用各地的每年互联网接入户数作为主要的互联网分析变量，来分析互联网的发展、互联网基础设施的建设对各地市经济发展的影响。

（三）回归分析结果

首先，为了更好地分析互联网这个因素对于经济增长的影响，我们做了没有加入互联网这个解释变量时候的一个模型，分别作了固定效应和随机效应的回归，并且做了 Hausman 检验。Hausman 检验的结果显示，无论是不加互联网变量的固定效应与随机效应的 Hausman 检验，还是加入当期或滞后一期互联网变量的结果一致，Prob > chi2 = 0.0000。因为检验的 P 值为零，随机效应模型的假设无法满足结果，与固定效应模型假设的结果一致，说明这里采用固定效应模型会比较合适。其次，为了考察对互联网基础设施发挥作用的机制，我们首次对没有互联网变量的方程进行回归，然后将互联网接入数自然对数的当期值和滞后 1 期值分别放入模型中进行回归。表 3-7 为固定效应模型的不同回归结果。

由表 3-7 中我们可以看出 R^2 值相当高，分别达到了 86.4%、87.3% 和 86.6%，主要是因为我们将人均 GDP 的一阶滞后期作为一个解释变量放入了模型当中，所以拟合值才会如此高。豪斯曼检验显示固定效应回归更好，因此第 1 列、第 2 列和第 3 列都是固定效应回归。

表 3-7 回归结果

	1	2	3
因变量	lny	lny	lny
$lny(-1)$	0.901*** (0.010)	0.880*** (0.014)	0.830*** (0.014)
$\ln(h)$	0.115*** (0.023)	0.096*** (0.023)	0.107*** (0.025)
$\ln(s)$	0.096*** (0.014)	0.61*** (0.05)	0.082*** (0.015)
$\ln(nets)$		0.049*** (0.008)	
$lnnets(-1)$			0.069*** (0.008)
$\ln(n+g+\delta)$	-0.013 (0.010)	-0.018* (0.010)	-0.010 (0.011)
常数项	1.433*** (0.130)	1.027*** (0.137)	1.352*** (0.142)
观察值个数	2117	1866	1873
城市数量	240	239	239
R-squared	0.864	0.873	0.866
F	$F(4,1873)=2967.93$	$F(5,1622)=2238.27$	$F(5,1629)=2107.59$
Hausman 检验	54.44***	71.30***	118.25***

注：括号中为标准误，*** $p<0.01$，** $p<0.05$，* $p<0.1$。

然后我们将互联网的变量放入模型当中重新进行回归，表3-7第2列为加入互联网接入户数这个变量后的固定效应模型的回归结果，对比第1列的没有加入互联网这个因素的结果分析我们可以明显地发现，新的回归结果的 R^2 和 F 值拟合得都非常好，$F(5,1622)=2238.27$，从各个变量的系数中我们可以看出不同。互联网对于各地区经济增长的贡献率达到了4.90%，相比较的是第1列中固定资产投资占各地区 GDP 的比重这个系数下降，由9.6%下降到6.1%，人均 GDP 的一阶滞后期的解释系数也略有下降。由第1列中的90.1%下降为第2列中的88.0%。

由于我们知道互联网对于经济学的影响具有滞后性（因为当互联网基础设施建设之后，互联网接入户数增长之后，对于经济的影响并不会在当年立马就显现出来，因为互联网作为一个传播知识和信息的媒介和工具，它对于经济发展、经济增长的溢出效应是渐渐显现出来的，并不是和财政支出、政府购买对于经济增长的直接影响一样），所以我们这样考察当年的互联网的变量对于当年经济增长的影响时就会出现偏差，结果与我们预期的有所不同。所以，接下来我们把互联网接入户数这个变量的一阶滞后期的数值放入模型中代替当年的数值重新进行回归，结果在表3-7第3列中。

我们可以发现第2列与第3列的对比，与原来第1列和第2列中的 $\ln(n+g+\delta)$ 的 P 值相比，第3列中的 P 值更加不明显，达到了0.354。我们着重考察的互联网一阶滞后期的这个解释变量的参数值继续变大，符合我们之前对于互联网作为一个知识和信息媒介所具有的缓慢的溢出效应的分析，由之前的4.90%，达到了表3-7中的6.90%，对经济增长的贡献率继续上升。与之相比的是，人均国内生产总值GDP这个变量的参数继续变小，从88.0%下降为83.0%，有一个很明显的变化也表现在人力资本水平这个解释变量上，人力资本水平的系数变小，由之前的9.6%上升为10.7%，这个值的变化符合预期。由于人力资本水平体现在知识和技术等无形资本的水平上，互联网与人力资本具有相互促进的作用，并且人力资本同样具有滞后的效应，使得滞后一期的贡献率往往要大于当期对经济发展的贡献，符合我们之前对于互联网和人力资本的预期。

（四）结果与政策建议

通过以上我们发现，互联网对于促进经济发展的作用比较明显，互联网的溢出效应在地市一级的层面的效果比省级和国家层面的效果更显著。通过回归我们得到，当年的互联网投资和发展对于当年经济发展的贡献率达到4.9%，接近5%的水平，上一年的互联网投资和发展对于当年的经济发展的贡献率达到6.9%，接近7%的水平。这足以说明互联网的发展，新知识经济时代，新媒介、新工具的创新和扩散对经济发展的作用十分明显。

互联网的发展为区域经济发展提供了新的契机。互联网的核心是信息通信等高新技术，高新技术具有极高的创新性，并且它还具有渗透性强、产业链、关联度高等特点。这些特点为区域产业结构扩展开辟了广阔的天地，催生带动出一批新兴产业的出现与发展，创造了区域经济新的增长点，拓宽了区域经济发展的空间范围。如当前蓬勃兴起的创意产业、电子商务、信息咨询服务、远程教育培训、光学电子产业、智能制造系统等，已成为新的生产方式和发展方向，它将代替传统产业中的能源、钢铁、汽车等逐渐成为区域的主导产业。高新技术产业的创新不仅要求技术创新，而且还要求有相应的制度创新、组织创新、管理创新、观念创新。创新来自创造性，而创造性的发展，则要求打破旧的思想观念、行为方式。因此区域经济发展必须放弃以资源开发为重点的发展模式，转向以信息服务等高端产业为内容的发展方向。逐步减少对资源的依赖和消耗，培养以技术、服务为核心的新的增长点，改进区内产业素质，提高经济的质量，保持持续稳定发展。

互联网对区域产业结构和经济结构提升起到了促进作用。互联网的兴起不仅创生出了许多新兴产业，而且还推动了传统产业的改造，推动了产业结构的大调整，并从根本上改变区域经济的结构，使其向产业结构高级化、劳动结构智力化、消费结构服务化方向发展。在网络技术环境下，首先，企业运用信息网络技术进行产品设计、开发和销售，在企业内部、企业与市场之间建立起方便、快捷的信息交流的桥梁，使生产、经营、管理、销售有机地结合起来，促进物资流、资金流、信息流的结合，从而使效率大幅度提高。其次，运用高新技术改进传统技术设备使其向自动化、智能化方向发展；改造传统工业和农业，提高生产效率。传统产业走网络信息技术和高科技之路，既提高了产品的技术含量和附加值，又加快了市场流通，真正促进了企业和区域经济的发展。再次，在农业、工业劳动生产率提高的同时越来越多的劳动者向第三产业转移，使区域经济中知识密集型产业成为带动区域经济发展的主导产业。区域经济发展中对资源和资本的依赖越来越小，大批高素质人才向具有新经济结构的区域汇集，改变了区域产业结构和生产者结构，知识型劳动者成为区域经济发展的主力军，经济结构趋于高级化。网络技术的发展有利于缩小区际差异，实现区域经济一体化。

各地区为了缩小地区之间的发展差距，实现经济的共同发展，除了发挥本地区资源和区位的优势之外，还要顺应当今的科技信息化大潮，发挥新媒体新媒介互联网的巨大作用，促进经济又好又快的发展，而发展的关键首先是需要把互联网的基础设施建设好。最近几年中国中央政府也在大力推进"宽带中国"的建设，所以各地方政府也要搭上这个"顺风车"，因为这不仅可以带动互联网经济的发展，也可以让传统的行业依靠互联网重焕生机。

第三节 互联网对区域经济增长差异的影响

一、互联网影响地区发展差距的机制

（一）中国经济发展差距描述

改革开放 30 多年来，中国经历了快速的经济成长，取得了一系列辉煌的

经济成就。但由于中国国土面积辽阔，以及受其他因素的影响，在经济总体快速发展的大趋势下仍存在着区域经济发展不平衡的问题。

1. 东、中、西部发展差距。

根据2011年国家统计局公布的数据显示，人均国内生产总值前10位的省（直辖市、自治区）除了内蒙古之外全部来自东部地区；人均国内生产总值后5位的省份除安徽属于中部地区之外，其余全部属于西部地区，排名最后一位的贵州省人均国内生产总值只有13221.4元，相当于排名第一的上海市人均国内生产总值73297.33元的18.04%。

工业化水平在很大程度上反映了一个特定国家和地区的经济发展水平，以2011年为例，东部工业化率达到43%，已进入工业化中期阶段；西部工业化率在经过国家扶持性政策发展之后，已经达到33%；中部工业化率介于二者之间为40%，中、西部地区尚都处在工业化初期阶段。从各省市的工业化综合指数来看，1995~2011年工业化速度最快的省份主要集中在东部地区，而工业化速度最慢的省份主要集中在西部地区。再考虑城市建设的程度，2011年东部地区的城市化率为29.5%。中、西部地区的城市化率分别落后东部地区17.4%、23.5%。东部地区城镇人口比重61.0%，中部和西部城镇人口比重分别为47.0%和43.0%，与2010年相比，东、中、西分别上升1.1个、1.7个和1.6个百分点。中、西部地区近年来城镇化发展速度较快，但与东部地区的差距仍然较大。综上所述，虽然中、西部地区近几年来经济增长速度加快，但由于东部地区长期优势积累以及制约中、西部地区发展的基础设施落后、生态环境脆弱等因素，中国区域发展差距仍然较大。

2. 沿海—内陆发展差距。

综合历史因素和环境因素考虑，沿海地区在经济发展方面有较强的先天优势，靠近海洋的地理优势为其对外开放和经济交流提供了便利环境。改革开放以来大力发展经济，中央政府也为沿海地区的经济发展提供了许多政策优惠。1979年划定的深圳、厦门、珠海、汕头特区使得东南沿海地区较早转入市场经济发展时期，给东南沿海地区带来了巨大发展契机。同时，国家出台的优惠政策令东部沿海很多地区具有了相对独立的地位，在外贸出口、吸引外资等方面拥有便利条件。尽管近年来为了减轻区域经济发展不平衡的现状，国家政策向内陆地区倾斜，如通过西部大开发促进中东部地区的经济发展，但沿海地区的优越地理环境以及长期发展积累的良好经济基础仍然使其具有相对内陆的经济发展的巨大优势。

(二) 机制分析

互联网的快速发展正改变着生产方式，改变着流通形式，并催生出电子商务、网络金融、现代物流、网上咨询、软件产业、文化创意等产业。新兴的经济形式使传统的经济发展在空间上和区域上的概念正在慢慢淡化，网络资源即时性和公开性，使得国内经济不发达地区与发达地区可以共享信息、资源，减轻了交易双方的信息不对称性，在一定程度上减少了道德风险，有利于贸易的公平性，为较落后地区的经济发展提供了巨大的便利。

同时，互联网作为高新技术产业，具有较高产业感应度和产业关联度，在整个国民经济发展中具有重要的基础性作用，对国民经济发展的推动作用巨大，信息技术创新与扩散能够带动一系列关联产业的发展与变化，其知识溢出效应能够对区域经济增长与收敛产生极其显著的影响。中国区域之间存在着较为严重的经济发展不平衡问题，东部与沿海地区经济发展具有先天优势，互联网技术的发展和创新的成本较低。根据技术缺口理论，生产力水平差异的主要原因是技术水平的差距，弥补技术缺口是落后地区实现赶超技术发达地区的主要途径，因为技术溢出的存在使技术落后国家有机会缩小技术缺口而实现赶超，而落后地区缩小技术差距的潜能主要取决于其吸收先进地区的社会竞争能力。因此，国内信息技术较为落后的地区可以通过模仿技术领先者大大降低自主创新成本，即中西部内陆地区可以利用区域经济技术落后的后发优势，通过积极地培育知识溢出吸收能力，充分吸收和利用国内与国际知识溢出来降低创新成本，增强自我创新能力以推进技术进步，并且互联网的运用能够加快区域内知识积累的速度，增强报酬递增的强度，加强区域经济发展的速度，这对缩小区域间经济发展的差距具有重要意义。

互联网是信息资源中最重要的部分，其资源空间分布的差异将对区域发展产生重要影响。但纵观世界范围的互联网产业的发展历程，可以看到，基于高新技术产业发展所形成的巨大物质财富积累，并没有在发达国家与发展中国家之间进行相对均衡合理的分配。由于知识差距所导致的贫富差距问题更加突出，经济全球化的规则只是一味地强调融合全球市场，忽视了全球范围内的均衡发展使得受益者主要是那些相对富裕和受教育程度较高的国家和群体。以此可类比，中国国内区域经济发展很不平衡的现状，中国经济落后地区在进行互联网产业的发展时面临着自身积累能力低、外部投入资本少以及整体基础设施建设较为薄弱的问题，在观念、体制、管理、信息、教育、科学、技术等各方面与东部地区相比均存在明显的差距,要实现地区跨越式发展需要克服诸多困难。也正是因此,中、西部地区在发展过程中既面临着机遇更面临着挑战。中、西部地区需要在互联网产业发展的过程中找准自己的位置,在地区分工日趋专业化的今天,如果经济落后地区为谋求短期发展,不注重知识技术的内化吸收以及信息资源的充分利用,而仅仅将发展方向定位于东部发达地区的资源库与代工厂,那么东部地区将会通过长期的资源优势积累以及中、西部地区廉价的劳动力和自然资源取得更加快速的发展,使得中国区域间发展不平衡的矛盾更加凸显。

二、基于地市级城市面板数据的实证分析

在该部分,我们选取全国271个地级市的城市数据进行分析,我们选取一般城市的标准为:

(1)此城市不属于4个直辖市(北京市、上海市、天津市、重庆市);

(2)此城市不属于经济发达的15个副省级城市(沈阳市、大连市、长春市、哈尔滨市、南京市、杭州市、宁波市、厦门市、济南市、青岛市、武汉市、广州市、深圳市、成都市、西安市);

(3)此城市也不属于其他各省和自治区划的省会城市(乌鲁木齐、呼和浩特、银川、昆明等);

(4)此城市也不属于沿海经济发达的城市和经济特区城市(汕头市、北海市、连云港市等)。

这样我们选取的城市就都是一般城市,这样的城市放在一起分析结果会具有一般性,不会出现结果上的偏差。但是由于中国的东部、中部、西部发展水平存在严重的差距,与发展水平相适应的是这些发展严重滞后地方的统计数据也存在严重的缺失情况,在统计资料上与这些城市相关的数据寥寥。为了保证不影响我们接下来的回归结果,我们剔除了2001年之前的数据,所以我们研究是从2001年开始的,最后我们留下了这200多个城市的2001~2011年的11年的数据进行分析。我们收集的数据来自中经网统计数据库、国家统计局网站、历年的国家统计年鉴以及各地方统计年鉴及统计局。

由于我们利用MRW框架进行分析。以2001~2011年为样本,样本时间共分为4个时期,2001~2003年,2004~2006年,2007~2009年,2010~2011年,前三个时期是3年,第四期是2年作为一期。例如,如果因变量是2003年的人均实际GDP对数 $\ln ypergdp_{2003}$,前一时期的值则是2001年的人均

实际 GDP 对数 $\ln y_{2001}$。劳动增长率则是 2001~2003 年劳动增长率的平均值，投资率 s_k 和人力资本率 s_h 也是该时期的平均值，用 pool 回归。由于我们使用的 MRW 方法使用的一期内人均 GDP 的增长率作为被解释变量，用一期初年的人均 GDP 作为解释变量，其他的解释变量都是使用的一期内几年的平均量，经过处理数据，我们又剔除了 24 个城市的数据，这样我们原来的 271 个城市的数据，只剩下了 247 个城市的数据。

我们选取各地固定资产投资占各地区 GDP 的比重和各地市人口自然增长率 n 以及各地市互联网接入户数当作影响的变量，在 $\log(n+g+\delta)$ 中的技术变化 g 和折旧 δ 的和 $(g+\delta)$ 按照国内外文献的处理方法当作一个常数，$g+\delta=0.05$。由于按照新古典增长模型索洛模型，经济增长中的技术变化的因素当作 A 来处理，根据 Islam（1995）的文章，我们可以把人力资本水平单独拿出来作为一个影响的变量来更详细地分析技术变化的贡献率。

这里我把中学和大学的在校生人数也加入到我们的模型中，处理的方法为把中学和大学的在校生人数占本地区常住人口的比率作为一个控制变量加入模型来考察人力资本水平对于经济增长的贡献程度。

我们建立的方程模型为：

$$\gamma_{it} = \alpha + \beta_1 \ln y_{i0} + \beta_2 \ln(nets_{it}) + \beta_3 \ln(s_{it}) + \beta_4 \ln(h_{it}) \\ + \beta_6 \ln(n_{it} + \delta + g) + \mu_i + \varepsilon_{it} \quad (3-11)$$

我们使用的被解释变量 γ 为一期末年人均 GDP 增长率，解释变量包括：

(1) 当期人均 GDP 自然对数的初始值，$\ln y_{i0}$；
(2) 当期各城市平均互联网接入户数的自然对数，$\ln(nets_{it})$；
(3) 投资率：当期固定资产投资占 GDP 平均比重的自然对数，$\ln(s_{it})$；
(4) 人力资本积累率：当期中学、大学平均入学率的自然对数，$\ln(h_{it})$；
(5) 当期平均人口增长率的自然对数，$\ln(n_{it})$。

下面我们分别采用当期互联网接入户数和滞后一期的互联网接入户数研究固定效应和随机效应的回归结果，见表 3-8。

表3-8 以互联网接入户数的当期和滞后一期的固定效应和随机效应的比较

因变量	1	2	3
$\ln(y_0)$	-0.358***	-0.645***	-0.907***
	(0.087)	(0.119)	(0.161)
$\ln(h)$	0.383*	0.310	0.066
	(0.226)	(0.230)	(0.343)
$\ln(s)$	0.674***	0.627***	0.685***
	(0.135)	(0.140)	(0.219)
$\ln(n)$	-0.063	-0.064	-0.148
	(0.111)	(0.111)	(0.153)
$\ln(nets)$		0.250***	
		(0.072)	
$\ln nets(-1)$			0.275***
			(0.0919)
常数项	2.346*	3.473***	6.417***
	(1.201)	(1.187)	(1.615)
观察值	838	827	615
城市数量	239	239	236
R-squared	0.044	0.065	0.094
F		F(5, 583) = 8.15	F(5, 374) = 7.72
Hausman 检验 (Prob > chi2)		281.77 Prob > chi2 = 0.0000	20.20 Prob > chi2 = 0.0011

注：括号中为标准误，*** $p<0.01$，** $p<0.05$，* $p<0.1$。

从表3-8中我们首先看一下 Hausman 检验，通过 Prob > chi2 的值都在0附近，小于0.05的临界值，拒绝原假设，放弃随机效应回归，采用固定效应回归进行分析。我们发现前两列用固定效应回归的两个 β 值，一个是 -0.645，一个是 -907，β 收敛十分显著，没有添加互联网变量的 β 值也是相当明显，为 -0.358。但是我们可以看出，添加互联网变量的固定效应结果更加显著，β 收敛明显快于不添加。接下来我们来看一下采用当期和滞后一期互联网接入户数的影响,采用滞后一期固定效应回归得到的结果更加显著,并且互联网作为一种促进经济发展的工具,互联网的接入作为投资具有十分显著的滞后效应,这个结论由滞后一期的互联网接入户数的更大的系数可以得出。并且从表3-8中又可以得到固定资产投资的影响结果也是十分显著的,这就充分验证了固定资产投资作为拉动中国各地区经济发展的最大的"马车"的作用,各地区为了经济发展往往采用大量的不计成本的投资来积累GDP。

我们采用MRW的方法可以看出,采用固定效应回归的当期互联网平均接入户数的系数为0.25,即一个周期内,互联网对人均GDP、对于经济发展的贡献可以达到25%。与此相对比的是采用滞后一期的互联网平均接入户数的系数达到了0.275,即当期内,互联网对于经济发展的贡献可以达到27.5%。互联网对经济发展的显著作用可见一斑。

我们从结果中还可以发现对于中国经济发展贡献最大的依然是投资,作为拉动经济增长的三驾马车——投资、消费和出口,中国作为一个大国,发展模式很不可持续。我们需要下大力气继续扩大内需和拉动消费,带动国内的消费原生动力,使中国接下来的发展实现健康、可持续。

接下来,我们使用当期人均GDP初始值的对数与互联网接入户数对数的乘积作为一项解释变量加入方程中,重新进行回归,如果我们得到这个解释项的系数为负值,则说明互联网对于经济收敛具有促进作用。第1和2列分别是互联网当期变量和其交叉项作为解释变量的回归结果,后两列是将互联网滞后一期值和其交叉项作为解释变量的回归结果,见表3-9。

表3-9 加上交叉项的回归结果

因变量	1	2	3	4
	$\ln y$	$\ln y$	$\ln y$	$\ln y$
$\ln(y_0)$	-0.645 *** (0.119)	-0.907 *** (0.161)	-0.187 (0.549)	-1.575 *** (0.335)
$\ln(h)$	0.310 (0.230)	0.066 (0.343)	0.307 (0.229)	0.156 (0.347)
$\ln(s)$	0.627 *** (0.140)	0.685 *** (0.219)	0.606 *** (0.10)	0.69 *** (0.221)
$\ln(n)$	-0.064 (0.111)	-0.148 (0.153)	-0.080 (0.112)	-0.184 (0.154)

续表

因变量	1 ln$y$	2 ln$y$	3 ln$y$	4 ln$y$
$\ln(nets)$	0.250*** (0.072)		0.903** (0.426)	
$\ln(nest)(-1)$		0.275*** (0.0919)		0.150 (0.092)
$\ln(nests) \times \ln y_0$			-0.071** (0046)	-0.033** (0.015)
常数项	2.221* (1.210)	5.273*** (1.649)	-5.409 (5.060)	8.634*** (2.200)
观察值	827	615	827	611
城市数量	239	236	239	236
R-squared	0.065	0.094	0.069	0.106
F	F(5, 583)=8.15	F(5, 374)=7.72	F(6, 582)=7.21	F(6, 369)=7.28
Hausman检验	281.77***	20.20***	24.50***	25.38***

注：括号中为标准误，*** $p<0.01$，** $p<0.05$，* $p<0.1$。

通过加上交叉项进行回归后的结果，首先我们发现这一组回归的拟合情况不理想，拟合值偏小，都在 0.1 上下。然后发现 F 值也不是很显著。Hausman 检验的结果，我们拒绝了随机效应的回归，采用固定效应进行回归。第 3 列为加上交叉项之后的当期互联网因素的回归结果，β 收敛没有体现出来，但是滞后一期的结果确实十分显著，有十分显著的 β 收敛，β 值达到了 -1575，经济发展有显著的收敛现象。

然后我们分析交叉项的系数，发现两期的交叉项的系数均为负数，当期的交叉项的系数为 -0.071，在 5% 的区间内具有显著性；滞后一期的交叉项的系数为 -0.033，同样在 5% 的区间内具有显著性。由上面结果，我们可以得出互联网对于经济发展的收敛现象具有促进作用的结论。我们在发展区域经济的过程中，加大对互联网基础设施的投资力度，加大地方政府的倾斜度，保证在信息技术革命的过程中，互联网对于经济发展实现更快地收敛作用。

三、实证结果分析

互联网一开始作为一个传播文化，传播知识的工具和载体，对于经济发展的促进作用具有潜移默化的特点，降低了经济发展的过程中信息闭塞和时机贻误的概率，并且对于偏远地区的发展也是一针强心剂，因为互联网的便利性对于经济活动的进行具有极大的促进作用。网络信息是跨国界流动的，信息流引领技术流、资金流、人才流，信息资源日益成为重要生产要素和社会财富，信息掌握的多寡成为国家软实力和竞争力的重要标志。信息技术和产业发展程度决定着信息化发展水平，要加强核心技术自主创新和基础设施建设，提升信息采集、处理、传播、利用、安全能力，更好地惠及民生。作为信息技术革命必不可少的一环，互联网对以后经济发展的作用逐渐由间接走向直接，通过建立以信息产业为依托的高新技术产业开发区，实现软硬环境的局部优化，最大限度地把科技成果转化为现实生产力。

我们发现，滞后一期的互联网变量对经济发展的贡献比当期高出一截，达到了27.5%，这说明互联网基础设施建设对经济发展具有很强的滞后效应和积累效应。所以地方政府对互联网建设需要着眼于长远，制定合理的规划，保证对互联网建设的持续性，这样才能保证互联网对区域经济发展的促进作用达到最大。这需要地方政府继续对互联网加大关注，增加对互联网基础设施的建设经费，加强互联网和经济发展的联系。

我们发现，互联网基础设施建设对区域增长收敛、降低区域收入差异具有重要的作用。由于互联网对于经济发展的极大促进作用，建议偏远地区的政府需要适当加大对互联网投入的力度，体现在对互联网基础设施建设的投入在固定资产投资中的比例比全国经济发展好的地方的比重要高，体现在财政对互联网的倾斜上，优先保证这方面的投资经费。

第 四 章

互联网经济：中国产业转型升级的"新支点"

以信息传播为依托的互联网经济的产生加速了知识的传播和技术的外溢，这既为传统产业的升级改造提供了动力，也催生了新的产业形态，从而促进了经济发展方式的转型。互联网经济要使经济升级转型需要依靠企业和消费者两大主体，企业是产品和服务的供给者，消费者是产品和服务的需求者。相对于传统经济，互联网经济的最大优势是使产品和服务的供给和需求最大程度地匹配起来，这既有利于促进消费的增长，也有利于企业细分市场，获得市场优势。

第一节 互联网经济助力传统产业升级

自 20 世纪 50 年代以来，互联网技术的出现和兴起极大地改变了人类社会的生产和生活方式，对人类历史的进程产生了深远的影响。时至今日，互联网的出现极大地改变了传统经济的发展模式，拓展和延伸了传统经济的内涵和外延，并改变了经济的结构和产业形态。就当今世界的现状和发展趋势来看，互联网经济与传统产业已经越来越密不可分。在本章中，我们需要探明传统产业应该怎样面对互联网经济的发展所带来的冲击和挑战，以及在传统经济升级转型的过程中互联网经济应当处于怎样的地位，发挥着怎样的作用。

一、互联网经济促进产业转型的升级机制

(一) 互联网营销给传统产业带来新的发展机遇

互联网的双向信息流与传统产业的资金流、物流结合起来,为传统产业服务的同时也替自己找到新的盈利模式,这是未来互联网产业发展的趋势,也是传统产业再次腾飞的机遇。依靠互联网强大的影响力和营销推广能力,传统产业在市场拓展、品牌推广和业绩拓展等方面都可以开发更大的潜力[①]。可以说传统产业必将随着电子商务的发展与互联网经济的融合愈加紧密已经是现代经济发展的大势所趋。互联网经济的技术和理念将为传统产业中的企业提供新的发展思路,开辟新的发展空间,最终实现共赢。

(二) 互联网信息技术给传统产业发展带来机遇

我国学者温凤媛(2009)通过研究发现,先进技术尤其是信息技术不断向传统产业渗透,是欧洲各国传统产业重新焕发生机的主要推动力。先进适用技术和信息技术推广到各个部门和领域,能够使得传统工业部门通过技术改造实现再工业化。他指出,信息技术的发展对于传统产业发展来说是重要的推动力量,并总结指出推进信息技术在传统产业领域中的渗透、改造和广泛应用,是促进传统产业结构调整与产业优化升级可借鉴的模式。因此,他建议,我国在这方面也需要大力扶持互联网企业及其技术积极向传统产业扩散和传递,提高传统产业的生产效率,促进经济的协调发展。

当然,需要看到的是,传统产业对于信息技术的利用也不是一帆风顺的。张凤(2010)指出,从目前来看,我国传统产业利用信息技术还存在一些困难,主要包括:信息化意识淡薄,信息化建设前期成本高,电子商务体系不完善,信息化人才不足,法律环境还不健全等几个方面。他还探讨了信息技术在传统产业发展中信息技术的扩散效应作用,并通过以汽车产业为例进行了投入产出比的分析,提出了根据信息技术促进传统产业发展的对策建议:着手传统产业企业信息化,完善基础设施提升传统产业。

在探讨传统产业和信息产业的联系方面,左美云等(1998)通过研究信息产业与传统产业的互动模型,发现信息产业与传统产业不仅存在竞争关系,

---

① 如兴隆置业的"solo 精舍"与新浪网的联合营销网上售房就是其中的代表之一。参见:传统产业+互联网营销=双赢. 企业技术开发, 2003 (9): 106 – 108

也存在互相促进的合作关系。为了减少竞争的影响，就必须更多地使信息产业内的研究开发（R&D）有利于传统产业的改造和信息化，有利于增加传统产业的信息技术含量和信息内容含量；传统产业则应投入更多的资金、人才用于传统技术与信息技术的结合，多研究开发复合技术，从而使信息产业的结构进一步合理化和高级化，规模进一步壮大。这样，传统产业和互联网产业才能形成良性互动、协同发展的新局面，实现共赢。卢艳秋（1998）则具体阐述了信息产业对于传统产业发展的作用机制，如信息产业对传统产业发展的软化作用，信息产业对传统产业演变的促进作用，信息产业和传统产业之间的联系作用以及信息产业对于传统产业素质的提升作用等。综合梳理学术界的现有研究我们不难发现，信息产业的发展需要以相关产业的充分发展为基础，并依靠相关产业提供资金保证、物质支持和人才支持。而信息产业通过与第一、第二、第三产业的作用和融合，为传统产业的发展提供良好的经营管理环境，加速其技术改造和革新，提高生产效率和劳动生产率，为传统产业赋予新的生机和活力。

在此基础上，任晓香（2009）进一步明确了信息技术改造的内容与意义，并指出，信息技术是经济效益的"倍增器"。他认为，信息技术对传统产业改造的意义主要在于：信息技术改造传统产业是经济增长方式转变的主要途径，对传统产业结构调整与优化升级具有决定性的作用，信息技术改造传统产业是国民经济信息化的主要内容，是贯彻落实信息化带动工业化，走新型工业化道路的指导方针的重要举措。同时，信息产业也可以为改造传统产业提供产品与技术支持。

另外一些学者从如何利用信息技术推动产业升级方面也提出了自己的看法。比如，刘虹涛（2002）指出，信息技术由于具有的广泛性和渗透性，在传统产业改造中，能加快传统产业的产品更新周期，提高资源利用效率，改变需求结构和产品结构，提高质量的同时降低成本，增进局部乃至整体企业、行业的经营管理效率，因此对传统产业结构的改变具有不可忽视的促进作用。刘慧等（2003）从产业升级的内涵出发，从如何推动产业创新的角度，阐释了信息化推动传统产业升级的实现途径。他提出信息化推动传统产业升级的三个层次理论，并主张在以信息化为推动力推动传统产业升级的过程中，应该努力把信息产业培育成支柱产业，为信息技术在传统产业中的运用提供物质基础；应加快信息技术在传统产品研发生产过程中的运用，实现产品层次的升级；还应加快传统产业内部重点企业的信息化改造，实现企业层次的升级利用信息技术加速产业结构的调整和升级，实现产业层次的升级。

二、在信息技术下传统产业升级的路径

（一）以产业融合推动产业升级

1. 产业融合与经济发展。

随着互联网经济的发展，经常出现不同行业的企业，尤其是那些从规模上说在行业内部具有重要影响的企业之间，不断出现兼并现象。这种跨行业的兼并，往往伴随着跨行业的资源、技术和人才的整合与再分配，一方面带来了资源利用率的提高；另一方面也往往伴随着产业结构的升级和产业发展方式的革新、进而带动整体经济发展的转型。

企业兼并行为，就是产业融合。产业融合，就其定义来说是指传统产业边界由固化走向模糊化的过程，产业间新型竞争协同关系的建立以及由此带来的更大的复合效应。随着互联网的发展和应用，首先在电信、广播电视、出版等行业出现了产业边界模糊甚至消失的现象①。我们认为，产业融合本质上是一种产业创新，是一个动态的过程。在产业融合的过程中，涉及技术融合、业务与管理融合、市场融合、企业融合等，如图4-1所示。在这样的融合进程中，

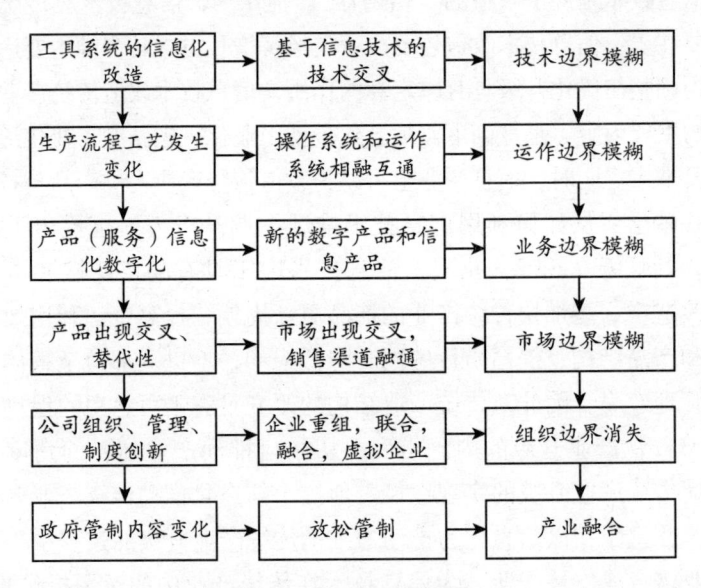

图4-1 产业融合的机制

资料来源：王金友. 基于信息化的产业融合与创新探析. 四川大学学报, 2009（2）

---

① 周振华. 信息化与产业融合. 上海三联书店、上海人民出版社, 2003

不仅会产生新的企业,也会产生新的行业和新的产业组织结构,还会产生新的经济发展方式。

专栏4-1 案例分析:三网融合

"三网融合"又叫"三网合一",意指电信网络、有线电视网络和计算机网络的相互渗透、互相兼容,并逐步整合成为全世界统一的信息通信网络,其中互联网是其核心部分。三网融合打破了此前广电在内容输送、电信在宽带运营领域各自的垄断,明确了互相进入的准则——在符合条件的情况下,广电企业可经营增值电信业务、比照增值电信业务管理的基础电信业务、基于有线电信网络提供的互联网接入业务等;而国有电信企业在有关部门的监管下,可从事除时政类节目之外的广播电视节目生产制作、互联网视听节目信号传输、转播时政类新闻视听节目服务、IPTV传输服务、手机电视分发服务等。当前,三网融合已经上升为国家战略的高度,其所涉及的广电业、电信业和互联网产业都是技术和知识密集型产业,而且我国在这三个产业领域均已有良好的应用基础,产业体量巨大,是中国电子信息产业的重要组成部分。三网融合的推进对调整产业结构和发展电子信息产业有着重大的意义。

2011年,中国三网融合产业规模超过1600亿元,在产业的各个方面,三网融合都取得了一定的进步。其中,三大电信运营商相继实施宽带升级提速,推进全光网络建设,积极实施光纤入户工程;同时,广电运营商也加大了双向改造和光进铜退的网络改造力度,前瞻产业研究院估算,广电运营商2011年在网络改造方面的投资超过200亿元。截至2011年底,广电运营商实现双向网络覆盖用户超过6000万户。

资料来源:http://baike.baidu.com/view/21572.htm?fr=aladdin

2. 互联网技术发展对产业融合的促进作用。

互联网经济的发展离不开互联网技术的支持,互联网技术为同产业间更好地融合提供了保障,当然,产业融合反过来也会促进技术进步,这两者之间的关系如图4-2所示。

在现代经济中,特别是在网络技术对经济社会发展作用日益重要的今天,技术在产业融合中扮演着越来越重要的角色。对传统产业来说,由于其对互联网领域的熟知程度较低,在网络技术的冲击下,企业为了在竞争中谋求长期优势便会向其他产业、特别是信息产业企业进行合作,实现某种程度的产业融合。对新兴技术企业来说,其拥有新技术、新知识是其核心竞争力,在互联网经济这样的经济形态下,知识和技术作为其最重要的资产,它们的资产通用性势必得到大幅提高,也会成为它们向其他产业渗透的"砝码"。因此,新兴技术企业可以以互联网技术为依托,利用其技术和知识优势,向其他产业发展。

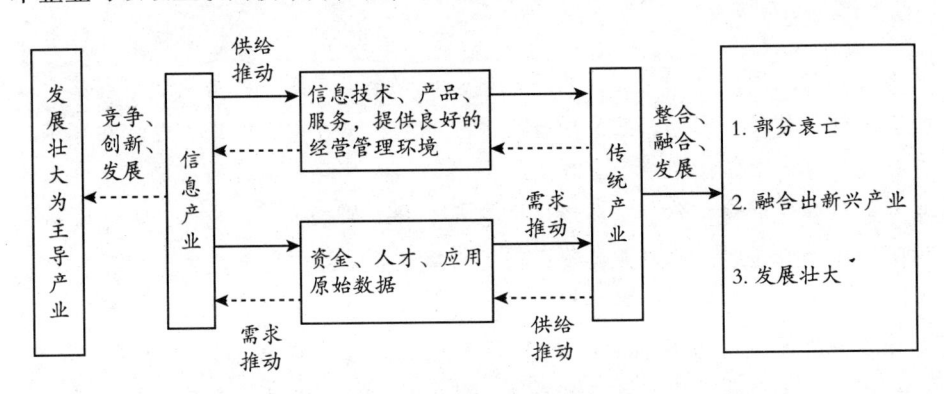

图4-2 互联网技术促进产业融合

资料来源:史忠良,刘劲松. 经济环境下产业结构演进探析. 中国工业经济,2002(7)

3. 产业融合与经济转型。

现代经济转型是一个内涵丰富的概念。其中,比较公认的内容包括经济增长方式的转变、资源的节约利用,尤其是经济发展方式从外延扩展式转向内涵提高式。而网络经济条件下的产业融合,无疑能够推动经济发展方式的转变。具体来说,随着互联网技术的兴起与发展,产业融合更多地发生在新兴部门和传统部门之间,而不再是原来意义上的竞争对手之间的横向兼并(horizontal integration)。一方面,网络技术的出现,改造了传统的第一和第二产业,使得企业生产更具有效率,从而实现在不增加投入的情况下提高技术效应和经济效率;另一方面,网络技术企业与服务业的结合,使得消费者的需求和偏好能够更快地被企业所知晓,从而节省了交易成本,同样提高了企业的效率和社会的效率。因此,网络经济下的产业融合,能够实现节省资源,也能够推动经济从外延扩张式发展转向内涵提高型发展,顺利实现经济发展方式的转型。

专栏4-2　案例分析：产业融合带来资源的合理配置

　　IBM 在 20 世纪 80 年代用大量的投入来搞信息基础设施，随着上网越来越便宜，其价值越来越低，继续投资难以从用户方面得到理想的回报。尽管上网规模扩大使其绝对收入不一定会下降，但这部分收益在其公司总收益中的比例趋于下降。因此，IBM 面临着一个如何应对这一负担的问题。与此同时，AT&T 则试图拓展其业务，重新进入原来的传统市话业务。双方互相利用技术融合的机会整合原来利用不充分的资源。AT&T 通过收购具有最好性能价格比的 IBM 数据网络，实现了其电信业务的低成本扩张，而 IBM 通过转让其基础设施网络，摆脱了这一价值越来越低的物质资本的负担，并承接了 AT&T 一些应用软件和数据处理的外包业务，以充分发挥其数据业务技术和服务的核心能力。作为交易的一部分，AT&T 获得了 IBM 一份价值 50 亿美元的 5 年期合同，AT&T 也将一些应用软件和数据处理的工作外包给了 IBM，其合同总额 40 亿美元，时间长达 10 年。这一事例说明，并购及业务整合所带来的财富效应，其基础在于产业融合提供了一种新的节省成本的机会与方式。

　　案例来源：周振华．产业融合：产业发展及经济增长的新动力．中国工业经济，2003(4)

（二）以信息技术推动技术创新

　　钟春平（2000）指出，信息技术创新是技术创新、知识创新的重要推动力。信息技术创新不仅在微观层次上提高了市场和交易主体的效率，也在宏观层次上促进了经济发展。葛秋萍、李梅（2013）认为，可以明确的是，我国未来产业升级的目标应该是调整目前产业结构由资源消耗型、发展粗放型、劳动力密集型向需求拉动型、创新驱动型和集约高效型转变。在这种转变中，需要进行大量的技术创新。互联网经济最大的优势和特点在于技术的集中创新（图 4-3），这对于提升我国整体的技术创新水平，以及推动我国的产业升级都具有非常重要的意义。

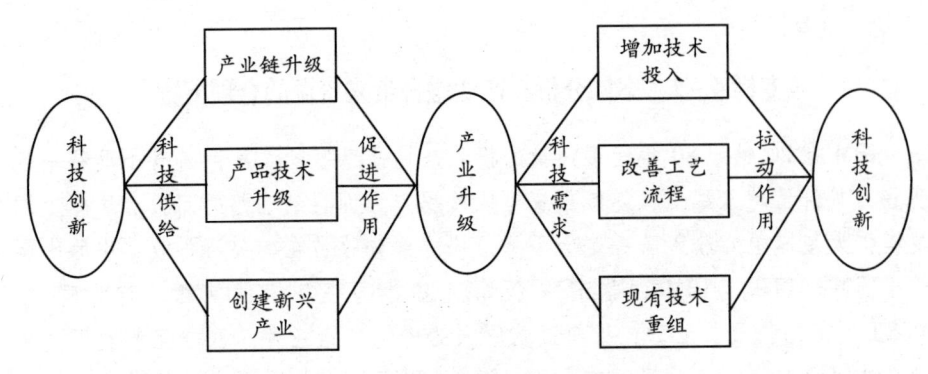

图 4-3　创新驱动产业升级的作用机理

资料来源：葛秋萍，李梅. 我国创新驱动型产业升级政策研究科技进步与对策. 科技进步与对策，2013（16）

第二节　互联网经济催生新的产业形态

一、平台经济

（一）平台经济的定义

平台经济（Platform Economics）的定义主要有以下几种：

（1）平台实质上是一种交易空间或场所，可以存在于现实世界，也可以存在于虚拟网络空间。该空间引导或促成双方或多方客户之间的交易，并且通过收取恰当的费用而努力吸引交易各方使用该空间或场所，最终追求收益最大化（徐晋、张祥建，2006）。

（2）平台经济所指是一种虚拟或真实的交易场所。平台本身不生产产品，但可以促成双方或多方供求之间的交易，收取恰当的费用或赚取差价而获得收益（胡世良，2013）[①]。

（3）平台经济是指依托超市、购物中心等实体交易场所或门户网站、网络游戏等虚拟交易空间，吸引商家和消费者加入，促成双方或多方之间进行交易或信息交换的商业模式，主要是通过收取会员费、技术服务费、交易佣金等

---

① 胡世良. 对平台经济的认识. 中国信息产业网，http://www.cnii.com.cn/mobileinternet/2013-10/24/content_1238935.htm

费用获取收益（安晖、吕海霞，2013）[①]。

（二）平台经济研究

平台经济理论形成的主要标志是 2004 年在法国图卢兹召开的，由法国产业经济研究所（IDEI）和政策研究中心（CEPR）联合主办的"双边市场经济学"会议。刘迪（2010）指出，与平台经济相关的理论文献已经有不少，而且还在不断涌现。其中，Rochet & Tirole（2003），Armstrong & Wright（2004），Caillaud & Jullien（2003）等人的工作，为平台的研究做出了开创性的贡献。徐晋、张祥建（2006）指出，Evans（2003），Rochet & Tirole（2004）在文献中提出了"成员外部性"（membership externality）和"用途外部性"（usage externality）的概念并加以区分，这为平台经济理论的研究奠定了理论基础。其他比较有影响的研究还包括 Parker & Van Alstyne（2002），Caillaud & Jullien（2003），Guthrie & Wright（2003），Ambrus & Rossella（2004），Armstrong（2004），Hagiu（2004），Chakravorti & Roson（2004），Rochet & Tirole（2004）等。

就国内研究而言，徐晋、张祥建（2006）在原有双边市场理论的基础上，参考并吸收了国外大量文献，首次提出"平台经济学"（platform economics）的概念，认为平台经济学是产业经济学里面的一个分支，它是"研究平台之间竞争与垄断情况，强调市场结构作用，通过交易成本和合约理论，分析不同类型平台的发展模式与竞争机制，并提出相应政策建议的新经济学科"。徐晋、张祥建（2006）还首先尝试了构建平台经济学的理论体系。与此同时，国内的其他一些学者也开始研究平台经济理论，并做出了一定的贡献。其中，程贵孙（2006）等学者研究了 Linux 操作系统，从软件平台的角度实证分析了平台的交叉网络效应；陈赤平、李艳（2008）通过研究 CA 产业定价，发现了平台经济理论的实践应用性；尚秀芬、陈宏民（2009）等学者对平台企业行为以及双边市场竞争及规制等问题分别进行了深入探讨。

（三）平台经济出现的必要性与可能性

1. 平台经济出现的必要性。

首先，中小企业的信息化需求强大。

---

① 安晖，吕海霞．以平台经济引领经济转型发展．科技日报，2013－11－25

互联网经济：中国经济发展的新形态

中小企业是促进我国经济社会发展的重要力量。根据工业和信息化部中小企业司 2011 年发布的《中国中小企业信息化服务市场调查和发展报告（2010）》显示，中小企业数量上已占到全国企业总数的 99%，创造的最终产品和服务价值占 GDP 的 60%，65% 的发明专利、75% 以上的企业技术创新、80% 以上的新产品开发都是由中小企业完成的。

中小企业软件及 IT 服务投入比重逐年增加。2009 年中小企业信息化投资规模达到 2022 亿元，同比上升 8.2%。在中小企业信息化投资中，硬件、软件、IT 服务的比重依次 59.3%、16.0%、24.7%。

同时，该报告中还指出，中小企业信息化正从单项应用向集成应用过渡。在被调查的中小企业中，50% 的企业处于单项应用阶段，45% 的企业处于部分集成应用阶段，5% 的企业处于全面集成应用阶段。信息化对企业管理的支持程度已经比较好，但在市场营销、客户服务、研发设计、生产制造方面信息业的支撑程度还比较差。

虽然中小企业信息化的需求很高，但是针对中小企业的信息化服务市场还不成熟、不规范，服务市场供需双方的匹配情况并不理想。这也为运营商企业应用平台留下了很大的发展空间。

其次，用户需求的长尾化、多样化，要求出现功能强大的平台经济。

随着信息技术和网络技术的不断发展，消费者和企业的需求被不断发掘，用户需求变得更加多元化，产品和服务的供给需要有更强的针对性。众多企业的背景、行业、实力、业务等均不相同，无论是通用应用还是行业应用，消费者和企业都希望找到能够满足自身需求的服务，这就形成了个性化的需求长尾。在用户需求长尾化、多样化的情形下，现存的任何类型公司或者平台，无论技术实力、经济实力多么强大，也不可能靠一己之力去满足这样的长尾需求，这从时间和成本上考虑都是无法实现的。这个矛盾就迫使企业推进应用平台业务和模式创新，同时也为应用开发者和平台运营商提出了更高的要求。

2. 平台经济出现的可能性。

首先，智能移动终端在迅速普及，奠定了平台经济的硬件基础。

移动互联网需求正在逐年增加。根据中国互联网络信息中心（CNNIC）公布的《第 28 次中国互联网络发展状况统计报告》显示，截至 2011 年 6 月底，中国手机网民达 3.18 亿，占网民总数的 65.6%。同时用户也越来越多地开始使用移动互联网业务，这与近几年来智能手机的普及有密切关系。

根据互联网数据中心调查显示，近几年以来，手机市场的结构正发生显著变化,非智能机销量放缓,智能手机销量呈指数形式增长。美国高德纳咨询公司公布的数据显示,2013 年第二季度全球智能手机销量超过传统功能手机。智能手机销量为 2.25 亿台,占手机销量的 51.8%。传统功能手机销量则为 2.1 亿台,同比下降 21%。

随着智能手机的快速崛起,基于移动终端的应用,无论是个人还是企业用户,也都开始逐渐普及。未来,移动办公、移动应用的需求将更加广泛。

其次,技术发展为平台经济发展铺平了道路。

个人电脑与移动终端软硬件技术的升级,大幅提升了用户对互联网业务的体验,使上网、在线应用、移动办公、视频、娱乐等业务的体验有了很大的提高,也进一步刺激了用户对互联网的需求。特别是移动互联方面,运营商也在不断升级网络至 3G 增强型技术,3G 增强型技术的覆盖范围正在扩大,基本实现了全国范围覆盖。2013 年 12 月 4 日,国家工业和信息化部正式向中国移动、中国联通、中国电信颁发了三张 TD-LTE 制式的 4G 牌照,牌照的颁发意味着中国正式进入 4G 时代。4G 牌照的正式发放,必然会为手机厂商和移动软件,如移动视频终端和手游开辟新的道路。在非智能机时代,传统移动商用业务只能基于短信、彩信类的应用。而目前移动终端和运营商网络不断出现的技术升级、匹配,大幅提升了用户体验,使得移动互联网将超越 PC 互联网,成为未来的时代热点。

(四) 平台经济发展的意义

安晖、吕海霞(2013)指出[①],平台经济是推动经济转型发展的重要引擎。从微观角度看,平台具有交流或交易的媒介功能、信息服务功能、产业组织功能和利益协调功能。从宏观角度看,平台经济的发展具有推动产业持续创新、引领新兴经济增长、加快制造业服务化转型和变革工作生活方式等作用,是一种重要的产业形式。具体而言,平台经济对经济发展的意义包括以下 4 个方面:

首先,平台经济能够推动产业持续创新。平台通过对产业资源、市场资源的整合,可为企业提供广阔的发展空间,同时驱动企业进行持续创新,以获得和巩固竞争优势。其次,平台经济能够引领新兴经济增长。平台经济属于服务业范畴,它作为创造和聚集价值的桥梁,正日益成为服务经济中最有活力的一

---

① 安晖,吕海霞. 以平台经济引领经济转型发展. 科技日报,2013-11-25

部分，从而推动第三产业的发展。再次，平台经济能够加快制造业服务化转型。通过有效的中介平台，制造业企业能够打通制造和流通之间的"瓶颈"，实现产品制造链和商品流通链的有效衔接。最后，平台经济能够变革消费方式。腾讯微信、新浪微博等社交网络平台已成为人际交往的重要渠道，京东、淘宝等电子商务平台已成为人们日常消费的优先选择，而电子银行、互联网金融的普及为人们理财和投资带来了更多便捷。基于网络平台的消费、购买和投资行为已经成为消费者和企业日常生活、生产活动的重要组成部分。

由此可见，平台经济作为一种重要的经济现象、经济组织方式，已经逐渐成为推动经济增长和社会发展的重要引擎。

二、我国互联网经济平台现状

（一）我国平台经济发展所处阶段

1. 平台经济时代已经来临。

在互联网向纵深发展的今天，中国已经进入了平台经济时代，"平台制胜"已经成为一条越来越趋于现行的竞争法则。越来越多的市场领域不断出现了平台化趋势。同时，我们也在见证越来越多的具有平台经济特征的企业正在不断地创造着成功的传奇，如阿里巴巴、腾讯、百度等。

卢小群（2013）指出[①]，在国内，平台为王已经成为发展共识。目前的平台经济主要有两种业态：第一种业态，也就是第三方为主体，平台主体本身并不产生产品，通过整合资源，促成双方或多方供求之间的交易，收取一定的交易佣金作为它的商业模式。例如，诸多的电商平台、第三方支付平台，以及现货和期货的交易平台，包括商旅平台。在这样的业态里面，企业本身不参与交易，但是它搭了一个平台，让更多的企业和个人在上面进行交易。第二类形态，企业以自身为主体，例如，我们很多生产型企业、制造型企业，为了对它的产品进行销售，纷纷搭建了自身的代理商销售的 B2B 的平台，也可以直接面向客户销售的 B2C 的平台，这里面包括我们运营商的收费等，我们的公共收费平台等，这本身参与产品消费。

国内知名的企业管理专家高建华指出，未来是平台制胜时代，建立了平台，就能在竞争中居于有利位置，掌握主动权；就能够筑巢引凤，吸引各种资

[①] 卢小群. 平台经济时代已经来临. 第九届中国 CFO 高峰论坛，2013－07－15，新浪财经，http://finance.sina.com.cn/hy/20130715/110216124106.shtml

第四章 互联网经济：中国产业转型升级的"新支点"

源加入。企业占有的社会资源越多，抗风险的能力就越强①。

2. 平台经济呈现星火燎原之势。

孙国亮（2008）认为，所有互联网公司都是所谓的"平台经济"，只是由于发展阶段和产业规模的不同而存在大小不同的"平台"。基于互联网领域的四大应用——邮箱、IM（即时通信）、搜索和电子商务，诞生了互联网领域最大的四个"平台型公司"——网易、腾讯、百度、阿里巴巴。他们共同的特点就是借助互联网手段，建立起庞大的用户群或访问量，同时拥有自己的核心拳头业务。

孙国亮（2008）还认为，目前互联网正在由以信息为中心变成以人为中心，人的角色在网上越来越清晰，这从博客等以人为本体的产品的兴起便可见一斑。在美国，Facebook 受到了资本和用户的青睐，短短三年，Facebook 已经拥有超过 4000 万用户，每名用户平均每月在 Facebook 停留在三个小时以上。更为重要的是，Facebook 开始允许第三方为其开发应用，很多业内人士预计，Facebook 最终也许会成为一款操作系统，为用户提供范围广泛的工具，例如搜索应用等。在国内，以"社区优势"为核心竞争力的思路，同样正融入到腾讯以 QQ 为基础平台、基于"多维与复杂的人际关系链"的社区梦想中：自腾讯推出"拍拍网"以来，电子商务这种具有明显"用户行为"色彩的功能整合进入 QQ 平台，本身就意味着功能更明确的网络交际成为可能。

3. 典型平台企业分析。

在平台经济中，典型的平台型企业主要有以下几个例子②：

微软（Microsoft）公司。微软的 Windows 操作系统是一个平台，是收费的；在这个平台之上，又有了 Office 等一系列的软件，也是收费的。可以说，微软的盈利不仅靠操作系统，还依靠在这个平台之上的一系列软件。微软 CEO 鲍尔默公开表示：未来软件必将免费，微软正在加快向 4G 联网的转型，正在向真正的"平台经济"转型。

谷歌（Google）公司。谷歌是另一家典型的"平台经济"型企业。两位杰出的创始人，现构建了一个免费的搜索引擎平台，吸引越来越多的人使用。当有了足够的人气之后，便开始在平台上卖东西，这就是网络广告。然而，Google 在近期更为引人关注的举动是：面对手机的普及和无线联网的成熟，

---

① 孙国亮. 浅析互联网平台经济的发展. 现代经济信息, 2008（4）
② 磐石之心. 破解 IT 企业利润低迷魔咒. eNet 硅谷动力网, http://www.enet.com.cn/article/2007/0816/A20070816780354.shtml

互联网经济：中国经济发展的新形态

Google 宣布推出 Android 手机操作系统平台，希望将 Google 所有的业务都融合到该平台中，并以免费的形式让手机企业和手机用户使用，Google 正在将自己建造的联网广告帝国向无线互联网转移。

腾讯公司。在我国的本土企业中，典型的"平台经济"型企业当属于腾讯。它依靠免费的即时通信软件 QQ，融入网民的生活，使 QQ 成为通用的聊天工具。在这个免费的平台上，腾讯由围绕虚拟人的生活方式，构建了各种盈利模式。据财报显示，腾讯 2013 年总收入为人民币 604.37 亿元（约 99.13 亿美元），比上年同期增长 38%；经营盈利为人民币 191.94 亿元（约 31.48 亿美元），比上年同期增长 24%。经营利润率达到 32%。即时通信服务月活跃账户数达到 8.08 亿，最高同时在线账户数达到 1.80 亿；"微信和 WeChat"的合并月活跃账户数达到 3.55 亿，比上年同期增长 121%[①]。腾讯已成为中国互联网收入第一的公司。尽管如此，为了应对无线互联网的竞争，腾讯也将自己的平台向手机用户进行了扩展：其手机 QQ 软件就是一款能够同桌面软件互联互通的产品。对于腾讯来说，手机 QQ 显然肩负着抢占无线互联网市场份额的重任。

此外，平台经济的出现也对传统金融银行的市场地位形成了挑战。如第三方支付公司进入了传统金融的业务，缓解小企业的融资难，这对银行的支付和现金管理形成了挑战。根据新华网对阿里金融的报道[②]，截至 2013 年第一季度末，阿里金融累计服务小微企业已经超过 25 万家，单季完成贷款笔数超过 100 万笔，环比增长 51%，笔均贷款约 1.1 万元。

（二）平台经济模式对于经济发展的作用

平台模式有利于企业大范围地持续创新和产业创新，平台效应则已成为新经济增长强有力的引擎，"平台经济"尤其是社交网络成为人际交往、生活方式改变的重要推动力。当今在国内，越来越多的平台型企业如雨后春笋般崛起，越来越多传统型企业也迫不及待地加入平台经济大军，力争利用平台经济提高效率、提高竞争力，成为这一新兴产业链中的一环。

事实上，平台经济对经济发展更为显著的作用则是通过借助网络技术和信息技术，一方面降低了交易成本，推动交易和市场的扩大；另一方面，推动企

---

① 腾讯科技，http://tech.qq.com/a/20140319/019852.htm
② 张旭，陈言．互联网金融的真正竞争即将开始．新华网，2013 年 9 月 17 日，http://news.xinhuanet.com/fortune/2013-09/17/c_117395585.htm

业发展转型，推动业态创新，以促进经济的整体发展。

1. 移动支付使市场交易更加便捷。

移动支付也称为手机支付，就是允许用户使用其移动终端，通常是手机对所消费的商品或服务进行账务支付的一种服务方式。移动支付产业链涵盖众多环节，主要包括电信运营商、银行业、第三方服务商、终端设备制造商、商家及手机用户等。单位或个人的支付指令将通过移动设备、互联网或者近距离传感间接或直接地向银行金融机构发送支付指令，产生货币支付与资金转移行为，从而实现移动支付功能①。

随着 WiFi、3G 等技术发展，互联网和移动通信网络的融合趋势非常明显，有线电话网络和广播电视网络也融合进来。移动支付将与银行卡、网上银行等电子支付方式进一步整合，真正做到随时、随地和以任何方式进行支付。随着身份认证技术和数字签名技术等安全防范软件的发展，移动支付不仅能解决日常生活中的小额支付，也能解决企业间的大额支付，替代现在的现金、支票等银行结算支付手段。央行发布的《2013 年第二季度支付体系运行总体情况》显示，2013 年第二季度全国共发生电子支付业务 62.45 亿笔，金额 251.02 万亿元。其中，移动支付 3.71 亿笔，金额 2.07 万亿元，同比分别增长 274.7% 和 363.92%②。

尽管移动通信设备的智能化程度提高，但受限于便携性和体积要求，存储能力和计算速度在短期内无法与个人电脑（PC）相比。云计算恰能弥补移动通信设备这一短板。云计算可将存储和计算从移动通信终端转移到云计算的服务器，减少对移动通信设备的信息处理负担。这样，移动通信终端将融合手机和传统 PC 的功能，保障移动支付的效率。

移动支付的出现，极大地降低了交易成本，提高了消费者的购买体验，提高了居民的消费意愿，进而推动了经济的转型与发展。据一项调查，在中国，35 岁以下的城市青年，有 60% 的人使用网上银行支付，进行网上购物。

2. 信息处理更加高效。

信息处理是平台经济模式的核心功能。在各种信息中，最核心的是资金供需双方信息，特别是需求方的信息，如消费者、借款者、发债企业、股票发行企业等，是各种资源，特别是金融资源配置和风险管理的基础。通过构建平

---

① 杨雪吟. 移动支付的现状和未来. 时代金融，2014（1）
② 曹瑞奇. 移动支付：下一个互联网金融主战场. 中国高新技术产业导报，2014-01-06（6）

互联网经济：中国经济发展的新形态

台，众多分散的信息被聚集到平台中，实现信息集聚效应。

互联网平台上，信息处理方式与传统企业信息处理方式有很大不同。以互联网金融平台为例①，互联网金融模式下的信息处理是它与商业银行间接融资和资本市场直接融资的最大区别，有三个组成部分：一是社交网络生成和传播信息，特别是对个人和机构没有义务披露的信息；二是搜索引擎对信息的组织、排序和检索，能缓解信息超载问题，有针对性地满足信息需求；三是云计算保障海量信息高速处理能力。总的效果是，在云计算的保障下，资金供需双方信息通过社交网络揭示和传播，被搜索引擎组织和标准化，最终形成时间连续、动态变化的信息序列。接下来分别讨论社交网络、搜索引擎和云计算在互联网金融模式下的信息处理作用。在这种金融模式下，支付便捷，市场信息不对称程度非常低；资金供需双方直接交易，银行、券商和交易所等金融中介都不起作用；可以达到与现在直接和间接融资一样的资源配置效率，并在促进经济增长的同时，大幅减少交易成本。

我们可以举出几个在互联网金融模式下信息处理的例子：如，因为信息科技足够发达，自然人出生后的关键信息和行为都被记录下来以便查询，不准确信息通过社交网络和搜索引擎来核实或过滤。在这种情况下，对个人信用状况的分析将非常有效率。再如，人们在日常生活中发现某银行服务不好、效率低下，可以把相关信息发到社交网络上，这些信息汇总后有助于评估该银行的盈利和信用前景，如果上述的"人们"参与这家银行债券的 CDS 交易，其价格变化就是动态违约概率。而在现代股票市场上，股东仅能以"买入—卖出"来处理自己对该银行盈利前景的判断②。

3. 供给需求直接配对，节省了中介环节。

互联网金融模式下资源配置的特点是：资金供需信息直接在网上发布并匹配，供需双方直接联系和匹配，不需经银行、券商或交易所等中介。一个典型的例子是人人贷（peer-to-peer lender）。从世界范围来看，Lending Club 作为领军企业发展迅速，是全球 P2P 行业的领军者。2013 年，其贷款规模达到 20 亿美元。我国的"人人贷"公司也发展迅速。人人贷，系人人友信集团旗下公司及独立品牌，是中国最早的一批基于互联网的 P2P 信用借贷服务平台。自 2010 年 5 月成立至今，人人贷的服务已覆盖了全国 30 余个省的 2000 多个地

---

① 赵志超. 互联网金融模式的探讨. 中国电子银行网，http://www.cebnet.com.cn/2013/0514/137652.shtml

② 谢平. 互联网金融模式在未来 20 年将成主流. http://finance.qq.com/a/20120618/004410.htm

区，服务了几十万名客户，成功帮助他们通过信用申请获得融资借款，或通过自主出借获得稳定收益。人人贷最近披露的 2014 年第一季度业绩报告显示，2014 年第一季度，人人贷网站成交笔数 7849 笔，成交金额为 4.91 亿元，同比增长 145%，为理财人赚取 4717.96 万元，平均投标利率 12.89%[①]。

在供需信息几乎完全对称、交易成本极低的条件下，互联网金融模式形成了"充分交易可能性集合"，诸如中小企业融资、民间借贷、个人投资渠道等问题就容易解决。在这种资源配置方式下，双方或多方交易可同时进行，信息充分透明，定价完全竞争（如拍卖式），因此最有效率，社会福利最大化。各种金融产品均可如此交易。这也是一个最公平的市场，供需方均有透明、公平的机会。

（三）现存问题与政策措施

1. 网络平台经济目前存在的问题。[②]

首先，网络平台经济难以正确定位，难以有成形模式借鉴。外国模式本土化并非是一蹴而就的过程，国情、政策、观念的差异是国家、企业在模式本土化过程中不得不面对的问题。我们现在和当初一样，是摸石头过河的过程。

BAT 巨头等在互联网行业均定位于平台，在平台管理方面具有丰富的经验，而且金融机构的资金、牌照等门槛也决定了互联网企业无法涉足放贷等具体金融业务，只能从平台角度曲线切入。

互联网平台企业将惯用的过度营销移植到经济领域，无形中放大了风险。余额宝、百度百发最近成为整个互联网经济乃至全国经济的亮点，但实际上，余额宝、百度互联网金融产品在国外早有先例。而 1999 年，国际第三方支付企业 Paypal 就通过与基金公司合作，经营类的余额宝、百发等互联网金融产品，用户账户的余额可以自动申购货币基金，2007 年一度达到巅峰 10 亿美元的规模。随着 2008 年金融危机的蔓延，美国货币市场基金收益水平降至 0.04%，Paypal 最终在 2007 年将该货币基金清盘。这说明，互联网涉足金融，为用户提供了更加便捷、丰富的金融服务的同时，也需要对金融行业的相关规定特别是理财产品投资风险要有相当程度的了解，否则会面临较高的市场风险。

---

① http://www.renrendai.com/about/detail.action?report_id=report_43
② 佚名. 百度百发目标是互联网金融平台. 南方财富网，2013 - 10 - 30

2. 加快推动平台经济发展的对策建议①。

为了加快推进平台经济发展，我国企业必须刷新思维模式，摒弃传统的竞争理念，拥抱平台经济革命，政府部门也需在加强引导、规范管理、配套服务体系建设方面采取多种措施。

（1）支持新兴领域平台经济发展。支持有条件的区域面向重点行业领域，发展专业特色平台，不断拓宽平台经济的发展空间。一是面向新兴信息服务发展需求，充分整合各类信息资源，探索开发新型商业模式，推动建立多层次、多元化的平台服务体系。二是面向工业转型升级与产业基地打造的需求，支持各地方瞄准龙头产业与支柱产业，打造交易与服务平台。三是培育和扶持农村信息服务平台发展，为农业发展提供高效的科技、金融、采购和销售等信息服务。

（2）完善平台企业扶持政策。设计有针对性的平台型企业扶持政策，探索促进平台型企业的最佳发展路线。一是结合重点行业领域专业平台发展，积极培育一批有市场竞争力的平台企业。二是针对平台经济特点和平台型企业发展规律，设计有效的平台型企业扶持政策，如设立专项基金、拓宽融资渠道等。同时，帮助和指导平台型企业制定和实施科学的发展战略。三是建立和完善创新资金投入与退出机制，通过科学、完善的资金投入与退出机制。

（3）优化配套发展环境。平台经济发展需要强有力的信息技术服务支持，还需要第三方支付、信用、物流、检测、认证等配套服务体系的支持。为此，需要优化配套环境，以保障平台经济持续快速发展。一是加强信息基础设施建设，提高光纤宽带的覆盖率，积极推进无线城市建设，加大农村网络建设力度，建成各地、各类信息网络互联互通的骨干传输网。二是加快软件和信息技术服务业的发展及其在平台经济中的应用，提升后台信息技术服务能力。三是培育和引进一批与平台经济发展相配套的第三方支付、物流、信用、检测、认证等服务机构，形成便捷高效的第三方服务体系。

（4）加强规范引导和管理监督。一是制定、出台专门的平台经济管理规定，对平台经济生态系统中的平台运营商和平台交易、交流双方的职责和权益进行明确规定，规范平台运营。二是组织开展对平台经济反垄断和间接侵权问题的研究，明晰垄断和间接侵权的构成要件以及各侵权行为主体应承担的民事法律责任，并将其纳入管理规定。三是积极引导各平台间的差异化发展，避免

---

① 安晖，吕海霞．以平台经济引领经济转型发展．科技日报，2013-11-25

无序、低水平的竞争，推进平台经济发展水平提升。

（四）平台经济案例分析：网络金融

网络下的经济平台最突出的即网络金融。接下来将以谢平2013年12月17日在"2013（第九届）最佳商业模式中国峰会"上的演讲（节选）来探讨网络金融和网络平台经济的发展。

专栏4-3 案例分析：互联网金融独立于银行及资本市场模式

现在金融有两种模式，一种是银行模式，一种是资本市场模式。资本市场模式就是直接融资，通过上交所进行股票交易，一种是银行模式，典型就是工商银行存款贷款支付。我认为互联网金融有可能与这两种模式并列，是第三种模式。

互联网金融既不走银行模式，也不走资本市场上交所模式，它有可能是所有的存款人和所有的借款人，通过互联网平台直接交易。我相信人类未来通过互联网走直接金融的模式，不需要资本市场，也不需要银行。互联网技术的发展，有可能做到这一点，理论界我是这方面的代表人物。

互联网金融的涵盖，就是用互联网的技术和互联网的精神，从传统银行、证券、保险、交易所，金融业态过渡到一般金融体系所有金融交易和组织形式。大家现在都是理解了互联网只是我的工具，不是工具。将来互联网金融能发展到什么形式，不取决于金融的发展，而是取决于互联网技术的发展。而互联网技术能发展到什么形式？我们不知道。

理解互联网金融的时候一定要理解互联网精神。理解互联网金融的关键，支付清算，超级支付系统和个体移动支付系统的统一。从微观来看没有信用卡，手机取代一切货币，从抽象来看，如果这个国家，每个人，每个企业，都可以直接在网上开户，就没有必要在商业银行开户了。央行的支付系统能允许13亿人，两亿企业直接开户，因为这只是电脑技术问题很容易的。一定要理解人类的支付系统是可以变化的。

互联网精神跟金融精神是不一样的。互联网精神就是开放、共享、去中心化、平等、选择、普惠、民主。金融业就是精英、神秘化、制造信息不对称，然后赚钱。

互联网金融兴起的宏观背景是这样的，第一是互联网对许多不需要物流的行业产生颠覆性的影响。第二是整个社会走向数字化,为互联网金融奠定了基础,因为社会信息数据化了。第三是实体经济积累大量的数据和风险工具。第四是正规金融一直以来没有有效地找到为小微企业、为"三农"、为民间融资的办法。因为受到规模限制等的影响,所以这块市场就空出来了,利率管制,IPO 管制,银行证券、保险、基金业务的管制。这些东西慢慢就把这些金融产品推向了互联网金融,而且互联网金融一下推出来以后,监管当局也不知道怎么管了,也没有办法监管了,所以就发展起来了。中国互联网金融发展的特别快,也有这个宏观背景。

资料来源:谢平.互联网金融独立于银行及资本市场模式.新浪财经,http://finance.sina.com.cn/hy/20131217/145217660847.shtml.

(五) 对互联网平台经济发展的预测

互联网经济的发展空间广阔,必将成为第三产业乃至全部产业转型升级的推动力,成为拉动全国经济发展的强劲引擎。以互联网为代表的现代信息科技,特别是移动支付、云计算、社交网络和搜索引擎等,将对人类经济的产业形态、发展模式产生根本影响。

早在 2011 年的"首届中国金融家论坛"上,与会专家便已达成共识:平台模式最有利于大范围地令企业持续创新和产业创新,平台效应已经成为新经济增长最强有力的引擎,"平台经济"尤其是社交网络成为人际交往、生活模式和社会结构变革的重要推动力。"平台企业演化出'平台经济'产业已是大势所趋。"上海市委副秘书长、上海社科院院长王战指出,"以信息平台和第三方支付为技术手段,通过发现和创造商机,形成撮合交易平台,融合制造业和服务业的'平台经济'将重塑现代市场的微观基础。"①

网络平台经济已经成为不可逆转的趋势。如果说以前在企业界,一直流行着这样一种说法:一流企业做标准,二流企业做品牌,三流企业做产品。那么最近几年的商业经验则表明,最顶尖的企业是做平台。平台经济作为全球化、信息化、网络化三大趋势的集大成者,已然成为创造和集聚价值的桥梁,而网络化的平台经济具有巨大甚至颠覆性的力量。

10 年前人们预测不到今天网络下平台经济的发展脉络,今天,我们也无

---

① 吕莱."平台经济"魅力初绽.国际市场,2013 (4)

法预测 10 年后的走势。互联网经济下的一切都极具想象空间，互联网企业未来的发展我们将拭目以待。

第三节 互联网经济助力经济结构转变

经济结构转变要求，一是增加消费需求，二是降低每单位 GDP 增长对资源的消耗，促进经济可持续发展。产业结构升级是中国经济增长方式从粗放型转变到密集型的重要动力。长期以来，我国第三产业比重在国民经济中比重较低，第二产业中高技术含量的产品比重也相对较低，第三产业中金融、研发等生产性服务业比重相对较低。

一、经济结构转变的含义

现阶段我国经济结构转变往往具有两重含义。一方面是指，在拉动 GDP 增长的"三驾马车"中降低投资和出口的比重，提高消费对经济增长的贡献，以此摆脱重复建设和对外需的依赖性；另一方面是指，从资源消耗性的增长方式转变到资源节约型的增长方式，降低每单位 GDP 对资源的消耗，建设节约型社会。在我国逐渐从中低收入国家迈入中国收入国家的时期，经济结构的转变尤其重要[①]，这是避免我国进入"中等收入陷阱"的重要举措。

互联网经济的发展为我国经济结构的转变提供了重要契机。在互联网经济时代，信息消费成为新的经济增长点，而信息技术的发展也会大大降低资源的浪费。

二、信息消费与经济发展

（一）信息消费的定义

随着互联网应用的日益普及与移动通信技术的飞速发展，人们可以方便地利用台式 PC 或移动终端访问互联网来获取信息，满足自己的信息需求，提高自身的认知能力和水平。于是信息消费作为一种新型的消费形式逐渐发展起来，在社会生活、经济生活和科学研究中所起的作用越来越大，成为当代消费热点之一。随着信息消费提供产品与服务的信息产业快速发展，信息产业的产值在国民

---

① 根据 WDI 的标准，我国从 2010 年人均收入达到中高收入国家的标准。

经济中所占的比例不断扩大,信息产业已经成为我国重点发展的第三产业之一。

那么我们不禁要问,何为信息消费?蒋序怀(2000)认为,信息消费是直接或间接以信息产品(信息服务)为消费对象的消费活动,包括狭义的信息消费和广义的信息消费。狭义的信息消费以净信息产品(信息服务)为消费对象;广义的信息消费对象还包括信息含量相当大的产品和服务(如远程医疗就诊)[1]。蒋文锋、涂艳红(2005)认为,凡是为获得信息所进行的消费均属于信息消费,包括对信息设备的选购、使用和对信息本身的收集加工、利用两个方面,其过程包括信息需求、信息获取占有、信息吸收处理和信息创造四个基本阶段[2]。王景艳、朱珍(2012)认为,信息消费与物质消费、能源消费一样,一直存在于人类漫长的信息消费史,经历了古代信息消费阶段、近代信息消费阶段和现代信息消费阶段。信息消费大致涵盖三种类型:传统式信息消费结构、家电式信息消费结构和电脑网络式信息消费结构,包括:语音通信、互联网数据接入、应用等信息服务形态,手机、平板电脑、智能电视等多种信息产品,基于信息平台的电子商务、云服务、物联网等新型信息服务模式。它是社会信息生产和交流过程的延续,信息消费者获取信息、认知信息内容和再生信息等基本环节所构成的社会活动。其中,消费主体(信息消费者)、消费客体(信息产品或服务)和信息消费环境是影响信息消费水平的三个基本要素。王景艳、朱珍(2012)还指出,信息消费还可进一步将外延扩大,定义为信息化消费。在互联网应用不断普及的今天,人们不再单纯或过多地依赖传统的报纸、电视、户外的广告,或人际传播网络来获取日常消费品或服务信息,而是通过手机、笔记本电脑等移动终端或台式终端接入互联网,搜集有关日常工作、学习、娱乐所需消费品或服务的相关信息。这种消费方式可以称为信息化消费,即在社会经济信息化大环境下,以获取日常工作、学习、娱乐所需消费品或服务为目的,主动或被动地应用信息技术的消费行为或消费方式。

(二)信息消费政策

我国政府非常重视发展信息消费产业,提升居民信息消费能力。2013年7月,国务院总理李克强主持召开国务院常务会议,研究促进信息消费、拉动国内有效需求,推动经济转型升级。会议提出四大要求:一是实施"宽带中国"

---

[1] 蒋序怀.略论我国居民信息消费的现状及存在的问题.消费经济,2000(5)
[2] 蒋文锋,涂艳红.我国居民信息消费的发展及原因分析.湘潭大学学报,2005(5)

战略；二是加快实施"信息惠民"工程；三是丰富信息产品和信息消费内容；四是构建安全可信的信息消费环境。8月14日，国务院印发《关于促进信息消费扩大内需的若干意见》（以下简称为《意见》）进一步明确和细化了会议精神和主要内容。8月17日，国务院再次对外发布《"宽带中国"战略及实施方案的通知》，进一步明确和引导信息消费细分领域的实施方案。在国家层面上，促进信息消费已经作为一种国家经济发展的战略被提出，这意味着信息消费已经由一个概念发展成了一种消费模式，得到了从商界到政界的肯定。

据第32次中国互联网统计报告数据显示，截至2013年6月底，我国互联网网民规模达5.91亿，半年共计新增网民2656万人。互联网普及率为44.1%，较2012年底提升了2.0个百分点。截至2013年6月底，我国网民中农村人口占比为27.9%，规模达1.65亿，相比2012年略有提升，增加约908万人。最近半年，农村网民规模的增长速度为5.8%，略高于城镇。移动互联网消费群体也发展很快，已经形成庞大规模，截至2013年6月底，我国手机网民规模达4.64亿，较2012年底增加约4379万人，网民中使用手机上网人群占比由74.5%提升至78.5%，较2012年下半年增速有所提升。而据工信部发布的数据，截至5月份，我国手机上网用户数达到7.83亿户。但是，由于我国人口基数大、地区发展不平衡、信息产业起步较晚等原因，占世界人口总数21.15%的我国，上网主机数仅占世界总数的6.5%，用户总数仅占总规模的13%；信息服务业占经济总量的比重为7.3%，大大低于发达国家信息服务业所占比重为11.8%的水平。我国信息基础硬件设施还是低于世界平均水平，具有很大的发展潜力。然而，要充分发掘我国信息消费产业的巨大潜力，还应当着力于加强信息基础设施建设，加快信息产业优化升级，大力丰富信息消费内容，提高信息网络安全保障能力，建立促进信息消费的长效机制，提供适当的政策保障，抓住信息技术更新换代的重要机遇，加快部署实施针对性强、操作性强的措施来扩大信息消费，撬动社会总需求全面扩张，促进工业化、信息化、城镇化、农业现代化同步发展[①]。

（三）信息消费与移动互联网

信息消费的基础是信息产业的发展，信息消费的拓展离不开网络的进步。近年来，互联网从单一的信息传播渠道跃升为经济、社会发展的关键性基础设

---

① 徐榕梓. 政策先导，打造信息消费"发动机". 中国对外贸易, 2013 (9)

施,在带动传统产业转型升级,提升经济社会服务水平,改善人民群众生活质量等方面发挥了越来越突出的作用。截至2013年6月底,我国网民规模达到5.9亿,其中手机网民达4.64亿,占网民总数的78.5%。2012年中国信息消费市场规模达1.7万亿元,较上年增长29%,带动相关行业新增产出近9300亿元。经测算,到2015年,我国信息消费规模将超过3.2万亿元,年均增长20%以上,带动相关行业新增产出超过1.2万亿元;基于互联网的新型信息消费规模达到2.4万亿元,年均增长30%以上。①

刘丽婷(2013)指出,基于移动互联网的信息消费与传统的数字消费也有明显的不同,两者并不能完全等价②。其一,移动互联网的需求增长快速并呈现多业务线驱动特征。移动互联网接入用户持续快速增长为数据互联网类业务使用量与收入的增长奠定了基础。根据全球政务网的统计,2012年底,移动互联网用户规模达到7.6亿户,在移动电话用户中占比达到68.7%。其中,移动搜索用户数达到2.91亿,较2011年增长了32%;移动网上支付用户达到5531万,用户年增长高达80.9%。值得一提的是,目前微信用户已突破4亿,2012年全年累计流量达7.7亿GB,同比增长40%。其二,与移动智能终端普及相辅相成。智能终端满足人们随时随地上网的需求,填补"碎片化"时间利用的空白,信息消费逐渐由PC转移到手机,可以实现随时随地的消费。2012年,我国手机出货量已达4.66亿部,其中智能手机2.58亿部,增速267%,智能终端在我国增量市场占有率已超过55.3%。正是移动用户和终端的高速增长作为基础,才带动了移动互联网应用的增长和需求的多元化。同时,因手机使用而减少电脑使用的互联网应用包括网络聊天、浏览新闻、微博、在线收看或下载小说、手机搜索、在线收听或下载音乐、网络游戏、在线收看或下载视频、网上购物等。而终端与业务应用互相推动,成为聚合业务应用的消费平台。其三,业务集成化和灵活化。移动信息服务企业打造"一揽子"服务,引导消费者"一站式"消费。电信运营商打造了基础通信产品、即时通信、应用商店、电子商务等产品,腾讯、百度、阿里巴巴、Google、Facebook打造了搜索、即时通信、社交网络、应用商店、电子商务等产品,其中微信更是因中国互联网企业的创新形成了前所未有的融合型业务,在规模与功能上均引领国际同类产品发展方向。同时,基于移动互联网的应用创新活

---

① 张意轩,王政.移动互联网加速信息消费增长.人民日报,2013-08-14
② 刘丽婷.移动互联网:信息消费的创新增长引擎.世界电信,2013(9)

跃，提供了更加灵活的信息消费业务应用。2012年，我国手机购物市场规模达600.5亿元，环比增长488.7%，占B2C市场的12.5%；电子商务移动终端交易规模占比达6%。据统计，有44%的手机用户使用扫描应用进行比价，38%的手机用户使用电子折扣券服务应用。

在这样新的经济条件下，可以预见，随着移动互联网对人们日常生活的渗透，其对信息消费的发展将起到不可低估的推动作用，甚至可能在将来成为信息消费的主要场所和载体。智能手机、移动应用、网上支付平台三者将会成为一种全新的组合为消费者提供更加便利、更加独特的消费支付体验。这种革命性的创新将会为消费者带来更多更好的消费选择，创造更多的消费需求，极大地带动消费者的消费热情。

（四）发展信息消费，培育新的消费增长点

综合来看，信息消费无疑是在互联网经济发展大潮下的一个突出的消费增长点，在促进我国经济增长方式由外需拉动向内需拉动的过程中将能发挥重要的作用。

可以合理地预见，随着时间的推移，信息消费将会成为我国乃至世界的主流消费形式之一，信息消费在经济结构中的作用和地位将会越来越重要（见表4-1）。

表4-1　　　　　　2010~2013年信息消费对GDP的贡献

年份	2010	2011	2012	2013上半年	2013预测
最终信息消费支出（亿元）	10142	13235	17130	16560	21726
最终信息消费支出占GDP比重（%）	2.54	2.81	3.30	6.67	3.80
信息消费对经济增长贡献率（%）	—	4.20	—	8.16	8.85

资料来源：赛迪智库信息化研究中心。

三、互联网经济与资源节约型经济的构建

从以上的分析中不难看出，随着互联网经济的发展出现了许多新的技术和不同的商业模式，这些新技术新模式反过来又会提高传统产业的生产效率和生产水平，并且促进不同产业间的融合，带动产业自身的升级转型。其中，互联网技术对产业影响的突出表现应当是对资源的节约。

(一) 互联网经济是资源节约型经济

资源的节约应当分为两种,一种是对自然资源的节约,如企业通过对自身的挖潜改造,提高生产效率,升级技术装备,力争以最小的投入生产最多的产品;另外一种是对社会资源的节约,如企业管理模式的革新,最新通信技术的采纳,使企业内部的管理更加有效,沟通成本最小化。互联网技术的发展毫无疑问将会同时促进这两种资源的节约,或者说互联网经济本身就是一种资源节约型经济(见表4-2)。

表4-2　　　　　　　　互联网经济与传统经济的比较

主要特征	互联网经济	传统经济
基本要素	知识(技术、信息)和网络	劳动力、自然资源和资本
资本形式	以人力资本为主	以物质资本为主
增长方式	边际收益递增	边际收益递减
要素提供者	掌握先机技术和信息的智本家	拥有自然资源和大量资本的资本家
劳动方式	脑力劳动为主	技术(手工)操作为主
扩大再生产形式	内涵式扩大再生产	以外延式扩大再生产为主
发展原动力	技术创新	资本积累
投资对象	创新产品	物质产品
资本运作特点	风险投资和资本市场运作	固定资产投资,资本积聚和集中
经营理念	追求创新效益,依靠技术创新、体制创新和机制创新;追求创新的速度和经营灵活性;努力提高产品技术含量和领先程度	追求规模效益,依靠扩大生产规模;追求资源优化配置和有效利用;努力实现资源供给、产品生产和产品销售的稳定增长
竞争方式	创新能力竞争,锁定市场	资本实力竞争,垄断市场

资料来源:谭清美,李宗植.新经济与传统经济比较研究.科学管理研究,2002(8)

从表4-2可以看出,互联网经济的发展并不像传统经济一样需要在经济发展的初期支付大量的垫付资本,投入大量的资源,往往只需要一些简单的技术设备就可以开始工作,同时又因为互联网经济的产品具有知识密集型的特点，其附加价值非常高，能创造很大的经济效益，而且还不会造成大量的环境污染，与传统产业相比互联网经济就其发展方式来说，即是一种资源节约型经济。

（二）互联网新技术的出现对传统产业的改造和影响

伴随互联网产生的新技术除了对互联网产业有影响以外，还会对其他产业甚至是和互联网毫不相关的产业具有外溢效应。邹巍（2014）指出[①]，互联网不仅在教育、医疗、物流、交通、旅游、娱乐等服务领域广为应用，而且日益渗透到工业设计和农业发展中。传统行业向互联网迁移，带来资金流、信息流和物流，形成新的平台，产生新的应用，构建新的业态，带来产业或服务的转型升级。"互联网＋"模式将给各个行业带来创新与发展的机会。对于制造业而言，电子商务正成为中国制造业转型的重要驱动力。这些企业通过电子商务转向内需市场后，可以通过快速获取消费者信息，压缩中间渠道，以较低成本创建自有品牌，再造商业价值链。在电子商务交易背后，云计算将支撑商业数据的分析和流动，人们的需求会被更精准地满足，整个商业形态随之升级，云计算也构成了未来中国商业的基础设施。可以预见的是，伴随着O2O模式的发展演化，以大数据为支撑的现代物流业的飞速发展，商业形态的去中介化、去中心化将成为大势所趋，传统零售企业将被迫触网，并加速向全渠道战略转型。对于传统制造业而言，借助移动互联网、大数据、物联网等工具，传统的产业链将实现重构，无论产品定义、研发、生产、营销还是服务，都将发生重大变化。为适应这种变化，以结构扁平化、轻资产、高效率为代表的企业管理新模式也将应运而生。

在我国现今的经济条件下，很多产业的发展，尤其是工业发展还处在一种粗放式发展的阶段，互联网信息技术的创新无疑为提高这些粗放式发展的行业的运行效率提供了解决方案。一方面，将电脑终端引入企业生产的一线，不仅可以实时监控生产状况，还能实现对生产流程的集约和优化，加强企业对一线产品质量的控制，同时节约人力；另一方面，互联网信息技术的应用可以帮助企业合理管理库存、订单，合理规划产能，避免对资源的浪费，还可以实现网上支付转账，提高企业资金利用率，使企业能够更好地适应现代经济中的竞争。

[①] 邹巍. 互联网与传统产业的竞合. 广东经济，2014（6）

所以综合来看，在我国构建资源节约型经济的过程中将离不开互联网技术的发展和创新。

（三）互联网技术帮助企业定位消费者的需求

互联网技术对企业的另一个重要应用便是对消费者需求精准定位。在过去，由于信息收集渠道和信息处理技术的限制，许多企业不可能拿到足够多的调查数据，只有通过聘请专业的咨询公司来做耗资巨大的市场调研以了解市场需求。这样的市场调研和需求分析方式，不仅花费大量的资金和人力，而且效率很低、耗时很长，往往在企业得到调查结果时市场的需求已经发生了变化，导致得不偿失。但互联网技术的应用改变了这种情况。伴随着电子计算机技术进步还有互联网的快速普及，企业收集信息和处理信息的方式发生了极大的、革命性的转变，再加上网络购物的快速发展，大数据分析技术的出现，使企业能及时获取消费者的需求信息，了解市场信息变得简单便利。事实上，利用网络收集和处理市场信息并不是互联网企业的专利，基于互联网的数据采集和搜集技术可以为任何企业进行需求分析，而且简单快捷，费用很低。互联网技术和信息处理技术的应用不仅改变了现代企业的发展战略、竞争战略和商业生态环境，更会使企业乃至整个行业更加精准地了解消费者的需求，实现消费者需求驱动企业创新，更好地促进供需对接和经济发展。

第 五 章

互联网经济：中国企业发展的"新动力"

与传统经济下的市场竞争相比，互联网企业的竞争更重视非价格手段的竞争，利用产品差异化策略、网络粉丝的人气以及一体化的战略联盟提升企业的竞争力。这些竞争手段更依赖企业与企业、企业与消费者之间的互动，从而形成一种良性的反馈机制。竞争过程刺激了企业的管理创新、技术创新和组织创新，提高了企业生产效率，比较容易形成一体化和专业化，从而促进经济增长。

第一节 互联网企业发展历程概述

第四章讨论了互联网经济在促进中国经济转型和产业升级方面的作用。在产业升级中，企业是核心主体，企业的行为形成一定的市场结构，而市场结构会影响经济发展。本章主要讨论互联网经济中企业的作用以及对市场结构的影响。

一、国外互联网企业的发展历程

（一）互联网企业的基本情况概述

国外互联网经济在最近10多年中进入了一个快速发展的阶段。从2000年开始，全球网民人数从大约 400 万上升到了 2200 万，呈现了高达 500% 的爆发式增长，截至 2011 年几乎占到了全球总人口的 20%。有了大量的潜在消费者，互联网经济在这 10 多年的时间里风生水起。

在这一场互联网商业的盛宴中，即时通信、门户网站、游戏平台等各个商业模式均在其井喷式的发展中分得了自己的一杯羹，其中最引人注目的当然非电子商务莫属。以美国的数据为例，电子商务在近来的 10 年间增长了 10 倍左右。

（二）国外互联网企业的发展历程：以 Groupon 公司为例

Groupon 是一个团购网站，是美国近半年来比较流行的新模式之一。Groupon 为 coupon 的谐音，意为优惠券，Groupon 中国的中文名为"高朋"网。2011 年 11 月 4 日赴美国纳斯达克上市，股票代码为 GRPN，发行价确定在每股 20 美元，总股票数量达到 3500 万股，募集资金 7 亿美元，摩根士丹利、高盛、瑞士信贷任承销商。

1. Groupon 的诞生。

2010 年 8 月的《福布斯》杂志以封面文章《史上增长最快的公司》介绍了团购网站 Groupon 的惊人发展历程，该公司由美国西北大学音乐系学生安德鲁·梅森（Andrew Mason）创立，7 个月实现盈利，在不到一年半时间内估值就高达 13.5 亿美元，成为了网络界最新的"一夜暴富"成功典型[①]。

从来没有一家公司能够发展如此之快，也鲜有公司受到如此之多的非议，这就是 Groupon，一家本地化电子商务团购网站，通过提供打折的商品和服务将线下的商家和线上的消费者联系起来。Groupon 每天根据用户的位置和个人偏好向他们发送商品和服务的折扣信息。消费者可以直接通过 Groupon 的网站和移动应用获得服务。

Groupon 前身是一家名为 the Point 的服务性网站，the Point 是一个帮助各种请愿者征集支持者的在线平台，号召大家用行动来解决共同遭遇的问题。但因为无法吸引到足够多的用户注册和难以实现商业盈利，到了 2008 年 10 月，网站已处在关闭的边缘。尽管 the Point 失败了，但是网站运营过程中积累的数

---

① 福布斯：Groupon 是史上发展最快的网络公司，http://it.sohu.com/20100816/n274254811.shtml

据给网站创始人安德鲁·梅森（Andrew Mason, Groupon）的创始人兼 CEO 留下了宝贵的财富。通过数据分析，梅森注意到在 the Point 上最热门的活动是团购，于是梅森决定另起炉灶，把精力集中在团购业务上。梅森为网站起了新名字——Groupon，即 group（团体）和 coupon（优惠券）两个词的组合。随后 Groupon 在网站上发布了第一条团购信息——"比萨买一送一"①。

2. Groupon 的极速发展。

Groupon 成立于 2008 年，当时适逢金融危机，消费者消费欲望不足，商家积压大量库存，而 Groupon 这种可以刺激消费和迅速解决库存的商业模式一经推出，便立刻受到商家和消费者的欢迎，Groupon 也随之迎来了其发展的黄金时期（见表 5-1）。

表 5-1　　　　　　Groupon 过去几年主要事件回顾

事　件	时间
Groupon 成立于美国芝加哥并正式上线	2008.11
Groupon 全美扩张	2009 全年
网站实现扭亏平衡，利润率高达 30%	2009.6
获得 3000 万美元投资，资金主要来自 Accel Partnes	2009.12
获得 1.35 亿美元投资，投资方为 DST 和 Battery Ventures	2010.4
首次涉足海外业务	2010.4
收购德国 Citydeal 团购网站	2010.5
进入拉美市场	2010.6
注册用户规模达 810 万，业务范围覆盖全球 150 个城市	2010.7
进入俄罗斯、日本市场	2010.8
Groupon 国际业务负责人 Oliver Samwer 来华，与多家中国团购网站负责人接洽收购事宜，其中包括拉手网	2010.10

---

① Groupon 被称为史上最疯狂互联网公司，http://tech.ifeng.com/special/internet/xishuotuangou/detail_2010_07/25/1828987_0.shtml

续表

事　件	时间
谷歌向 Groupon 发出收购邀约，报价从 15 亿美元一路上涨至 60 亿美元	2010.11
Groupon 宣布融资 9.5 亿美元，主要用于开拓市场	2011.1
进入中国市场	2011.2
Groupon 递交 IPO 申请，计划融资 7.5 亿美元	2011.6
Groupon 再度申请上市	2011.10
Groupon 在纳斯达克股票上市挂牌交易	2011.11

资料来源："Groupon 发展历史：三年几何式增长". 美股网，2011-11-03

Groupon 用 2009 年 1 年的时间将业务发展到全美，而其又用了将近 1 年不到的时间把业务延伸至全球。从营收来源构成来看，2010 年，北美市场占据主导地位，占全部营业收入的 79.6%，而到了 2011 年海外市场的比重超过了北美市场，比例达到了 59.3%。不断的海外扩张带来的是用户数的激增，在过去几年中呈现一种爆炸式的增长情况，根据 i 美股网的统计[①]，2009 年第三季度的订阅人数不足 10 万，而到了 2011 年第二季度，其注册用户已经超过了 1 亿。

二、国内互联网企业的发展历程

（一）互联网经济的基本情况概述

国内互联网经济起步较晚，但是起步后的发展速度丝毫不逊于任何其他国家。截至 2013 年 6 月底，我国网民规模达 5.91 亿，半年共计新增网民 2656 万人。互联网普及率为 44.1%，较 2012 年底提升了 2.0 个百分点。截至 2014 年 6 月，我国网民规模达 6.32 亿，半年共计新增网民 1442 万人。互联网普及率为 46.9%，较 2013 年底提升了 1.1 个百分点，如图 5-1 所示。

1. 电子商务发展规模。

根据商务部的统计，2013 年，中国电子商务交易总额突破 10 万亿元，达到 10.28 万亿元，相比 2012 年的 8.1 万亿元增长 26.8%；网络零售交易额达

---

① 资料来源：Groupon 发展历史：三年几何式增长．i 美股网，http://news.imeigu.com/a/1320305513384.html

第五章 互联网经济：中国企业发展的"新动力"

到 18 517 亿元，同比增长 41.2%。在新技术和模式创新驱动下，电子商务通过各种渠道广泛渗透到国民经济的各个领域，成为国民经济转型发展的新动力。电子商务已经成为中国在国际市场上具有较强竞争力的领域。图 5-2 显示了中国电子商务交易总额近年来持续增长的强劲势头，图 5-3 显示了 2007～2015 年中国中小企业 B2B 电子商务市场营收规模。

图 5-1 中国网民规模和互联网普及率

资料来源：CNNIC. 第 34 次中国互联网络发展状况统计报告. 2014-07-21

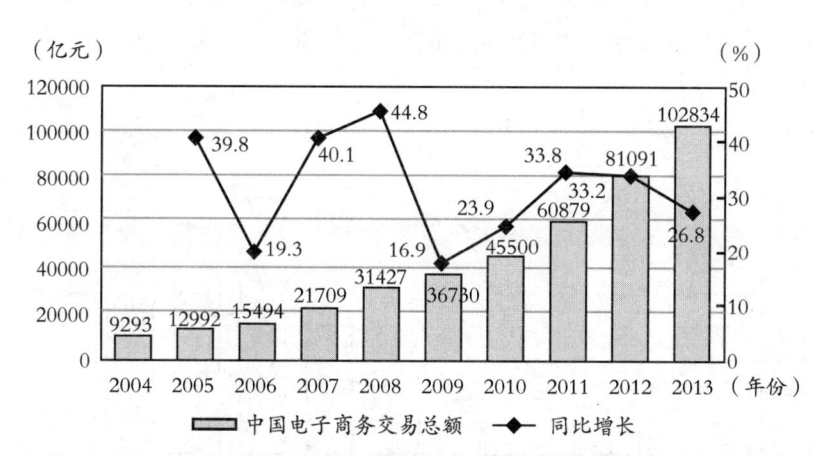

图 5-2 2004～2013 年中国电子商务交易总额

资料来源：历年商务部《中国电子商务报告》。

互联网经济：中国经济发展的新形态

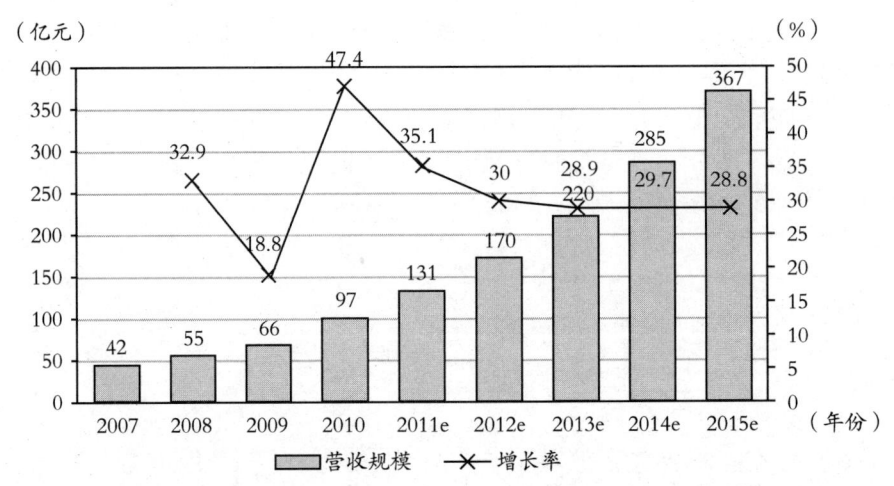

图5-3 2007~2015年中国中小企业B2B电子商务市场营收规模

资料来源：2011年中国互联网市场年度总结报告标准版．艾瑞咨询，2012-01-16

2. 互联网广告市场规模。

根据艾瑞咨询发布的《2011年中国互联网市场年度总结报告》中的数据，中国互联网广告市场规模，自2006年开始到2011年的5年间，除了2009年一年受到金融危机影响只获得了22.0%的增长，其余年份均有接近甚至达到74%的增长。现中国互联网广告总市场规模超过500亿元，已经超过了报纸广告453.6亿元的市场规模，并逐渐接近电视广告724.4亿元的市场规模，如图5-4所示。

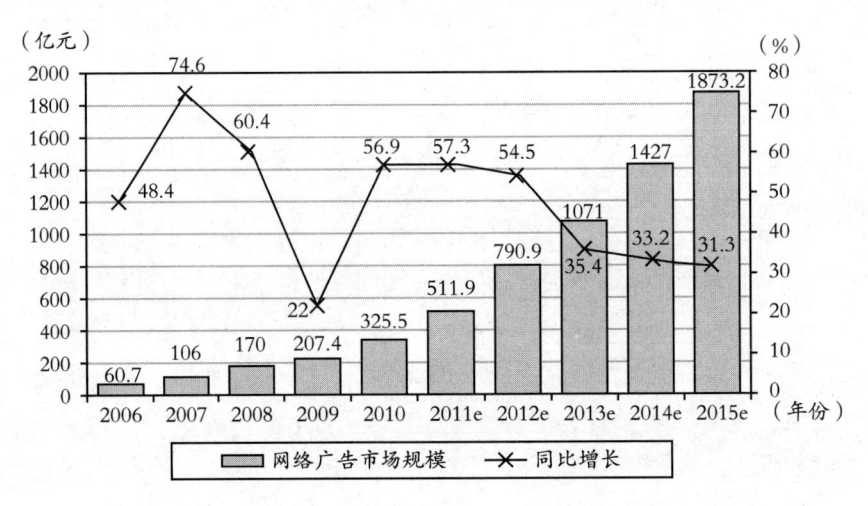

图5-4 2006~2015年中国互联网广告市场规模及预测

资料来源：2011年中国互联网市场年度总结报告标准版．艾瑞咨询，2012-01-16

第五章 互联网经济：中国企业发展的"新动力"

3. 搜索引擎市场规模。

根据艾瑞咨询发布的《2011年中国互联网市场年度总结报告》中的数据，中国搜索引擎市场规模，自2006年开始到2011年的5年间，获得了每年最高达108.6%，最低也有38.5%的增长，并且市场规模总额达到187.8亿元，如图5-5所示。

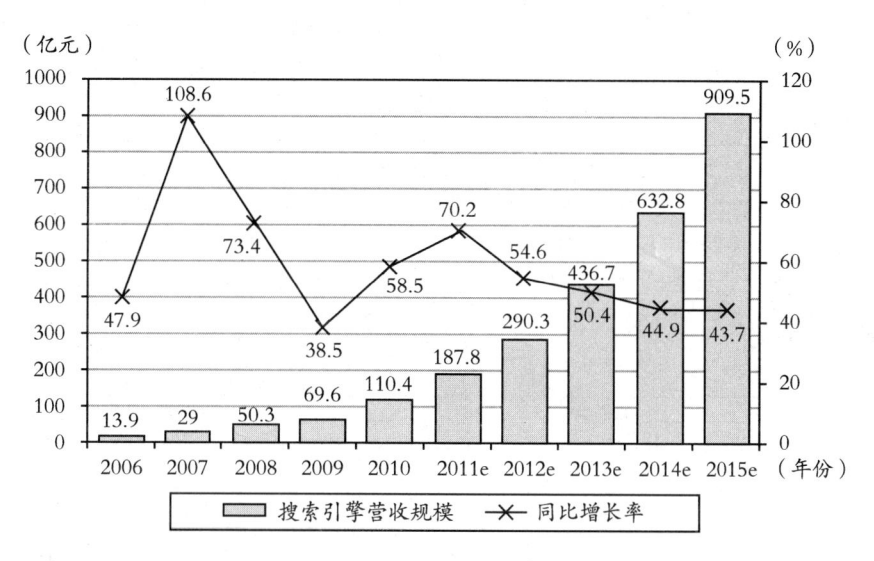

图5-5 2006~2015年中国搜索引擎市场规模及趋势

资料来源：2011年中国互联网市场年度总结报告标准版．艾瑞咨询，2012-01-16

4. 网络游戏市场规模。

根据艾瑞咨询发布的《2011年中国互联网市场年度总结报告》中的数据，中国网络游戏市场规模，在2006~2011年的5年间，该市场已经过了其发展速度最快的巅峰期，规模增速逐渐放缓，从60.0%的年增长逐年降低直至17.5%，在2011年年底，市场规模达到了413.8亿元，如图5-6所示。

5. 中国在线视频行业。

中国在线视频行业起步较晚。根据艾瑞咨询发布的《2011年中国互联网市场年度总结报告》中的数据，在2009~2011年的3年间，中国在线视频行业实现了约350%的飞跃式发展，达到62.7亿元的市场规模，如图5-7所示。

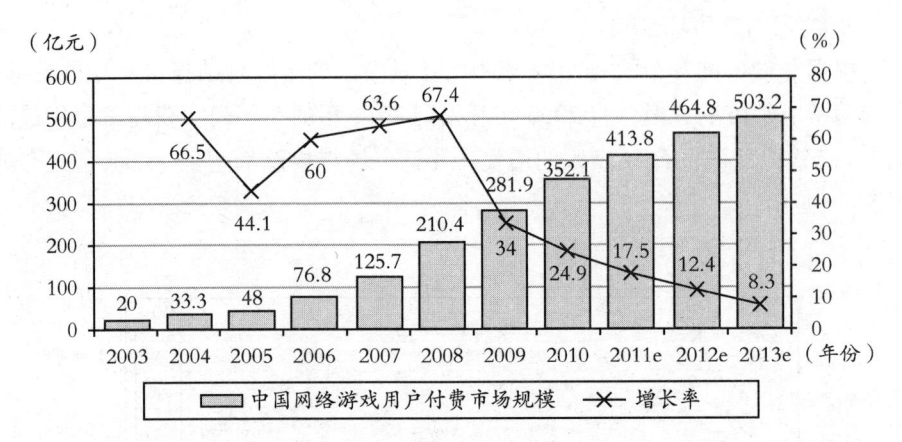

互联网经济：中国经济发展的新形态

图 5-6　2003~2013 年中国网络游戏用户付费市场规模

资料来源：2011 年中国互联网市场年度总结报告标准版. 艾瑞咨询，2012-01-16

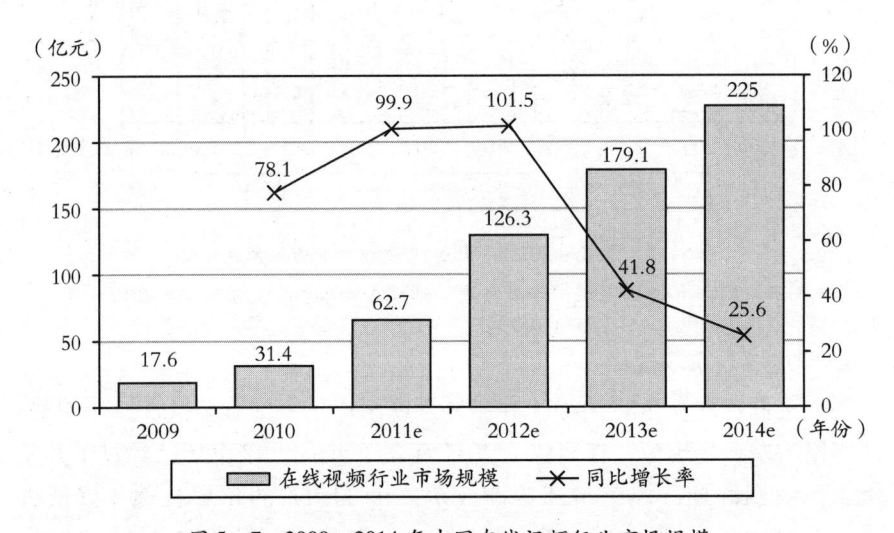

图 5-7　2009~2014 年中国在线视频行业市场规模

资料来源：2011 年中国互联网市场年度总结报告标准版. 艾瑞咨询，2012-01-16

6. 互联网金融规模。

中国互联网金融发展迅猛。以 P2P 贷款为例，根据艾瑞咨询发布的《2011 年中国互联网市场年度总结报告》中的数据，在 2010~2012 年 3 年间，P2P 贷款交易规模分别实现了 912.8%、614.7%、271.4% 的增长速度，达到 228.6 亿元，如图 5-8 所示；P2P 贷款公司的数量在 2010~2012 年保持了平均 45% 左右的增长，达到了 298 家，如图 5-9 所示。

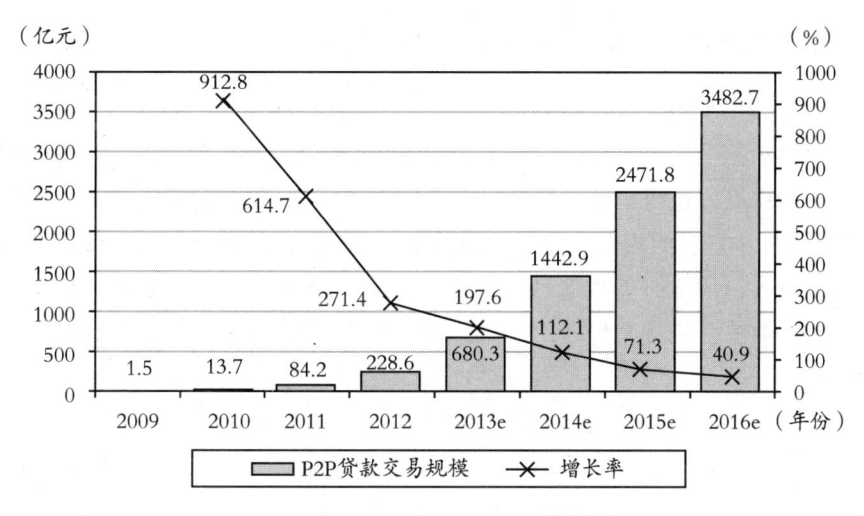

图 5-8　2009~2016 年中国 P2P 贷款交易规模

资料来源：2011 年中国互联网市场年度总结报告标准版．艾瑞咨询，2012-01-16

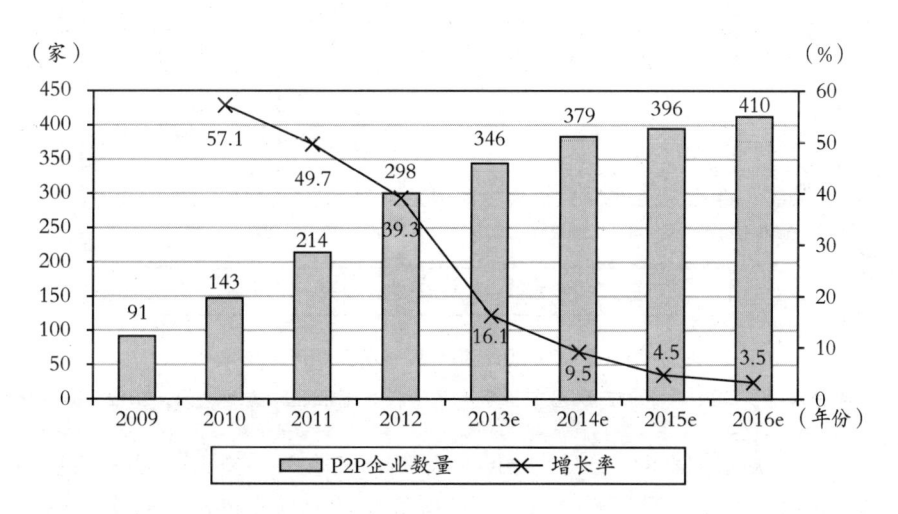

图 5-9　2009~2016 年中国 P2P 贷款公司数量

资料来源：2011 年中国互联网市场年度总结报告标准版．艾瑞咨询，2012-01-16

7. 移动互联网市场规模。

根据艾瑞咨询发布的《2011 年中国互联网市场年度总结报告》中的数据，中国移动互联网市场规模在 2006~2010 年保持年均约 25% 的平稳增长，但在 2011 年迎来 97.5% 的爆发式增长，达到 393.1 亿元的市场规模，如图 5-10 所示。

(二) 线上线下深度融合是未来发展趋势

随着互联网和移动互联网的发展，中国网民和移动网民的规模都在快速增长。互联网已经在不知不觉中渗透到我们的生活中，而作为可以连接线上线下业务的O2O模式也得到了长足的发展。随着BAT在O2O的大力布局，O2O也再次成为行业发展的热点。我们看到，不仅互联网、移动互联网企业在大力发展O2O业务，传统行业如餐饮、旅游、零售、家政、婚庆、母婴等行业都在布局O2O业务，挖掘新的客户。可以说，O2O又成为众多行业参与的一个新的掘金点[①]。

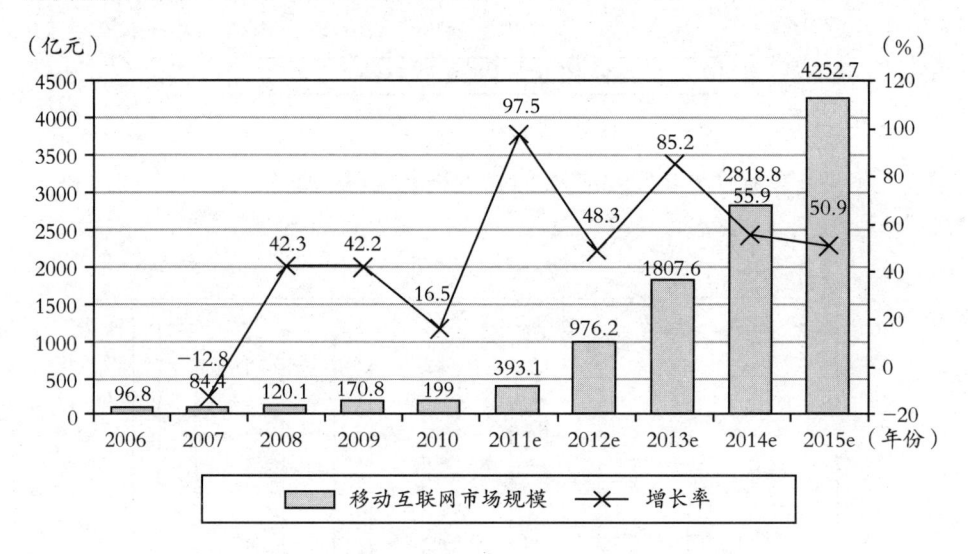

图 5-10 2006~2015 年中国移动互联网市场规模

资料来源：2011 年中国互联网市场年度总结报告标准版. 艾瑞咨询, 2012-01-16

中国互联网络信息中心（CNNIC）发布的《第 31 次中国互联网络发展状况统计报告》显示，受访的中小企业中互联网的普及率已经达到 78.5%，尽管与国外先进水平相比仍存在一定差距，但不可否认的是，互联网已经对传统业态产生了巨大影响。一方面，互联网改变了传统的信息流通方式，以更丰富、更快速、更广泛的特点，帮助企业在激烈的市场竞争中迅速感知变化、占领高位；另一方面，互联网为企业运营方式带来创新，从在线采购、在线销售，到多种多样的互联网营销渠道，为传统企业的创新提供了无数的可能性。

---

① 孙崇慧. O2O核心：线上线下共同发展. 互联网周刊，2014（8）

第五章　互联网经济：中国企业发展的"新动力"

同样是《第 31 次中国互联网络发展状况统计报告》显示，受访中小企业在线采购普及率为 26.5%，在线销售普及率为 25.3%，开展网络营销的比例为 23.0%。在线采购，帮助企业货比三家、节约成本；在线销售，帮助企业拓宽市场、增加利润；互联网营销，成熟如电子商务平台、搜索引擎优化和搜索引擎营销、网站展示型广告、邮件营销、即时聊天工具营销等，创新如微博营销、微信营销等，相比传统媒体，为中小企业提供了门槛较低、成本可控、效果迅速的推广方式，不仅有助于树立企业形象、带动线上采购和销售的应用，更加有利于线下渠道的强化或者革新，对传统经济贡献颇大。

CNNIC 分析师高爽认为[1]，虽然越来越多的传统企业引入了互联网的基因，酒类的诸如酒仙网、酒美网；3C 电器类的诸如苏宁易购，国美网上商城；甚至地产巨鳄万达集团也大张旗鼓地进入互联网领域。根据最近一年中国互联网络信息中心 CNNIC 对传统中小企业的研究表明，互联网应用对企业，尤其是传统中小企业的作用越来越重要，但是总体来讲，企业的应用仍然处于较低水平。淘宝带动的网络零售经济、阿里巴巴带动的 B2B 外贸型经济，为众多企业，尤其是制造型企业带来全新的销售模式。但是，尽管绝大多数企业都已经具备了开展互联网应用的基础硬件设施和意识，在实际操作时，由于缺乏有效的指导和市场规范，互联网应用往往容易成为企业运营中的"鸡肋"，不仅担心市场被抢占，又徒增成本、效益却不高。传统中小企业反映的问题普遍集中在以下几点：基本的网站建设仍然存在硬伤，在用户体验方面亟须加强；传统渠道与线上渠道的协同存在整合问题，销售模式并未根据线上线下的特点进行策略区分；网络营销的效果并不理想，投资回报率难以把控等。

互联网的工具，到了一些企业的管理人员手中就成为拓宽业务的利器，到了另一些公司高管那里就成了"鸡肋"，其中缘由则是对于互联网工具运用思路的差异。对于传统线下零售业向线上进行业务渗透，CNNIC 分析师陈晶晶认为，传统零售企业向电子商务的转型有两个思路，"电商渠道化"和"电商工具化"[2]：

思路一：电商渠道化。

"电商渠道化"即借力发力，入驻大型综合电商平台，拓展销售渠道。平

---

[1] 高爽. 中小企业互联网应用——传统经济的强劲推动力. http://www.cnnic.net.cn/hlwfzyj/fxszl/fxswz/201303/t20130314_39015.htm
[2] 陈晶晶. 传统零售进军电商两个思路："渠道化"与"工具化". http://sz.winshang.com/news-199485.html

台化已经成为电商企业的发展趋势,但是传统零售企业因缺少互联网基因,搭建自己的电商平台实属不易,即使建立起自己的电子商务网站也很难与互联网电商企业正面竞争,不如借力发力。"电商渠道化"就要求打通各种购物终端价格,实现线上线下同价的 O2O 模式。在移动互联网时代,实体店已经不能孤立的发展,电商渠道化需要实现把"体验店"作为实体店的功能之一,实现线上线下同价的 O2O 模式。必须将价格打通,才能突出实体店购物的优势,挤出纯电商泡沫。互联网电商靠投资补贴低价的价格驱动策略不会长久,以"服务驱动"的发展理念才是可持续发展之计,因而线上线下同价不会是一个不切实际的目标。

思路二:电商工具化。

"电商工具化"即利用 WIFI 环境,通过移动智能终端收集用户数据,补齐短板。传统零售企业"电商工具化"的思路,即借助移动互联网利用移动智能终端收集进入实体店的消费者购物行为数据,补齐短板。例如,在商场为商户统一建立数据分析平台,利用 WIFI 和优惠促销活动吸引用户在商场上网,再抓取移动智能终端手机用户定位服务等信息,最后开放数据平台供商户各显神通挖掘使用。"电商工具化"就要求在大数据时代下,借助移动互联网发展和培育"服务导向型"顾客。

(三) 我国互联网企业的发展历程:以电子商务行业为例

《中国电子商务企业发展报告 2013》指出[①],我国电子商务行业 20 世纪末开始发展以来,大致经历了三个发展阶段:

第一阶段为起步阶段(1998~2002 年)。这个阶段我国网民数量少,网络普及率低,网民生活绝大部分还仅仅停留在电子邮件和新闻浏览上,一批创业者看到了互联网改变流通模式、消费模式的商机开始创业,但电子商务基础并不扎实。在这个阶段成立了一批电商企业,有的目前仍成活并成为知名电商,如阿里巴巴、当当、携程等,而更多电商则在 2000 年之后的互联网泡沫中倒闭。

第二阶段为粗放增长阶段(2003~2011 年),这个阶段从最初的行业复苏,到此后迅速进入增长通道,再到后期的爆发式和野蛮式增长,不仅涌现出一大批电商,交易规模迅速扩大,而且电子商务商业模式、交易内容和品种、

---

① 中国电子商务企业发展报告 2013. 中国发展出版社,2013

第五章 互联网经济：中国企业发展的"新动力"

交易形式等不断创新，支付、物流、信用认证等支撑体系日益完善，整个电子商务领域呈现出前所未有的、百花齐放的盛况。

第三阶段为转型调整阶段（2012年以来），一方面电子商务交易规模仍在快速增长，行业创新持续不断；但另一方面，经过此前的野蛮式增长之后，创业者与投资者都开始趋于理性，一批盈利模式简单模仿、行业竞争压力大的电商纷纷倒闭，知名电商间的并购力度加大，一些行业龙头也纷纷开始进行结构优化、资源整合和业务深挖。

总体来看，目前我国电子商务行业发展仍处于快速成长期，主要呈现出以下几个特征：

第一，电子商务交易规模保持高速增长势头。商务部2014年7月29日发布数据显示，2014年上半年，我国电子商务继续保持快速发展的势头，市场规模不断扩大，网上消费群体增长迅速。根据研究机构初步测算，上半年我国电子商务交易额约为5.66万亿元，同比增长30.1%。网络零售市场交易规模约1.1万亿元，同比增长33.4%，相当于上半年社会消费品零售总额的8.4%[1]。

第二，VC/PE对电商的投资仍处于活跃期。2013年由中国电子商务研究中心（100EC.CN）已监测到的中国电子商务投融资事件共有165起，其中风险投资152起，总额逾26.3亿美元；并购10起，金额逾7亿美元；IPO 2起，募资总额约1.4亿美元；上市后增股1起，募资金额为1.8亿美元。在细分行业方面，互联网金融及B2C电商的投融资占全行业（24.85%），并列全行业第一位，电商服务占全行业（20.61%）第二位，之后是O2O行业占比（15.76%）、B2B行业占比（4.85%）和其他电商领域占比（9.09%）等[2]。

第三，网民数量及网络普及率仍在快速提高，电商应用网民数量不仅规模在持续扩大，而且应用内容也越来越广泛。CNNIC第33次调查报告显示，截至2013年12月，我国网民规模达6.18亿，全年共计新增网民5358万人。互联网普及率为45.8%，较2012年底提升3.7个百分点。我国网民中农村人口占比28.6%，规模达1.77亿，相比2012年增长2101万人。2013年，农村网民规模的增长速度为13.5%，城镇网民规模的增长速度为8.0%，城乡网民规

---

[1] "我国电子商务继续保持快速发展的势头"，凤凰财经，http://finance.ifeng.com/a/20140801/12842030_0.shtml

[2] 参见：中国电子商务研究中心，http://www.100ec.cn/zt/2013ndbg/

模的差距继续缩小[①]。

电商应用网民增幅更大，2012年网络购物网民增加4807万人，年增幅24.8%；2013年上半年又增加近3000万人。此外，网上支付、旅行预订、网上团购等应用的网民也仍在不断快速扩大中（见表5-2）。

表5-2　　　　　2007~2013年中国电子商务应用网民数　　　　单位：万人

	2007年	2008年	2010年	2011年	2012年	2013年6月
网络购物	4641	10800	16051	19395	24202	27091
网上支付	3318	9406	13719	16676	22065	24438
旅行预订		3024	3613	4207	11167	13265
网上团购			1875	6465	8327	10091

资料来源：《中国电子商务企业发展报告2013》，中国发展出版社2013年版；2012年之后的旅行预订包含网上火车票预订，之前不包含。

第四，电子商务各类创新不断，充分凸显出高成长期的行业活力。电子商务是近几年我国创新最为活跃的领域之一，如技术创新、商业模式创新、服务区域创新、产品和内容创新等，层出不穷。在线交易、电子支付、电子认证、现代物流等领域关键技术及装备的研究开发取得突破性进展，行业、区域及中小企业的第三方电子商务交易与服务平台加快发展，基础电信运营商、软件供应商等涉足电子商务服务，移动电商、微信营销等新型业务模式不断涌现。2013年上半年，阿里巴巴集团推出的余额宝成了冲击传统银行的利器，使得互联网金融迅速成为金融业关注的焦点；"嘀嘀打车"、快的打车等手机在线打车软件，即利用移动互联网为网民提供打车预订服务，赢得了众多投资者和网民的热捧，已完全成为O2O模式创新的又一个成功案例。

专栏5-1　京东商城——垂直电子商务的胜利

1998年6月18日，京东公司由刘强东先生于中关村创办，代理销售光磁产品。经过10年的跳跃式发展，到2008年6月，京东商城将平板电视、空调、冰箱、洗衣机、显像管电视等大家电产品线逐一扩充完毕，完成了3C产

---

① "CNNIC第33次调查报告：网民规模"，新浪科技，http：//tech.sina.com.cn/i/2014-01-16/10499101841.shtml

品的全线搭建，成为名副其实的 3C 网购平台。2009 年 1 月，京东商城获得来自今日资本、雄牛资本以及亚洲著名投资银行家梁伯韬先生的私人公司共计 2100 万美元的联合注资。这也是 2008 年金融危机爆发以来，中国电子商务企业获得的第一笔融资。京东商城 2009 年第二季度销售额达 8.4 亿元，占据中国 B2C 电子商务市场 28.8% 的份额。其中 6 月销售额突破 3.7 亿元，与 2007 年全年销售额持平，6 月 18 日单日销售额突破 3000 万元。2009 年营业额近 40 亿元，注册用户超过 600 万元，并以 46.7% 的 3C 网购份额，成为中国最大的 B2C 电子商务企业。

在中国 B2C 市场上有淘宝商城、卓越和当当这样的巨头当道的情况下，很多网购企业朝不保夕，京东商城为什么不仅生存下来了，而且发展得相当好？京东商城的快速发展，不仅得益于中国日趋良好的电子商务大环境，更得益于在对环境深刻洞察、把握基础上的富有特色的垂直 B2C 运作模式。京东商城的运作模式主要具有以下特点：

1. 洞察市场，精准定位。

京东商城当初进入市场时以 3C 为切入点，做垂直 B2C，既符合网购市场的要求，同时也能够使自己轻松上阵。做综合类 B2C 和垂直类 B2C，区别是显而易见的。从供应链的角度而言，综合类 B2C 需要的百货商品种类繁多，合作对象的数量也多，招商和整合资源的难度也大，而垂直类 B2C 的合作对象相对单一；从运营管理的角度来看，垂直类 B2C 商城只需要上万种商品就可以满足大部分消费者的需求，但综合类 B2C 商城至少需要 10 万种以上商品才能满足运营需求，商品数量的增多必然带来工作难度和人员配备的增加，增加管理的难度。

所以，京东商城当初进入市场时以 3C 为切入点，做垂直类 B2C，能够使自己轻松上阵，提高资源整合能力，以及在 3C 领域进一步深耕细作。

2. 降低成本，提高效率。

网上购物，看重的就是便宜、快捷、方便。这对于所有的 B2C 公司来说，意味着网络生存的法则就是"低成本、高效率"。京东商城商品价格制定从不参考同行价格，而是在商品的采购价上，加上 5% 的毛利，即为京东的价格。京东商城 CEO 刘强东是中关村经销商出身，对各式各样的渠道"潜规则"了然于胸。京东商城在利用低价迅速征服消费者、不断扩大销售规模的同时，又利用电子商务的另一个显著优势——短账期，在让供货商资金周转压力大大减轻的同时，确保了京东商城可以更低价格从上游拿货，从而加快销售，获得更多、更稳定的现金流，进而实现经营的良性循环，不断加快扩张速度。

3. 以人为本，大胆创新。

京东商城的发展是与其"以人为本"的服务理念和大胆创新的开拓精神分不开的。京东商城在发展的过程中，成功开创了很多个行业第一，丰富了电子商务的运作模式。2004年7月，京东在全国首创即时拍卖系统——京东拍卖场正式开业；2006年6月，京东开创业内先河，全国第一家以产品为主体对象的专业博客系统——京东产品博客系统正式开放；2007年10月，京东商城在北京、上海、广州三地启用移动POS上门刷卡服务；2009年2月，京东商城尝试出售一系列特色上门服务，包括上门装机服务、电脑故障诊断服务、家电清洗服务等。京东商城所开创的这些行业第一，实质上是在"以人为本"的理念下，不断为消费者提供个性化服务，不断丰富客户体验，不断保持客户关系的体现，这非常符合网络时代的市场竞争要求。

4. 借力资本，高速扩张。

京东商城能够不断做大销售规模，连续保持高达300%的增速，与其成功融资是分不开的。2007年8月，京东赢得国际著名风险投资基金——今日资本1000万美元的融资。这也是其获得的首批融资；2009年1月，京东商城获得来自今日资本、雄牛资本以及亚洲著名投资银行家梁伯韬先生的私人公司共计2100万美元的联合注资。这其中70%的资金投向了物流系统的建设：2000万元建设自有快递公司；北京、上海、广州三地仓储中心扩容至9万平方米；开通26个城市配送站；在北京、上海、广州、成都等地购置土地，新建物流中心。一系列举措令京东商城物流体系得以全面提升。

资料来源："京东商城：垂直电子商务的胜利"，网易财经，http：//money.163.com/10/0510/14/66B3FJSH00253G87.html

第二节　现有互联网企业的主要类别

一、互联网企业的定义

由于互联网技术发展的日新月异，对其开发和应用的方式也日趋复杂，各种各样的互联网企业也呈现出不同的特征，因此学术界对互联网企业并没有一个统一的定义。不同的学者根据自己研究内容的不同，基于不同的研究视角出发，对互联网企业概念的定义都不尽相同。周鸿铎等（2001）[①] 将网络产业界定为"以网络为依托，以提供信息服务、电子商务等中介服务为主要内容，由网络催生的相关产业组成的新兴产业群体"，包括互联网设备提供商 IEP（internet equipment provider）、互联网接入提供商 IAP（internet access/service provider）、互联网技术服务商 ITP 作（internet technology provider）或应用解决方案提供商 ASP（application solution provider）、互联网内容提供商 ICP（internet content provider）以及电子商务 EC（electronic commerce）。牛卫平（2002）[②] 提出互联网企业是指从事与互联网相关的基础设施服务商、硬件软件服务商，以及从事门户网站和电子商务的公司与中介商。陈铀（2003）[③] 从狭义和广义两个方面对互联网企业进行了定义。狭义的互联网企业是指门户网站和专门提供网络商务服务的网站，如 Yahoo、新浪等企业。它们作为整个网络产业的终端层，是网络产业最终消费者主要接触的界面，也是基础层和服务层的主要市场，是网络产业结构的核心及价值的最终体现者。广义的互联网企业是指以互联网为基础利用网络平台提供服务并因此而获得收入的企业。它不仅包括狭义的互联网企业，还包括基础层网络企业和服务层网络企业。基础层网络企业，如思科（Cisco）、康柏（Compaq）以及方正科技等企业，它们提供网络设备、操作软件、通信环境和接入服务等网络运营所必须的基础设施。服务层网络企业，如微软 Microsoft，专门从事网络应用设施的开发，提供技术服务、技术咨询、技术创新等服务。

从以上对于互联网企业的定义可以看出，互联网企业并没有一个统一的定义。由于本章我们主要研究互联网企业这一新的产业形态对传统经济的影响，我们将互联网企业定义为，利用互联网技术和设施，通过网络向用户提供产品和服务的企业。即我们的定义类似于陈铀（2003）对狭义互联网企业的定义。

二、现有互联网企业的分类

鉴于对互联网企业定义的不同，对互联网企业分类的标准也不同。龙勇等（2007）[④] 指出，国外比较经典的德州大学分类方法将互联网企业主要分为四

[①] 周鸿铎. 网络产业经营与管理. 北京经济管理出版社, 2005
[②] 牛卫平. 网络并购与企业成长. 汕头大学硕士论文, 2002
[③] 陈铀. 网络企业价值评估研究. 西南财经大学硕士论文, 2003
[④] 龙勇, 王吉林, 陈红冲. 商业网站企业的基础理论研究. 科技管理研究, 2007（10）

类：(1) 互联网基础设施的制造或供应企业，如硬件设备提供商 IBM、惠普公司等。(2) 互联网应用企业。该类企业的任务是在互联网基础设施的基础上提供软件和服务，使在线商务活动技术上可行，如软件提供商微软公司等。(3) 互联网媒介和内容服务企业。这类企业通过在互联网上建立网站向用户（包括个人用户与企业用户）提供各种资讯、信息和社区服务的互联网服务。(4) 互联网在线商务企业。即面向在线商务的互联网运营商和通过互联网销售产品和服务的企业。

考虑到我们对互联网企业狭义的定义以及对互联网应用及服务的强调，结合陈铀（2003）、《中国互联网络发展状况统计报告》等研究文献，我们将互联网企业分为如下三个大类：

1. 门户网站类型互联网企业。

门户网站又可以分为两种，一种是综合性门户网站，如新浪、网易等网站。它们一方面提供新闻资讯服务，同时也提供邮件、检索等服务。另一种是专业性门户网站，它们提供某一个专业领域的信息服务。截至 2013 年 6 月，网络新闻的网民规模达到 4.61 亿，由于网络新闻资讯具有传播速度快、内容全面等优点以及近几年大量手机新闻 App 软件的开发，综合性门户网站、新闻资讯类门户网站已经成为人们获得新闻的主要渠道之一。

2. 服务类互联网企业。

服务类互联网企业包括生活服务业企业、网络服务类企业以及商务服务类企业，即电子商务网站。

生活服务类互联网企业包括：(1) 休闲信息类企业，如提供游戏资讯、小游戏、时尚、动漫、图片、旅游资讯等服务的网站，这类网站有太平洋游戏网、hao123 小游戏等。(2) 娱乐服务类网络企业。依靠开发网络游戏、提供音乐和影视、电子杂志、手机娱乐等服务来获取利润的企业。(3) 社区交友类网站。包括微信、微博、社区、社交网络、婚恋交友等子类别，目前国内主要的社区交友类网站有腾讯微信、新浪微博、腾讯微博、新浪博客、百合网、人人网等。

网络服务类企业是指依托网络，为网民提供各种各样服务的企业，根据所提供服务的内容不同，网络服务类企业可以分为搜索引擎、邮件、在线翻译、地图等子类别，目前国内主要的搜索引擎公司有百度、搜狗、360 搜索等，而提供邮箱服务的则有新浪邮件、网易邮件等。

电子商务类网站以计算机网络（主要指互联网）为依托进行的各种商务活动，主要向个人企业和政府机关团体提供诸如信息、产品或商品的信息服务平台为实体企业间的交易提供网络平台等内容服务。包括综合购物、B2B、网上支付、旅游预订、网上银行、团购、网上订票、软件点卡、游戏交易等类别,此类较为主要的网站有淘宝网、天猫、京东、亚马逊中国、阿里巴巴等。近年来,我国电子商务发展迅猛,截至2013年6月,我国网络购物网民规模就已达到2.71亿人(表5-3)。

表5-3　　2012.12-2013.6 中国网民对各类网络应用的使用率

应用	2013年6月 网民规模(万)	2013年6月 使用率(%)	2012年12月 网民规模(万)	2012年12月 使用率(%)	半年增长率(%)
即时通信	49706	84.2	46775	82.9	6.3
搜索引擎	47038	79.6	45110	80.0	4.3
网络新闻	46092	78.0	39232	73.0	17.5
网络音乐	45614	77.2	43586	77.3	4.7
博客/个人空间	40138	68.0	37299	66.1	7.6
网络视频	38861	65.8	37183	65.9	4.5
网络游戏	34533	58.5	33569	59.5	2.9
微博	33077	56.0	30861	54.7	7.2
社交网站	28800	48.8	27505	48.8	4.7
网络购物	27091	45.9	24202	42.9	11.9
网络文学	24837	42.1	23344	41.4	6.4
电子邮件	24665	41.8	25080	44.5	-1.7
网上支付	24438	41.4	22065	39.1	10.8
网上银行	24084	40.8	22148	39.3	8.7
论坛/BBS	14098	23.9	14925	26.5	-5.5
旅行预订	13256	22.4	11167	19.8	18.7
团购	10091	17.1	8327	14.8	21.2
网络炒股	3256	5.5	3423	6.1	-4.9

资料来源:中国互联网络发展状况统计报告(2013年7月)。

第三节　互联网企业的竞争战略

一、竞争战略的定义

竞争战略是指公司通过采取进攻性或防守性行动,在产业中建立起进退有据的地位，成功地对付五种竞争作用力，从而为公司赢得超常的投资收益[1]。

二、互联网企业的竞争战略

互联网企业的竞争战略是一整套相互协调的使命和行动，旨在汇聚整合互联网的资源，获取竞争优势[2]。有效的互联网战略是依靠排列、整合并配置优势的互联网资源的能力所形成的竞争力，并以此成功地应对互联网行业的飞速变化。有效的战略会使互联网公司的战略意图、战略使命以及为实现他们所采取的行动合理化。

从大类上分，互联网企业的竞争战略可以分为价格战略和非价格战略。在现代经济迅速发展的环境下，特别是互联网技术的日新月异，企业的竞争从曾经以价格竞争为主逐渐向非价格竞争转移。非价格竞争中的技术创新竞争、品牌竞争、差异化服务竞争等越来越成为互联网企业决胜的重要因素。

（一）价格竞争

1. 价格竞争定义。

价格竞争，是指企业通过提高、维持或降低价格等方式，与竞争对手展开竞争，以维持或扩大市场份额、获得利润的一种竞争方式。换句话说，价格竞争就是企业在经营中以价格作为竞争手段，根据对同类企业的分析比较，采用高于、等于或低于竞争对手产品价格的销售方式[3]。

2. 价格竞争分类。

依据降价竞争水平，有学者将降价竞争行为划分为低水平价格竞争行为和高水平价格竞争行为，前者一味强调降价打折，注重销售价格的较量，后者以成本领先作为支撑，通过降低经营成本来获取竞争优势[4]。

根据降价竞争动机，企业降价竞争行为可分为三类：第一类以攫取消费者剩余、增加超额利润为目的；第二类以获取和巩固市场份额为目的；第三类以排挤竞争对手，改变或维持市场结构，追求长期利润为目的[5]。

---

[1] 迈克尔·波特，陈小悦译．竞争战略．华夏出版社，2005
[2] 彭赓，龙海泉，吕本富．互联网企业的竞争战略．管理学家（学术版），2010（2）
[3] 李莉．浅谈价格竞争．扬州职业大学学报，1998（1）
[4] 李清．价格竞争如何走出两难处境．价格月刊，1998（8）
[5] 王俊豪．现代产业组织理论与政策．中国经济出版社，2000

专栏 5-2　网络价格战

2012年8月14日，京东商城CEO刘强东与苏宁易购执行副总裁李斌在微博中"互掐"引发了8月15日业内瞩目的电商价格战。京东商城和苏宁易购可以认为是B2C市场上的两个寡头。作为直接竞争对手，它们销售的商品类似，都包含家电、数码通信、电脑、家居百货、服装服饰、母婴、图书、食品等商品大类。它们的策略都是：降价或不降价。

京东商城和苏宁易购如果都选择不降价，则它们的收益都是F；当京东商城出于抢占包括苏宁易购在内的竞争对手的市场份额的动机，宣布率先降价时，如果苏宁易购不跟进（即选择不降价），则京东商城就可以争夺到苏宁易购的部分市场份额而多获利C，此时苏宁易购就相应地少获利C。当然为了取得相应的竞争优势，一般情况下，苏宁易购也会采取降价的策略（此时，它将因为降价损失D，但是D会比当京东商城降价而苏宁易购选择不降价时的损失C更少，即D<C)，因此在4种策略下（京东商城不降价，苏宁易购不降价；京东商城不降价，苏宁易购降价；京东商城降价，苏宁易购不降价；京东商城降价，苏宁易购降价）下，京东商城和苏宁易购的获益动态博弈模型如图5-11所示。

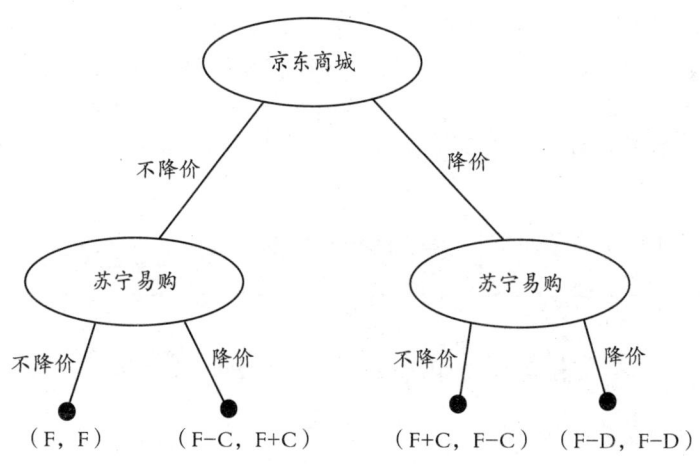

```
                    京东商城
              不降价 /      \ 降价
                苏宁易购      苏宁易购
            不降价/  \降价   不降价/  \降价
           (F,F) (F-C,F+C) (F+C,F-C) (F-D,F-D)
```

图5-11　京东商城和苏宁易购的价格博弈

资料来源：马莉婷，林立达. B2C市场竞争规范体系的构建——基于电子商务价格战的分析. 福建江夏学院学报，2013（4）

(二) 非价格竞争

1. 非价格竞争定义。

非价格竞争，顾名思义，即企业之间以价格之外的其他手段展开竞争，如从产品差异化、技术创新、广告等方面展开竞争，以获取更多利润。

2. 非价格竞争策略。

(1) 产品技术创新策略。社会发展飞速前进，在今天知识经济时代的前提下，消费者对产品的要求越来越高，标准化产品、统一的营销方式和水准已经远远不能满足他们的需要，单一的产品品种无法满足消费者，价格因素对竞争的影响降低，消费者开始关注产品的差异化还有其更新换代的速度。

学者李广 (2013)[①] 认为，移动互联网时代，信息产业飞速发展。信息产业的发展得益于整个产业链的不断技术创新。技术创新模式按创新主体在市场竞争中的地位分为领先创新、跟随创新与模式创新。按创新激励程度分为渐进性创新和突破性创新。移动互联网的 IT 企业也有这几类技术创新，技术创新战略的采用，应结合自身的资源特点、技术积累和用户积累。相当多的 IT 企业在跟随创新与模仿创新方面取得成功。对于中小 IT 企业或初创性企业来说，若结合自身的优势、自身的资源，聚焦于特定客户群或特定的技术领域而采取跟随创新和模仿创新，则成功的可能性就会大一些。

2009 年 1 月，工业和信息化部将 3G 牌照发放给三家运营商：中国移动、中国电信和中国联通。由此，我国正式进入第三代移动通信时代。移动运营商、资本商和创业力量等各方急速杀入中国移动互联网领域，一时间，各种手机游戏、社交软件、广告联盟和移动服务等业务飞速发展。在此背景下，中国电信采用了非价格竞争策略以应对未来的竞争。

专栏 5-3 中国电信的流量后向经营策略

流量后向经营业务是指中国电信以流量作为合作资源，与合作方在全国或部分省市范围内协同开展合作，由合作方购买流量并按照一定的规则赠送其用户，流量费用由合作方支付的业务模式。对合作伙伴的利益点为解除用户流量顾忌，促进业务发展。

---

① 李广. 移动互联网时代的 IT 企业技术创新模式探讨. 现代管理科学, 2013 (4)

流量后向经营业务包括定向产品、后向批发和权益合作等多种模式。在定向产品模式中，推出个性化定向流量单产品包和定向流量组合产品包，分别推出可定制的个性化的流量包，如 QQ 音乐定向流量包、189 云邮定向流量包等产品；在后向批发，由合作方购买流量并赠送其最终用户，但不限定流量的使用范围。目前已与腾讯、网易、UC、高德等达成合作共识，未来计划针对电商、游戏、音乐、视频、社区等合作对象，开展权益合作模式，就内容权益进行分成。通过与中国电信综合平台合作，合作方不仅能消除用户流量顾忌、提升用户活跃及用户体验等提升存量价值，并能牵手中国电信提升品牌影响力，创新收益模式。更值得一提的是，中国电信与合作方并不是简单的买卖关系，而是通过合作营销推广正向互动，中国电信为合作方提供营销推广活跃的运营支撑及活动推广。同时，用户通过参与合作方举办的营销活动，可以获得由中国电信免费赠送流量，增强了中国电信天翼网络对用户的吸引力。

资料来源："中国电信发布流量后向经营策略"，载于中国信息产业网，http://www.cnii.com.cn/telecom/2013-11/19/content_1257285.htm；"中国电信探索流量后向经营模式"，载于新华网，http://news.xinhuanet.com/info/2013-12/05/c_132943704.htm

（2）产品差异化竞争策略。产品差异化策略，就是指通过改变产品的性能、外观，或改变服务的内容或质量，使得本企业提供的产品和服务与竞争对手存在差别，进而提高消费者的忠诚度，以提高企业利润。产品差异化战略由于可以提高消费者的忠诚度，因此可以给企业带来更多的利润，更重要的是可以避免恶性价格战的发生。

专栏 5-4　人人网的差异化服务策略

人人网是曾经校内仅作为大学生交友的网络社区，而今的它集交友、娱乐、休闲等于一身。在为顾客创造价值的同时，也把自己的盈利重心深深地根植于客户心中，即靠深度赢口碑。它不断开发自己的产品，同时也开发自己的用户——"校内"到"人人"的转变为它的成长拓展了更为广阔的空间。在这片激烈的社区网站竞争红海中，人人网减少了以广告来盈利的大众化社区网站盈利诉求，转向迎合消费者消费倾向而获利，如前文已述的人人网通过识别"无聊经济"领先开发出一套休闲社交游戏服务——ARP，即大家已熟悉的"种菜"、"开农场"等，同时结合如今移动化信息服务的流行，继而开发了手机人人网软件，以及"人人爱购"（igo. renren. com）率先的电子商务的网络式营销的引入，这一切正是人人网走差异化盈利模式的成果。

资料来源：张萌萌等．针对中国社区网站——人人网盈利模式分析与探索．时代经贸，2010（32）

（3）广告策略。随着经济的不断发展进步，绝大多数市场已经成为卖方市场，"酒香也怕巷子深"，"皇帝的女儿也愁嫁"现象不断出现。在此背景下，广告对于提升企业形象，提高消费者对企业产品和服务认知度和美誉度的效果在不断增强，广告越来越显示出其不可替代的价值与作用。广告的基本功能在于向消费者传递商品的信息，沟通生产者与消费者之间的联系，以此促进商品销售。当前，广告的功能不仅仅局限于仅以某种优惠或变相优惠来吸引消费者购买，广告的目标还应该包括妥善处理公共关系、树立产品和企业的良好形象和增强企业的声誉等方面，最终达到增加消费者信任、增加企业利润的目的。

艾瑞网对 2007 年品牌网络广告的投入有一份详细的调查报告，根据其中的部分数据整理如表 5-4 和表 5-5 所示。

表 5-4　　　　　　　各行业的广告总数量排序[*]

排次	行业分类	广告总数量	排次	行业分类	广告总数量
1	房地产类	2330	6	消费电子类	278
2	IT 行业	666	7	娱乐休闲	230
3	网络服务业	636	8	医疗服务	224
4	教育出国类	496	9	金融服务	194
5	家居装饰类	284	10	食品饮料	163

注：*广告总数量是在不同媒体的投放数之和，会有重复计算。

资料来源："行业网络广告投入比较分析"，载于中国广告协会网，http://www.cnadtop.com/news/nationalNews/2008/11/6/2624ff2b-f9e7-4674-8853-df11aa21bf73.htm

第五章　互联网经济：中国企业发展的"新动力"

表5-5　　　　　　　　　各行业平均广告投入*排序

排次	行业分类	平均广告投入	排次	行业分类	平均广告投入
1	通讯服务	4.816.000	6	IT行业类	1.389.000
2	食品饮料	2.011.000	7	化妆浴室	1.270.000
3	汽车类	1.948.000	8	消费电子类	1.168.000
4	服饰类	1.726.000	9	零售服务	1.104.000
5	金融服务类	1.490.000	10	烟草类	1.024.000

注：*广告投入主要是在大型网站媒体，搜索引擎上的广告投入。

资料来源："行业网络广告投入比较分析"，载于中国广告协会网，http://www.cnadtop.com/news/nationalNews/2008/11/6/2624ff2b－f9e7－4674－8853－df11aa21bf73.htm

由表中数据可知，IT业与网络服务业广告总数量比较多，户均投入水平一般，是由于其行业与互联网的天然血缘造成的，更倾向于网络推广。此外，推广方式很多，不一定局限于付费广告投入。

专栏5-5　银鹭6600万获《爸爸去哪儿》第二季网络独家冠名权

2013年12月19日下午，爱奇艺公司2014王牌综艺节目推介会在京举行。《爸爸去哪儿》第二季网络独家冠名权的争夺尘埃落定，银鹭食品集团以6600万元的投入最终获得《爸爸去哪儿》第二季独家网络冠名权，创下中国季播节目网络独家冠名费新纪录。

2014年是爱奇艺的"综艺独播年"。2013年11月，爱奇艺宣布内容独播策略。自2014年起，《爸爸去哪儿》、《康熙来了》、《快乐大本营》、《天天向上》等国内热门综艺节目，以及《爸爸，我们去哪儿》、《Running Man》等19档韩国热门综艺节目，将只能在爱奇艺、PPS双平台看到，并秉承"独家播出、不分销、不换剧、不赠送"的原则。

这一行动带来广告主对网络综艺价值的进一步审视。网络综艺节目的用户覆盖已经反超电视，多屏立体式传播使得视频网站的市场份额还将继续增长。以《爸爸去哪儿》为例，电视观众同时段中每5人有1人在收看《爸爸去哪儿》，而视频用户每2人就有1人在收看《爸爸去哪儿》。对综艺节目进行网络投放的性价比不容小觑,经过激烈争夺,银鹭以 6600 万元的价格将 2014《爸爸去哪儿》网络独家总冠名权揽入怀中,表明了银鹭对此的认可。

银鹭食品集团总裁助理陈朝阳表示:"获得爱奇艺《爸爸去哪儿》第二季网络独家冠名权是 2014 年银鹭营销体系中的一大重点。我们观察到《爸爸去哪儿》这样的现象级节目在网络平台播出和运营中,会产生更高的附加值。特别是第二季在全平台第一的视频网站爱奇艺和 PPS 中独家播出和运营,必然会产生强势聚焦效应,提供了银鹭品牌与消费者沟通的最佳空间。"

爱奇艺首席营销官王湘君表示:"以《爸爸去哪儿》为代表的综艺节目更多是围绕内容和核心收视人群的需求进行打造,而这个核心收视人群恰恰和营销当中所要追踪的目标人群重合,天然存在着非常高的人群营销的价值。"

资料来源:"银鹭 6600 万获《爸爸去哪儿》第二季网络独家冠名权",载于中国新闻网,http://finance.chinanews.com/it/2013/12-20/5642880.shtml

(4)"粉丝"竞争。在互联网经济的环境下,企业逐渐通过各种新兴平台打造自己独特的"粉丝"通过形成强有力的忠诚顾客黏度来实现企业在市场竞争中的稳固地位。

专栏 5-6 小米手机的粉丝经济

在不到 3 年的时间里,小米手机成就了一个神话。先是,2012 年夏天,一场估值达 40 亿美元的融资,创下了当年全年中国企业的融资之最;接着,小米科技对外宣布,2012 财年出货量为 719 万台,销售额(含税)达 126 亿元。一家成立不到 3 年、产品卖了只有 1 年多的创业公司竟然跻身百亿元俱乐部,这样的成绩在全球创业公司中绝无仅有。

曾有很多人把小米的成功解读为饥饿营销的成果;有人则更直接地将其称为变相的期货模式,即锁定用户的预付款而推迟发货,然而产品发布之际的超高性价比,随着时间的流逝逐渐成就了产品销售的超高利润。小米不过是用一个相对于现在的低价赚取了未来几个月以后的实际利润。但实际上,低价、高配还难以让小米迅速成为神话。比 700 多万台手机销售成绩更为传奇的,是 500 多万忠诚的小米粉丝——"米粉"。

米粉的狂热,从以下可见一斑:2012 年 4 月 6 日,小米成立两周年,上千米粉从各地赶到北京疯狂在一起,小米手机董事长兼 CEO 雷军在台上一呼

| 第五章　互联网经济：中国企业发展的"新动力" |

百应。现场公开发售，10万台小米手机，仅用了6分5秒就全部被抢空。而在广州、武汉等地，小米之家本来是上午9点上班，可很多粉丝在8点就到门口排队。每一家小米之家成立时都会有人送花、送礼、合影，满1个月的时候还有人来庆祝"满月"，甚至还有人专门为小米手机作词作曲写歌。这些米粉，成为购买小米的主力军。

这是小米得以演绎神话的最重要原因，也是雷军向苹果和乔布斯学习的成果。对此，雷军也坦承，小米手机成功的要诀有三，创业团队、创新和粉丝经济，而粉丝经济是其中最为重要的因素。小米手机创办伊始，雷军就描绘了一张前进方向的蓝图。通过互联网培养粉丝；通过手机顶级配置并强调性价比的方式吸引用户；手机销售只通过互联网销售；在商业模式上，不以手机盈利为目的，以互联网的商业模式，先积累口碑建立品牌，继而把手机变成渠道。

网络是培育米粉的平台，微博是小米聚合米粉的利器。小米几乎把微博玩到了极致：因为新浪微博的Alexa流量周二到周四最大，所以转发有奖的活动设置在工作日；晚上10点结束抽奖是因为10点是每天流量的最后一个高峰；2小时发布一次奖品是因为微博传播转发的半衰期约为3小时。截至目前，新浪微博上"小米公司"粉丝已达153万，"小米手机"粉丝也有152万。对拥有394万粉丝的雷军而言，在微博平台上，他既是小米手机掌门，又是一个随时防止小米品牌受破坏的看守，更是一个为"米粉"排忧解难的客服人员。而在微博上，米粉对于小米的反馈也是热烈的，这无疑最大程度地强化了小米宣传效应，减少了营销成本。小米手机发布青春版时，几个合伙人花了一下午的时间拍了一组与青春有关的照片，在微博上短短两天达到了转发200多万次，评论90多万条的成绩。

借鉴了苹果的"天才吧"，小米在全国设立了32家"小米之家"，成为新媒体营销很好的线下延伸。在"小米之家"，用户可以自取手机，可以完成手机的售后维修，并且不定期地为当地米粉举办一些活动。小米借鉴了车友会的模式，把米粉的消费方式变成聚会娱乐方式，使米粉变得很抱团。在创业初期，小米手机不被认可，米粉有压力，但"打压"使得他们更加抱团来捍卫这个品牌。

小米每周更新四五十个，甚至上百个功能，其中有1/3来源于米粉。"苹果的更新是一年一次，谷歌是一个季度发布一个版本，而小米则是一个星期发布一个版本，风雨无阻。"雷军说。根据数百万用户意见进行软件更新，与米粉一起做好的手机，这才是小米最大的创新。

资料来源："小米手机的粉丝经济"，载于和讯网，http://tech.hexun.com/2013-02-02/150886318.html

---

（5）联盟竞争。战略联盟这一概念于20世纪80年代由美国DEC公司总裁简·霍普兰德（J. Hopland）和那杰尔（R. Nigel）提出。战略联盟是指由两个或两个以上有着对等经营实力的企业（或特定事业和职能部门）之间，出于对整个市场的预期和企业自身总体经营目标、经营风险的考虑，为达到共同拥有市场、共同使用资源等战略目标，通过契约而结成的风险共担、要素双向或多向流动的松散型网络组织①。

伍丽君（2002）②指出，以网络为基础的电子商务使企业的交易模式和市场范围发生了很大的改变，同时也改变了企业的生产方式和组织方式，这就要求企业的经营方式和竞争战略要发生某种程度的转变。与此同时，电子信息技术的支持使企业电子商务战略联盟成为可能。比如，Internet的广泛使用提供了企业之间组成战略联盟的技术基础，而且供应链管理技术的出现就使得上下游之间的联盟从想象变为现实。

互联网企业实行联盟战略的好处在于可以实现"1+1>2"的协同效应。姜凌（2006）指出③，具体来说，电子商务战略联盟的协同效应主要表现在以下三个方面：

第一，生产协同效应。生产协同效应是指由于企业间存在着生产要素和企业职能等方面的互补性而使两个或两个以上的企业组成战略联盟，使不同企业之间的资本、技术、人力、信息资源得以有效、灵活组合，这样就可以提高生产效率。

第二，成本协同效应。成本协同效应主要体现为两方面：一是降低研发成本。企业通过建立战略联盟，可以实现研发资源共享，降低研究开发费用。二是降低交易成本。企业采用电子商务技术促进信息流通、增强各方的协调性，从而大大减少了交易成本。

第三，市场协同效应。企业间可以通过网络在市场、经营方面建立合作，形成水平或垂直的业务整合。如构建B2B、B2C、SCM在内的信息共享平台，

---

① 姜凌. 电子商务战略联盟及其协同效应研究. 商场现代化，2006（11）
② 伍丽君. 网络经济时代企业实施电子商务联盟的战略思考. 理论月刊，2002（4）
③ 姜凌. 电子商务战略联盟及其协同效应研究. 商场现代化，2006（11）

共享商品销售及库存信息,实现销售协同效应。同时,联盟企业可以把顾客对产品的要求及在使用中出现的问题及时反馈给相关企业,有利于联盟企业对产品进行改进与革新。

第 六 章

互联网经济：中国扩大消费需求的"新渠道"

网民在追求个人成就的过程中加强了对金钱和财富的重视，同时家庭条件、家庭关系和社会关系逐渐取代了传统观念里的"个人努力"，成为网民意识中决定成就大小的重要因素；另外，对于家庭来说，收入越高，网络购物行为越容易发生，并且消费金额也会越大。同时，青少年和女性更倾向于网络购物行为，教育水平越高的个人也会倾向于网络购物。这表明，随着我国未来教育水平的升高，互联网消费将会受到越来越多年轻人的喜爱。

第一节 互联网对个人观念的影响研究

庞大的网民数量和人们生产生活对互联网严重的依赖性使得互联网在发挥其本身作用的同时在一定程度上改变了大众的人生观、价值观和社会观。大量的社会现象表明，随着信息时代的高速发展，互联网的使用对网民成就观产生了影响，部分人已逐渐改变一些传统意义上的成就观念，广泛接受具有时代特征的新想法，而互联网的使用在这个过程中起到了明显的推动作用。

一、数据来源

本书所用数据均来自于北京大学中国社会科学调查中心所实施的中国家庭

动态跟踪调查（chinese family panel studies，CFPS），该调查旨在通过跟踪收集个体、家庭、社区三个层次的数据，反映中国社会、经济、人口、教育和健康的变迁，为学术研究和公共政策分析提供数据基础。

CFPS 重点关注中国居民的经济与非经济福利，以及包括经济活动、教育成果、家庭关系与家庭动态、人口迁移、健康等在内的诸多研究主题，是一项全国性、大规模、多学科的社会跟踪调查项目。CFPS 样本覆盖 25 个省/市/自治区，目标样本规模为 16000 户，调查对象包含样本家户中的全部家庭成员。CFPS 2008、2009 两年在北京、上海、广东三地分别开展了初访与追访的测试调查，并于 2010 年正式开展访问。经 2010 年基线调查界定出来的所有基线家庭成员及其今后的血缘/领养子女将作为 CFPS 的基因成员，成为永久追踪对象。CFPS 调查问卷共有社区问卷、家庭问卷、成人问卷和少儿问卷四种主体问卷类型，并在此基础上不断发展出针对不同性质家庭成员的长问卷、短问卷、代答问卷、电访问卷等多种问卷类型。本书采用的数据均来自于其中的家庭问卷和成人问卷。

本书关心的被解释变量是网民对关于成就观的各种观点的赞同程度，因此我们在 CFPS 家庭问卷中选取了相应的调查指标作为我们的被解释变量，解释变量则选取了有关互联网使用时间的指标，在选取样本的过程中，我们均剔除了变量值小于 0，年龄大于 65 岁，家庭成员总数大于 10 的样本，同时在对各种观点（即被解释变量）做描述性统计以及后期的回归分析时，为了保证变量的值能反映出网民对观点赞同程度的信息，我们剔除了变量值为 5 和 6 的样本，其中 5 和 6 分别表示对观点的态度为"既不同意也不反对"和"不知道"。考虑到网民关于成就观的观点还有可能受到其他因素的影响，如年龄、家庭收入、个人收入、性别、职业、民族、党派、户口情况、教育水平、家庭成员人数等，我们构造了相应的变量，作为控制变量，分别记作 age，$ln\_fincome$，ln_income，$gender$，$employ$，$minzu$，$dangpai$，$hukou$，$educ$，$marriage$ 和 pop。考虑到年龄对被解释变量的非线性影响，我们引入年龄的平方项，记作 $age2$。另外，家庭收入和个人收入用其对数形式表示。变量的描述性统计见表 6-1。

从表 6-1 可以看出，被解释变量有用的样本量均在 30000 左右，但在实际分析中，由于同时要保证样本的解释变量和被解释变量的有效，有用的样本量在不同的回归中差异性较大，特别是当解释变量为"最近非假期的一个月内，您平均每天上网的时间约为（小时）"时，有用样本量小于 6000。从控制

表 6-1　　　　　　　　　　　　变量解释

变量类型	变量名称	变量含义	均值	标准差	最小值	最大值	观测值
解释变量	time	最近非假期的一个月内，您平均每天上网的时间约为（小时）	0.46	1.40	0	24	28566
	worktime	工作日：使用互联网娱乐（小时）	0.29	0.90	0	13	29055
	resttime	休息日：使用互联网娱乐（小时）	0.44	1.24	0	14	29028
被解释变量	opinion_1	观点：财富是个人成就的反映	2.73	0.56	1	4	25212
	opinion_2	观点：在当今社会，努力工作能得到回报	2.95	0.53	1	4	27049
	opinion_3	观点：社会地位高的家庭，子女的成就也会大	2.55	0.63	1	4	25896
	opinion_4	观点：富人家的子女，成就也会大；穷人家的子女，成就也会小	2.42	0.62	1	4	26470
	opinion_5	观点：影响一个人成就大小最重要的因素是家庭的社会关系	2.77	0.56	1	4	25935
	opinion_6	观点：在当今社会，有社会关系比个人有能力更重要	2.83	0.60	1	4	25916
控制变量	ln_fincome	家庭总收入	9.78	1.70	0	16.12	27461
	ln_income	个人总收入	7.00	3.76	0	13.59	27333
	age	年龄	41.42	13.62	16	65	29075
	educ	教育	5.32	3.69	1	16	29069
	pop	家庭成员人数	4.23	1.62	1	10	29075

注：各被解释变量的值中，1 表示对观点十分不赞同，2 表示不赞同，3 表示赞同，4 表示十分赞同。

变量的描述性统计可以看出，个体年龄均值为41岁左右，分布于16~65岁之间。个体的教育水平均值为5，表示平均教育水平为职业初中，总体学历较低。家庭成员人数平均为4人，分布于1~10之间。

二、描述性统计

为了进一步考察我国国民成就观的现状，我们有必要深入探讨国民成就观的组成以及国民对各观点的同意程度。由图6-1可知，财富、教育程度、努力程度、社会关系是国民成就观的主要组成部分。更具体地说，财富的多寡足以衡量成就与否，而教育程度、努力程度、社会关系对成就的形成有着重要的影响。不难看出，在财富的维度上，持肯定态度的比例明显占优。同时，我国国民成就观在教育程度、努力程度和社会关系维度上，具有明显的集体倾向性，这三个维度中的肯定态度比例已远远超过其他维度。

	财富是个人成就的反映	富人家的子女，成就也会大	社会地位高的家庭，子女的成就也会大	受教育程度越高，获得很大成就的可能性越大	影响成就大小最重要的因素是努力程度	影响一个人成就大小最重要的因素是家庭的社会关系
同意	70.30%	43.52%	54.92%	85.59%	92.60%	72.23%
不同意	29.70%	56.48%	45.09%	14.42%	7.40%	27.77%

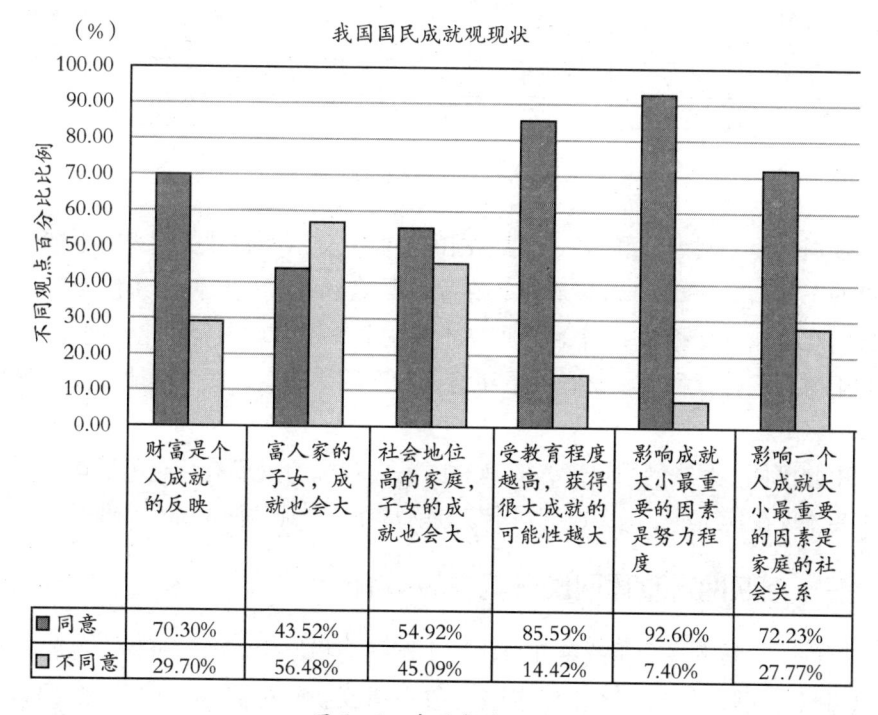

图6-1 中国成就观现状

互联网的普及，网络渐渐深入人们的生活，随之而来的是网络的庞大信息。人们获取信息的途径的改变，使得人们的社会观念受到互联网的冲击，这也可能影响人们的成就观，如图6-2所示。

互联网经济：中国经济发展的新形态

上网对社会观念的总体影响

	财富是个人成就的反映	受教育程度越高，获得成就的可能性越大	社会地位高的家庭，子女的成就也会大	富人家的子女，成就也会大	影响一个人成就大小最重要的因素是家庭的社会关系	影响一个人成就大小最重要的因素是努力程度
上网群体	58.91%	79.22%	46.14%	29.67%	69.18%	90.29%
不上网群体	73.52%	87.29%	57.34%	47.25%	73.05%	93.23%

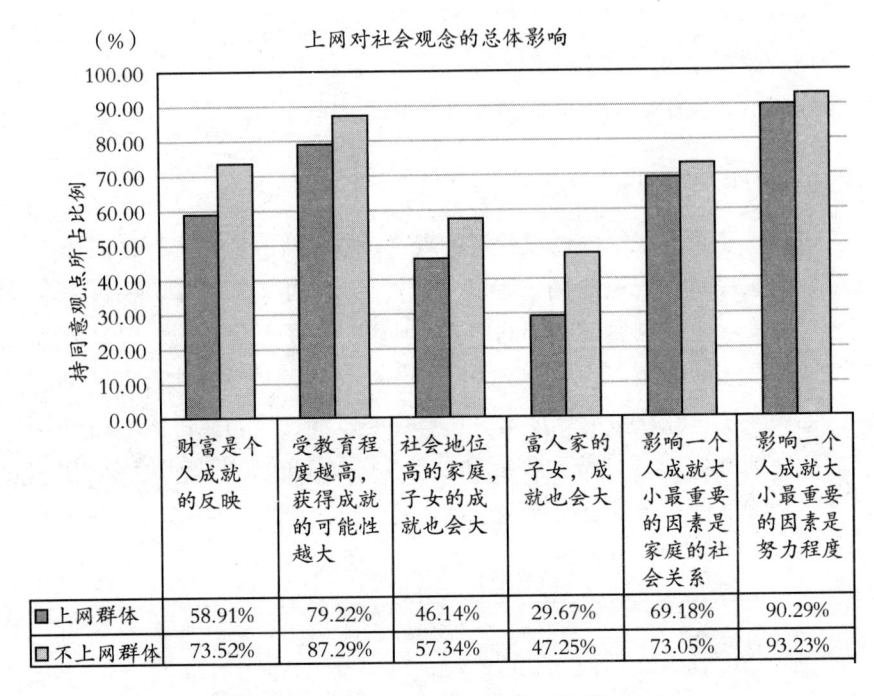

图 6-2　上网对社会观念的总体影响

依据是否上网划分群体，针对不同的群体，分别考察其成就观对上述几个维度的态度。从图 6-2 可以看出，在家庭财富和社会地位两个维度下，两个群体的观点认可度相差 10 个百分点，不上网群体持同意态度的比例明显占优。而对于财富、教育程度、家庭关系和努力程度的认可度，两个群体并没有出现明显的区分。

由此可见，互联网的出现，的确对国民成就观的组成有一定的影响，其影响主要体现在其加重了国民成就观中家庭财富和社会地位两个部分的重要程度。

三、互联网对整体网民成就观的影响

国内不少学者在分析改革开放之后中国社会物欲化倾向的过程中都将其部分原因归于互联网的广泛使用。因此，在分析互联网对整体网民成就观的影响过程中，我们将"观点：财富是个人成就的反映"加入被解释变量当中，首先探究变量"最近非假期的 1 个月内，您平均每天上网的时间约为（小时）"是否对网民成就观造成影响。具体结果见表 6-2。

表 6-2 所反映的情况是，随着上网时间的增加，人们对个人成就的决定

因素的判断趋向于同意以下两个观点：（1）社会关系和社会地位对一个人的成就影响较大；（2）勤奋努力对成就大小影响较小。这两种观念是与中国传统观念相悖的，"勤奋努力"是个体的自身因素，而"社会关系/地位"则是

表6-2　　　　　　　　变量 time 与成就观的关系

变量	(1) opinion_1	(2) opinion_2	(3) opinion_3	(4) opinion_4	(5) qopinion_5	(6) opinion_6
time	0.00130 (0.00210)	-0.00749*** (0.00135)	0.0162*** (0.00258)	0.00938*** (0.00271)	0.0101*** (0.00223)	0.0134*** (0.00224)
fincome_modify	-0.00323* (0.00179)	-0.000716 (0.00134)	-0.00482** (0.00202)	-0.0138*** (0.00210)	-0.000638 (0.00171)	-0.00249 (0.00166)
income	-0.215** (0.0844)	-0.190*** (0.0634)	-0.250*** (0.0962)	-0.252** (0.0994)	-0.0768 (0.0828)	-0.0408 (0.0789)
age	0.00423*** (0.00149)	0.000554 (0.00111)	0.0138*** (0.00172)	0.0117*** (0.00180)	0.00655*** (0.00145)	0.00292** (0.00140)
age2	-0.00167 (0.00175)	0.00153 (0.00132)	-0.00956*** (0.00201)	-0.00723*** (0.00210)	-0.00387** (0.00171)	-0.00183 (0.00165)
gender	-0.00658 (0.00577)	-0.00266 (0.00422)	0.00361 (0.00664)	0.00859 (0.00692)	-0.000972 (0.00569)	-0.00953* (0.00547)
employ	0.0262*** (0.00609)	-0.00209 (0.00452)	0.0109 (0.00691)	-0.000995 (0.00715)	-0.00406 (0.00591)	0.00914 (0.00568)
minzu	-0.00705 (0.0114)	-0.00173 (0.00863)	-0.0135 (0.0130)	-0.0329** (0.0136)	-0.00341 (0.0110)	-0.00348 (0.0107)
dangpai	-0.0537*** (0.0119)	-0.0208** (0.00833)	-0.0286** (0.0132)	-0.0353*** (0.0137)	-0.0423*** (0.0119)	-0.0308*** (0.0113)
hukou	-0.0413*** (0.00724)	-0.0633*** (0.00513)	0.0104 (0.00852)	0.0202** (0.00890)	0.0312*** (0.00737)	0.0284*** (0.00700)
educ	-0.0155*** (0.000991)	-0.00939*** (0.000716)	-0.0178*** (0.00116)	-0.0252*** (0.00121)	-0.00639*** (0.000992)	-0.00730*** (0.000947)
marriage	-0.00553 (0.00466)	-0.00147 (0.00350)	0.00192 (0.00530)	-0.000346 (0.00545)	-0.00156 (0.00456)	-0.00113 (0.00435)
pop	0.00177 (0.00189)	0.00198 (0.00142)	0.00156 (0.00216)	0.00463** (0.00223)	-0.000326 (0.00185)	0.000974 (0.00178)
Observations	25419	25419	25419	25419	25419	25419

注：Standard errors in parentheses；*** $p<0.01$，** $p<0.05$，* $p<0.1$。

外在因素，可见，互联网的使用强化了网民将决定成就的因素归于外部环境，而非自身因素。

表6-2中的控制变量反映了随着年龄的增长，网民越倾向于反对努力对成就的决定性作用，而肯定外在因素的重要性。同时，党派、户口、教育水平、家庭成员总数等变量也均在不同程度上影响了网民对成就观的看法。但是，表6-2只是反映出互联网使用变量与个别观点的显著关系。为了证实以上结论，同时进行进一步的补充，我们利用另外两个互联网使用变量进行第二步的回归分析，结果如表6-3所示。

表6-3　　　　　　　　worktime，resttime 与成就观的关系

因变量	(1) opinion_1	(2) opinion_2	(3) opinion_3	(4) opinion_4	(5) opinion_5	(6) opinion_6
worktime	0.00212 (0.0105)	-0.0582*** (0.0111)	0.0402*** (0.0103)	0.0217** (0.0104)	0.0517*** (0.0113)	0.0802*** (0.0122)
resttime	0.0112 (0.00807)	-0.0520*** (0.00848)	0.0332*** (0.00782)	0.0144* (0.00795)	0.0523*** (0.00871)	0.0716*** (0.00943)

在表6-3中，使用互联网时间对上述观念有一定的影响，这种相关性在工作日和休息日的互联网使用上均有体现，两个因变量对于观念的影响作用是同向的。随着工作日或者休息日上网时间的增加，网民更倾向于否定努力程度对于个人成就的积极影响作用。取而代之的是，网民趋同于赞成社会地位、家庭财富、家庭关系和社会关系对于成就的正向作用。同时，上网时间的增加，也在不断巩固网民对于"财富是个人成就反映"的认可。这一思想观念的转变情况，能得到现实的一致反馈。互联网的普及，从某种意义上说，加速了这种转变，各种利用社会关系和家有财产谋利的事件层出不穷，中国社会正面临着这样的社会观念转变。

在中国，网民成就观念的转变必然基于一定的事实现状，而互联网在这个过程中则主要起到了舆论导向和观念强化的作用。互联网作为一种新型的信息传播渠道，在很大程度上提高了社会关系的透明度，网络上所谓有所成就的"名人"的家庭条件和社会关系都能被轻易地挖掘和报道，舆论导向极大地提高人们对这方面的关注程度。网民在此基础之上形成的与他人在个人成就以及获取成就的途径方面的对比，特别是网民与网络公众人物之间和网民之间的对

比，是导致网民成就观改变的重要原因。同时，网民的任何成就观念的变动都能在网络上找到共识，这一作用在很大程度上又反过来强化了个人的观念转变。

四、互联网对不同网民成就观的冲击对比

总体样本的回归结果在很大程度上反映出了整个社会的现状——互联网强化了人们传统的财富观和成就观的改变，但是无论从互联网的普及率角度还是从互联网使用成本角度分析，互联网在不同的人群中的使用都是有差别的。为了探讨互联网对不同人群思想观念的影响，有必要将样本进行分类截取，并以相同的方式进行回归，从结果分析影响的差异性。在分类的过程中，我们充分考虑了各分类的必要性，从公众关注的角度出发，将样本分别按学历、收入和城乡的分类标准进行分析。

（一）互联网对城乡网民成就观的差异性影响

由于城乡收入差距、居民文化程度等多方面因素的影响，我国农村和城镇互联网普及率存在较大的差距。2012年我国农村互联网普及率上升至23.7%，较2011年上升了3.5个百分点，农村与城镇普及率之间的差距有缩小的趋势，但仍然相差了35.4个百分点，具体情况如图6-3所示①。

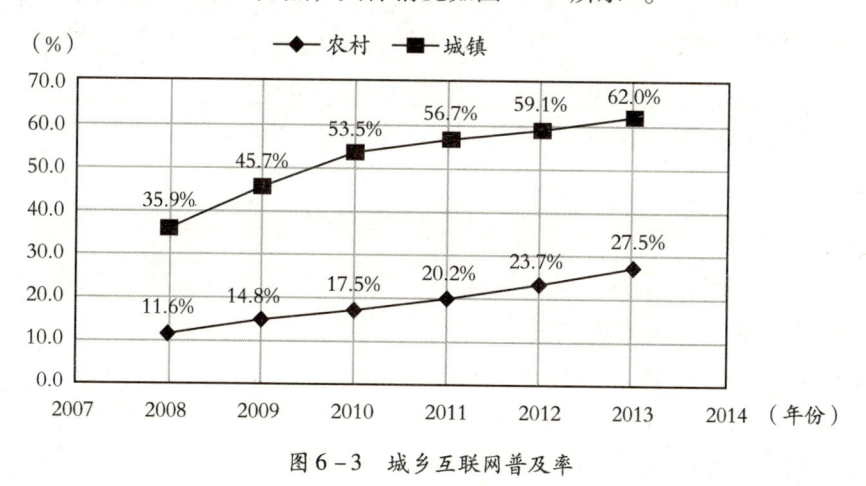

图6-3 城乡互联网普及率

在我国城乡一体化建设过程当中，积极探究互联网使用在城乡之间的差别

---

① 该数据来源于《2014年互联网使用报告》。

互联网经济：中国经济发展的新形态

是必要且有意义的。虽然农村互联网普及率低于城镇的情况长期存在，但农村居民对互联网的需求并不亚于城镇居民，同时互联网对于城镇居民和农村居民的影响同样显著。因此，我们尝试针对互联网对城镇和农村网民的影响做出研究，在总体样本的基础上，按户口分为农村户口居民和非农村户口居民（由于我国严格的户籍制度，有理由将农村户口居民、非农村户口居民等同于农村居民、城镇居民）。首先，我们对城乡网民对不同观点的赞同程度做出总体描述，结果如图6-4所示。

城乡网民成就观

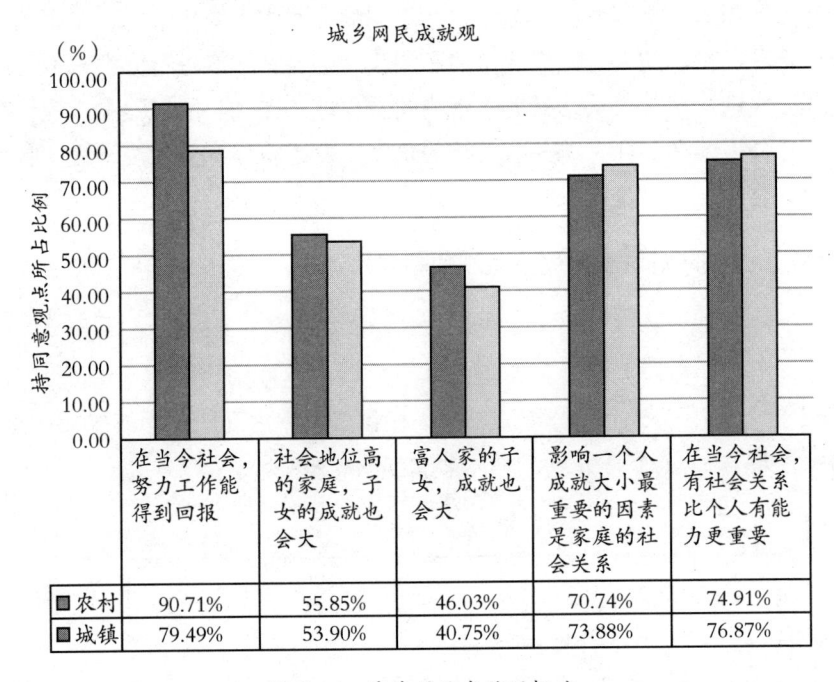

	在当今社会，努力工作能得到回报	社会地位高的家庭，子女的成就也会大	富人家的子女，成就也会大	影响一个人成就大小最重要的因素是家庭的社会关系	在当今社会，有社会关系比个人有能力更重要
农村	90.71%	55.85%	46.03%	70.74%	74.91%
城镇	79.49%	53.90%	40.75%	73.88%	76.87%

图6-4 城乡居民成就观概述

图6-4表明，农村和城镇网民关于成就观的看法存在细微的差别。相比较而言，农村网民同意"努力对成就的影响"的比例有明显优势，其比例高于城镇网民约10个百分点。城乡网民在所考查的另外几个维度上并无太大差异。具体来讲，对社会地位和家庭财富的认可度农村同意比例略高于城镇，而对于家庭关系和社会关系的认可度，相较农村，城镇的同意比例有微小优势。

引入互联网使用变量作为自变量，回归结果见表6-4。

表6-4　　　　　　　　　互联网与城乡网民成就观的关系

自变量		*time*	*worktime*	*Resttime*
opinion_2	城镇	-0.0100*** (0.00217)	-0.0155*** (0.00325)	-0.0133*** (0.00252)
	农村	-0.00547*** (0.00182)	-0.00612* (0.00340)	-0.00725*** (0.00243)
opinion_3	城镇	0.00978*** (0.00318)	0.00845* (0.00466)	0.00565 (0.00359)
	农村	0.0194*** (0.00474)	0.0152* (0.00791)	0.0141** (0.00586)
opinion_4	城镇	0.00415 (0.00329)	0.00313 (0.00482)	0.000537 (0.00373)
	农村	0.0114** (0.00496)	0.00859 (0.00870)	0.00474 (0.00639)
opinion_5	城镇	0.00637** (0.00267)	0.0124*** (0.00394)	0.0121*** (0.00307)
	农村	0.0136*** (0.00416)	0.0191*** (0.00694)	0.0214*** (0.00531)
opinion_6	城镇	0.0117*** (0.00278)	0.0187*** (0.00408)	0.0168*** (0.00319)
	农村	0.00835** (0.00382)	0.0208*** (0.00672)	0.0182*** (0.00508)

由表6-4可知，城镇网民和农村网民的所受互联网冲击的影响作用是同向的，这反映出互联网对于网民群体思想冲击的普遍性。对于社会地位和社会关系对成就观的影响，互联网的冲击呈现出显著的正向作用。随着互联网使用的逐渐增加，两个群体体现出对于上述因素更坚定的认可，互联网巩固了这两个因素的正向作用。同时，互联网巩固了对于努力程度的否定态度，互联网使用越多，越肯定努力对于成就的消极作用。两个群体出现差异的地方是，互联网对于农村群体肯定家庭关系的重要性的促进作用，明显优于对城镇群体的作

互联网经济：中国经济发展的新形态

用。互联网的冲击是普遍的，但是在不同的群体仍然是存在差异的，城乡网民的差异还主要体现在其收入差距和学历差距方面，下面的小节将分别探讨这两种差距的影响。

（二）互联网对不同学历阶层网民成就观的差异性影响

根据中国互联网络信息中心2014年1月份对中国互联网使用情况的调查，截至2013年12月，高中及以上学历人群中互联网普及率已经到较高水平，未来进一步增长空间有限。2013年，小学及以下学历人群的占比为11.9%，相比2012年有所上升，保持增长趋势，中国网民继续向低学历人群扩散。在此基础之上，不同学历的网民使用互联网的目的不同，自然受到网络的影响不同。因此，我们按照"高中及以下"和"本科及以上"的标准划分不同阶层的网民群体，排除互联网的影响因素之后，考察不同学历阶层的网民的成就观现状，如图6-5所示。

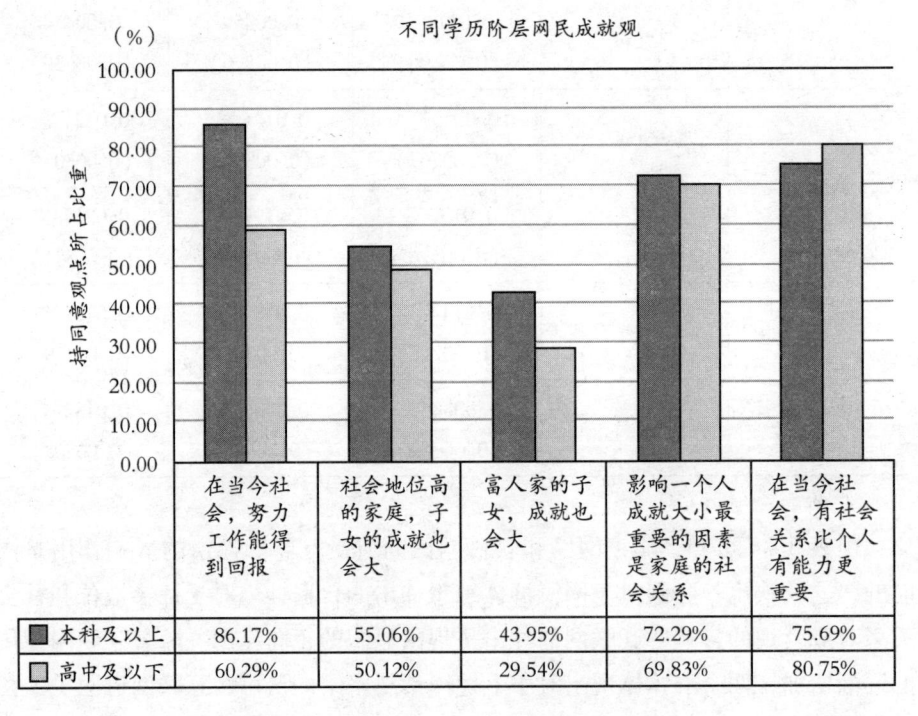

	在当今社会，努力工作能得到回报	社会地位高的家庭，子女的成就也会大	富人家的子女，成就也会大	影响一个人成就大小最重要的因素是家庭的社会关系	在当今社会，有社会关系比个人有能力更重要
本科及以上	86.17%	55.06%	43.95%	72.29%	75.69%
高中及以下	60.29%	50.12%	29.54%	69.83%	80.75%

图6-5 不同学历阶层网民的成就观概述

图6-5表明，总体而言，不同学历的网民对所选取的成就观点的赞同程

度并没有太大的差别。显著突出的是"观点：在当今社会，努力工作能得到回报"的看法上本科学历及以上的网民群体明显拥有更大的赞同比例，优势大于15个百分点。另外，对于家庭财富的影响，本科及以上学历群体也表现出更高的同意比例。但在其他三个成就观看法上，均未呈现出明显的差异，可见不同学历的网民对成就观的看法呈现出基本相同的态势。但是，在这种思想观念转变的过程中，互联网对不同学历阶层是否施加了不同的影响，这是我们所更关心的问题。在将互联网使用变量加入到回归中后得到如表6-5的结果。

表6-5　　　　互联网与不同收入阶层网民成就观的关系

自变量		*time*	*worktime*	*Resttime*
opinion_2	高中及以下	-0.00871*** (0.00141)	-0.0112*** (0.00216)	-0.00996*** (0.00165)
	本科及以上	0.000106 (0.00759)	-0.00506 (0.0134)	-0.0126 (0.00999)
opinion_3	高中及以下	0.0144*** (0.00278)	0.0137*** (0.00412)	0.0117*** (0.00314)
	本科及以上	0.00964 (0.00788)	0.0112 (0.0140)	-0.00101 (0.0105)
opinion_4	高中及以下	0.00704** (0.00293)	0.00728* (0.00438)	0.00469 (0.00335)
	本科及以上	0.00243 (0.00737)	-0.00148 (0.0132)	-0.00728 (0.00990)
opinion_5	高中及以下	0.0115*** (0.00244)	0.0155*** (0.00358)	0.0156*** (0.00277)
	本科及以上	-0.00162 (0.00700)	0.0105 (0.0127)	0.0180* (0.00971)
opinion_6	高中及以下	0.0136*** (0.00243)	0.0236*** (0.00366)	0.0205*** (0.00283)
	本科及以上	0.00383 (0.00615)	0.00868 (0.0107)	0.0138* (0.00816)

互联网经济：中国经济发展的新形态

回归结果体现出互联网对学历处于高中及以下的网民群体成就观的转变起到了明显的影响。同时也反映出，互联网的使用并没有显著地影响学历处于本科及以上学历的网民群体的成就观的变化。可见，相比于高中及以下的学历阶层，本科及以上网民群体在面对互联网的冲击时，有更强的信息识别、筛选和分析判断能力。这种学历差异所导致的不同影响，原因主要是由于本科及以上学历群体接受了高等教育，相比较而言更不容易受到互联网信息的影响。结合中国网民继续向低学历人群扩散的现状趋势，可以预见互联网对网民成就观的影响作用可能将进一步扩大。

（三）互联网对不同收入阶层网民成就观的差异性影响

我国互联网使用的收入结构统计结果显示，我国网民主要集中在中低收入阶层。为了考察互联网在对不同收入阶层的网民的影响，根据样本的数据特征，我们将收入指标按中位数分为四段，并截取收入最低（低于4000元）和最高（高于15000元）的两段作为低收入和高收入的代表。同样，我们剔除互联网变量影响的情况下，分析上述观点在不同收入网民中的赞同情况，如图6-6所示。

不同收入阶层网民成就观

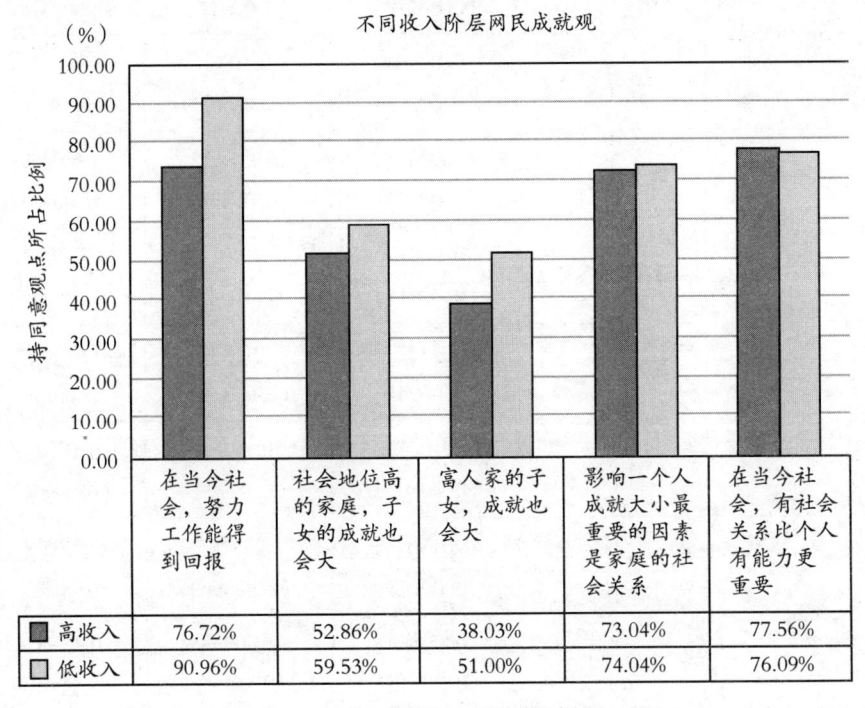

	在当今社会，努力工作能得到回报	社会地位高的家庭，子女的成就也会大	富人家的子女，成就也会大	影响一个人成就大小最重要的因素是家庭的社会关系	在当今社会，有社会关系比个人有能力更重要
高收入	76.72%	52.86%	38.03%	73.04%	77.56%
低收入	90.96%	59.53%	51.00%	74.04%	76.09%

图6-6 不同收入阶层网民的成就观概述

图 6-6 表明，低收入网民与高收入网民的成就观组成具有一定的差异。针对"努力工作和家庭财富影响成就"的看法，低收入群体表现出更高的赞同度，超出部分达到 10 个百分点以上。同样地，在"社会地位影响成就"的观点上，低收入群体拥有更高比例的赞同度，但群体间相差比例较小。但对"家庭关系影响成就"和"社会关系影响成就"的看法上，两个群体的差异并不太大。

我们在加入了互联网变量，对两个阶层网民的观点进行回归分析，得到如表 6-6 的结果。

表 6-6　　　　　互联网与不同收入阶层网民成就观的关系

自变量		time	worktime	Resttime
opinion_2	高收入	-0.00828*** (0.00306)	-0.0224*** (0.00524)	-0.0160*** (0.00363)
	低收入	-0.00337 (0.00272)	-0.00108 (0.00457)	-0.00369 (0.00359)
opinion_3	高收入	0.0148*** (0.00417)	0.0171** (0.00710)	0.00691 (0.00489)
	低收入	0.0243*** (0.00724)	0.0213** (0.0104)	0.0231*** (0.00848)
opinion_4	高收入	0.00728* (0.00412)	0.00996 (0.00700)	0.000893 (0.00484)
	低收入	0.0121* (0.00723)	0.0110 (0.0116)	0.0114 (0.00930)
opinion_5	高收入	0.00635* (0.00361)	0.0176*** (0.00631)	0.0161*** (0.00443)
	低收入	0.0105* (0.00590)	0.00966 (0.00901)	0.00688 (0.00721)
opinion_6	高收入	0.0116*** (0.00364)	0.0159*** (0.00605)	0.0155*** (0.00434)
	低收入	0.00711 (0.00555)	0.0208** (0.00900)	0.0128* (0.00713)

如表 6-6 所示，互联网的使用对社会观念的影响作用在不同的收入群体有不同的体现。总体而言，两个群体并没有表现出太大的差异，互联网对于不同观点的冲击，体现在两个群体中，是同向的。较为明显的是，随着互联网的使用增加，不同收入群体均显著倾向于否认努力程度对成就的影响，认可家庭关系和社会关系对于成就的积极作用。两个群体的明显差异表现在对于社会地位的看法上，低收入群体表现出明显的认同，更多地使用互联网促进了这一态度的稳固。

五、影响机制的探讨

不可否认，互联网的普及对国民的思想观念造成了一定的冲击和改变，但是互联网信息的传递是一个双向的过程，国民需要对互联网的信息筛选和接受都带有主观的判断力。下文将从国民使用互联网的目的对此机制进行一定的讨论（表 6-7）。

表 6-7　　　　　　　　不同互联网使用目的描述

互联网使用目的	平均值	标准差
娱乐	3.18632	1.18734
学习	3.382704	1.170631
工作	3.205302	1.401193
社交	3.184019	1.221658
和网友说心里话	2.178266	1.18733
寻求网友的情感支持	1.771355	1.009343
寻求网友的专业帮助	2.238734	1.26881
解闷	2.787766	1.348656

注：数字的含义为该目的的重要程度，1 为非常不重要，5 为非常重要。

探究网民使用互联网的目的，使用互联网娱乐、学习、工作和社交方面的所占比例较大，其中用于社交的相对集中程度比较高。而纯粹地使用互联网，利用互联网资源（例如网友）寻求支持和帮助的重要程度并不高。也就是说，我国国民使用互联网是工具性的，互联网只是完成某件事情的有效媒介。可是，不同的互联网使用目的会导致对网络信息筛选和获取的内容不同，信息的内容进而影响其社会观点的改变。在控制变量的前提下，将各个观点基于娱乐、社交、学习和工作四个变量进行回归，结果见表6-8。

表6-8　　　　　　　互联网使用目的对成就观的影响机制

因变量	(1) opinion_2	(2) opinion_3	(3) opinion_4	(4) opinion_5	(5) opinion_6
entertainment	0.00661 (0.00547)	0.0221*** (0.00616)	0.0224*** (0.00584)	0.0239*** (0.00540)	0.0176*** (0.00493)
communication	0.0124** (0.00552)	-0.00607 (0.00618)	-0.00601 (0.00585)	0.00733 (0.00540)	0.00140 (0.00497)
study	0.0133** (0.00575)	-0.0204*** (0.00640)	-0.00950 (0.00604)	-0.0131** (0.00560)	-0.0127** (0.00513)
work	0.0228*** (0.00498)	-0.00724 (0.00560)	-0.00362 (0.00531)	-0.00548 (0.00489)	-0.00583 (0.00448)

注：娱乐、社交、学习和工作分别用entertainment，communication，study，work表示。

从上述回归结果可以看出，主要以娱乐为目的地使用互联网的群体，呈现出对于"努力工作"的否定态度，以及对于"社会地位"、"家庭背景"、"社会关系"的肯定态度现象。从一定程度上可以反映出，作为娱乐消遣的平台，互联网对于人们成就观有一定的冲击力度，使得人们更倾向于重视外在因素对成就实现的影响程度，并且开始否定其自身的努力对于成就形成的影响。

对于主要以社交为目的使用互联网的群体，同样呈现出对于"努力工作"的否定态度。这部分群体对于社会关系持肯定态度，认同社会关系在个人成就方面的积极作用，但是并没有显现出对于"社会地位"、"家庭背景"的认可态度。

与之不同的是，主要以学习为目的使用互联网的群体，明显地表现出对于"努力程度"的肯定态度，并且，该群体否定"社会地位"、"家庭背景"、"社会关系"对于成就实现的影响。从上述现象可以反映出，互联网作为学习的媒介，巩固了传统观念上成就观的组成，加强对自身因素"努力程度"的认可度。这个现象也能证明，以学习为目的地使用互联网这一个信息传播的平台，能够很大程度上获取有用的信息，不断深化对自身努力的重视程度。

相似地，以工作为目的使用互联网的群体，同样呈现出对于"努力程度"的肯定态度，认可其对于成就实现的积极且重要的影响。但是该群体对"社会关系"的影响并不认可,他们认可的是"社会地位"和"家庭背景"的影响。

六、结论

随着互联网普及率的提升,网民的思想观念发生了很大程度上的改变——越来越重视财富对于个人成就的重要性,同时家庭条件、家庭关系和社会关系也逐渐取代了努力成了网民意识中决定成就大小的重要因素。我们利用2010年CFPS调查数据给予了这一转变数据上的证实。

互联网对于网民观念上的冲击在不同的群体中是存在差异的。首先,在学历分类中,互联网对本科及以上网民的成就观基本没有显著影响;在收入分类中,低收入者受到互联网的影响大于高收入者;而在城乡分类中,互联网对不同网民的不同观点形成的影响差异性较为复杂。

同时,网民利用互联网的目的不同,所形成的成就观也存在较大的差别。将互联网主要用于娱乐和社交的网民更倾向于肯定家庭关系、家庭财富、社会关系对个人成就的影响,而将互联网主要用于工作和学习的网民则更肯定努力的重要性,否定其他外在因素的作用。

第二节 家庭互联网消费水平影响因素实证研究

根据艾瑞近期发布的数据显示,2012年中国网购市场交易规模超过13000亿元,其中B2C占比持续增加达到29.7%,艾瑞咨询分析师认为国内网络购物市场已逐渐步入成熟期,并且在未来几年,中国B2C电子商务市场将超越日本,成为全球第二大B2C电子商务市场,并可能在3年内超越美国,成为世界上最大的电子商务市场。根据中国互联网信息中心公布的第31次《中国互联网络发展状况统计报告》显示[①]:从总体规模和普及率来看,截至2012年12月底,我国网络购物用户规模达到2.42亿人,网络购物使用率提升至42.9%,与2011年相比,网购用户增长4807万人,增长率为24.8%。据商务部副部长房爱卿介绍,近年来,网购发展非常迅速,网购规模逐年扩大,2013年已经达到1.85万亿,增长超过40%。网购的结构也逐步优化,过去在网购

---

① 中国互联网信息中心,《中国互联网络发展状况统计报告》。

中 C2C 占的比例比较大，最近一段时间 B2C 的比例大幅增加。同时，艾瑞分析认为，截至 2015 年，我国网络购物交易规模将占据社会消费品零售总额的 8.6%，这一数据在 2006 年仅为 0.3%。

由此可知，互联网消费将要或已经在国民总消费中扮演极为重要的角色。而影响互联网消费的因素也因此将对整个消费市场产生极大的影响。对于这些因素的研究具体有如下意义：引起社会对于互联网消费的关注；了解互联网产业结构，互联网产业运行机制；深入理解互联网产业对于消费市场的影响；提升我国居民互联网消费能力和消费结构，进一步壮大互联网产业；改良互联网产业结构，引导互联网产业健康快速发展。

本部分首先分析互联网消费的行为模式，并提出互联网消费的相关理论，其次，利用辽宁、上海、四川、广东等地 2010~2012 年的城镇住户调查数据，从个人和家庭方面研究各因素对互联网消费的影响。

一、互联网消费行为模式分析

互联网具有信息聚集功能（information gathering function）、交流沟通功能（communication function）以及交易/消费功能（transaction/consumption function）。聚集功能是指网络能够给相似经历的人提供了一个聚集的机会，交流功能是指网络消费者可聚集在一起互相交流买卖的信息和经验。随着电脑和互联网的普及，消费者足不出户就可以远程购买商品，并在线支付，从而形成互联网消费的独特形态，支持互联网的交易/消费功能。近年来，我国互联网交易方兴未艾。未来随着中国电子商务交易技术和商业模式的不断创新，互联网消费将成为城市居民的主流消费方式，在这种消费方式的带动下，传统的营销手段、生产方式以及政府对经济的监管方式都会发生改变，无论对于宏观上的中国经济发展方式转型，还是对于微观上的企业生产效率的改进都会产生积极的影响。

互联网消费是在多种需求动机下的结果。美国著名的心理学家马斯洛把人的需要划分为五个层次，即生理的需要、安全的需要、社会的需要、尊重的需要和自我实现的需要。前两项需求是基本层次的需求，主要通过理性需求动机来实现，后三项是更高层次的需求，更多体现了心理和社会需求动机。在理性消费动机下，假设消费者是一个经济理性人，消费者的偏好具有完备性、反身性和传递性，消费者购买商品的数量主要取决于利益的权衡，理性消费动机是消费者在反复比较各在线商场的商品后才产生的。因此，这种购买动机比较理智、客观而很少受外界气氛的影响。心理动机是由于人们的认识、感情、意志等心理过程而引起的购买动机。社会性需求反映了人们渴望通过社会网络和社会关系获得满足感的行为。

Girish Punj（2011）[1]指出，信念对消费者行为的影响会被诸如收入、教育和年龄等人口特征所减弱。分析结果表明，收入和受教育水平都比较高的人群可分为两部分，一部分相信网购可以节省时间，一部分相信网购更容易找到合适的产品。而收入和受教育水平均较低的人群可分为三部分，一部分认为网购可以节省时间，一部分认为可以节省金钱或找到最匹配的产品，另一部分则并不认为能够带来这两方面的好处。这部分对网购没有好感的人正是可以被发展的具有潜力的人群。虽然文章结果表明高收入人群更看重时间的节约，但是收入与节约时间的信念之间的关系并没有给出明确的解释。他认为收入会影响网购中节约时间和节约金钱的相对重要性，通过对一个2400人的样本进行电话采访得到的数据的分析，结果表明高收入者比低收入者对时间节约表现出更明显的倾向，而收入水平和金钱的节约之间并无确定的关系。

赵晓妮（2012）[2]通过对"淘宝网事件"对淘宝公司以及B2C电商影响的讨论分析，认为中国电子商务市场已经告别初始阶段"以小为美"的阶段，迎来"以大为美，以强为美的竞争趋势"。即网购形成B2C为主，C2C和B2B为辅的多元格局，网购日益凸显普遍化和规范化，电商的核心竞争力成为"消费者的满意度"。郭立强、王墂和金鑫（2013）[3]以淘宝网为例，分析了总成本领先的情况下中国网络消费市场的发展趋势，最后得出结论：（1）价格优势会继续维持；（2）物流建设加快满足消费者对低成本、高速度获取服务的需要；（3）中小卖家的代销模式会长期存在并在电商中扮演重要角色；（4）线上和线下互动增加，网络零售业和传统零售业的相关联。张耀荔、谢广营和陈静（2013）[4]利用统计学方法分析我国团购数据，分析了中国网络消费现状，认为中国网络消费中存在着购物网站盈利难、物流瓶颈、产品质量问题和售后服务问题以及购物网站的信任与支付完全问题，预计中国的网络消费市场将会向着电子商务企业与第三方物流企业在矛盾与协调中发展、交易额与顾客会员数量成为主要竞争标准、网络购物社交化、物流差异分工体系、移动设备网络购物迅速发

---

[1] Punj, Girish, Effect of Consumer Beliefs on Online Purchase Behavior: The Influence of Demographic Characteristics and Consumption Values. *Journal of Interactive Marketing*, 2011, 25: 134-144
[2] 赵晓妮. 基于"淘宝事件"的网购发展趋势分析. 电子商务, 2012（6）
[3] 郭立强, 王墂, 金鑫. 论总成本领先下的中国网购市场趋势发展研究. 现代商业, 2013（18）
[4] 张耀荔, 谢广营, 陈静. 中国网络购物现状与发展趋势分析. 商业研究, 2013（6）

| 第六章　互联网经济：中国扩大消费需求的"新渠道" |

展、团购繁荣与低价策略将继续保持主流地位六个趋势发展。

随着近些年来团购在中国的兴起，一部分学者也针对网络消费中的团购现象进行了研究。黄炜、殷聪（2012）[1]通过对我国网络团购的特征、商业模式和产业链的现状分析，从横向和纵向两个不同方面深入剖析目前中国式网络团购存在的问题，并从行业成熟度、动态议价空间和诚信联盟体系等方面进行展望，得出以下结论：网络团购将在优胜劣汰中逐步走向成熟，竞争日益激烈，地方区域性愈发显现，个性化更加突出，用户挖掘将成为团购的核心价值，动态议价也将会增强团购的吸引力。顾黎萍（2013）[2]通过分析自2010年我国网络团购经历的创新——扩张——调整三个阶段，认为我国网络团购将向以下方向发展：（1）进一步深化整合和细分；（2）团购网站与网络社区结合；（3）移动团购趋向成熟；（4）"团购+LBS"催生O2O社会化模式；（5）团购监管进一步规范化。

梁静（2013）[3]根据消费动机（功利主义和享乐主义）和商品形式（实体形式和虚拟形式）两个维度对网络消费类型进行分类，把不同行为下的网络消费行为分为经济型消费、应用型消费、享受型消费和体验型消费，但并没有对每种消费类型的内在机制进行分析。刘枫和李晋瑶（2007）[4]通过对消费者对信息弓箭认知活动的方式等的研究，探讨了消费者在网络环境下的行为特征以及与传统的行为模式相比发展的变化，从心理因素和外界因素两方面分析了影响消费者行为变化的主要因素，并构建了电子商务环境中消费者行为模型：刺激—黑箱—反应模式，并提出变量的量化以及消费者行为的定性模拟和定量模拟的结合是值得继续研究的。陈慧、李政和李远志（2007）[5]采用结构化访谈和问卷调查的方式，对调查结果进行了项目分析、探索性因子分析以及信度和效度的检验，对网络消费者的消费动机进行了细分，并划分为七个类型：交流与尝试，自由与控制，娱乐，信息搜索，个性化，价格和方便。

总体来看，消费者相信网购可以节省时间、金钱和找到最能满足自己需要的产品（Horrigan，2008）[6]。从这三个方面来讲，网络购物或网络消费行为可

---

[1] 黄炜，殷聪．中国式网络团购的现状、问题、趋势．图书情报工作，2012，56（8）
[2] 顾莉萍．我国网络团购发展趋势研究．商场现代化，2013（12）
[3] 梁静．网络消费类型及其特征分析．经济论坛，2013（5）
[4] 刘枫，李晋瑶．基于互联网的消费者行为模式研究．科协论坛，2007（2）
[5] 陈慧，李政，李远志．B2C条件下消费者动机实证研究．北京邮电大学学报（社会科学版），2007，9（4）
[6] Horrigan, John B. Online Shopping. report. Pew Internet & American Life Project. Washington D. C., 2008

以从理性经济模型、行为经济模型、认知心理角度和价值角度来解释。

从经济理性模型来看,收入与互联网消费之间存在正向的关系(Donthu and Garcia, 1999[1]; Li, Kuo, and Russell, 1999[2]; Mathwick, Malhotra, and Rigdon 2001[3])。一方面,收入高的消费者会由于更高的机会成本而将时间赋予更高的价值(Goldman and Johansson, 1978[4]; Ratchford, Lee, and Talukdar 2003[5]; Stigler, 1961[6]),因此他们互联网在线消费的目的更多是节省时间。另一方面,低收入者将金钱赋予更高的机制,因此他们互联网在线消费的目的是节省金钱。因此,高收入者通过互联网在线消费节省时间的信念与消费行为之间的正向关系高于低收入者,低收入者通过互联网在线消费节省金钱的信念与消费行为之间的正向关系高于高收入者。

从行为经济学角度来看,心理账户模型(Mental Accounting Model)假设消费者会为稀缺资源(时间和金钱)创造两个相对独立的"心理账户",一个账户是"花费时间",另一个账户是"花费金钱",在两个心理账户之间移动资源是困难的(LeClerc, Schmitt, and Dube, 1995[7]; Thaler, 1999[8])。消费者在对网上搜索成本(时间花费)和搜索利益(节省的金钱)之间进行权衡时不再以经济利益为标准,而只是比较两个账户中"节省时间"和"节省金钱"的相对重要性。低收入较少使用互联网,他们将使用互联网视为一种娱乐方式,因此,他们对"时间就是金钱"的信念比较弱,心理账户中主要是"时间",因而互联网消费主要目的是节省金钱而宁愿花费较多的搜索时间;而对于高收入者来说,由于他们在工作中较多的使用互联网,因此,他们"时间就是金钱"的信念比较强,心理账户中主要是"金钱",因而互联网消费的主要目的是节省时间而宁愿花费

---

[1] Donthu, Naveen and Adriana Garcia. The Internet Shopper. *Journal of Advertising Research*, 1999, 3 (9): 52 - 58

[2] Li, Hairong, Cheng Kuo, and Martha G. Russell. The Impact of Perceived Channel Utilities, Shopping Orientations, and Demographics on the Consumer's Online Buying Behavior. *Journal of Computer - Mediated Communication*, 1999, 5 (2): 1 - 20

[3] Mathwick, Charla, Naresh Malhotra, and Edward Rigdon. Experiential Value: Conceptualization, Measurement and Application in the Catalog and Internet Shopping Environment. *Journal of Retailing*, 2001, 77: 39 - 56

[4] Goldman, Arieh and J. K. Johansson. Determinants for Search of Lower Prices: An Empirical Assessment of the Economics of Information Theory. *Journal of Consumer Research*, 1978 (5): 176 - 186

[5] Ratchford, Brian T., Myung - Soo Lee, and Debabrata Talukdar. The Impact of the Internet on Information Search for Automobiles. *Journal of Marketing Research*, 2003 (40): 193 - 209

[6] Stigler, George J. The Economics of Information. *Journal of Political Economy*, 1961 (69): 213 - 225

[7] LeClerc, France, Bernd H. Schmitt, and Laurette Dube. Waiting Time and Decision Making Is Time like Money?. *Journal of Consumer Research*, 1995 (22): 110 - 119

[8] Thaler, Richard H. Mental Accounting Matters. *Journal of Behavioral Decision Making*, 1999, 12 (3): 183 - 206

较多的金钱。另外,"心理账户"也能够解释使用互联网消费的代际差异(Mathwick et. al., 2001[1])。年轻人喜欢时尚的生活方式,通过互联网上信息的分享和相互交流,他们认为网购可以节省更多的金钱。年纪较大的人由于对新信息和通信技术的接受较慢,因而不会持有与年轻人相同的信念。

从认知心理理论角度来看,消费者在网络购物的时候心理上会存在对"努力—精准"(effort - accuracy)的权衡,一般来说,虽然网络消费的时间成本比较低,但是消费者要找到更适合自己的产品却要付出更高的认知努力,因此,即消费者会权衡认知努力减少获得的利益与寻找产品精准度提高所得的利益(Payne, Bettman, and Johnson, 1993[2]; Bellman et. al., 2006[3])。经验研究表明,一般消费者对认知努力减少和产品精准度提高的权衡并非对称的,消费者更多倾向于认知努力减少,而宁愿损失一些产品的精准度。但是,由于受过高等教育的消费者掌握和处理信息的能力更强,因此他们更容易找到最符合自己需要的产品(Beatty and Smith, 1987[4]; Mathwick, Malhotra, and Rigdon, 2001)。

互联网消费还可以从消费者价值角度(consumption values perspective)来理解。价值理论认为消费者购物的目的是寻找功能性价值和享乐价值(Sheth, Newman, and Gross, 1991[5])。消费者寻找功能性价值意味着他们在网络消费时会考察现有选择的替代品,但是这将会花费更多的时间。这被称为"选择专制"(tyranny of choice)的问题(Shwartz, 2004[6])。因此,对于那些喜欢多样选择的消费者来说,互联网消费节省时间与网上购物之间的正向关系更弱。重视享乐价值的消费者会更喜欢网上购物的乐趣,这个信念将会使得消费者更加努力寻找最适合自己的产品。因此,网上购物行为与怀有享乐的信念具有更强的正向关系。经济理性模型是从新古典经济学理论研究互联网消费行为,心理账户模型和认

---

[1] Mathwick, Charla, Naresh Malhotra, and Edward Rigdon. Experiential Value: Conceptualization, Measurement and Application in the Catalog and Internet Shopping Environment. *Journal of Retailing*, 2001 (77): 39 - 56

[2] Payne, John W., James R. Bettman, and Eric J. Johnson. The Adaptive Decision Maker. New York: Cambridge University Press, 1993

[3] Bellman, Steven, Eric J. Johnson, Gerald H. Lohse, and Naomi Mandel. Designing Marketplaces of the Artificial with Consumers in Mind: Four Approaches to Understanding Consumer Behavior in Electronic Environments. *Journal of Interactive Marketing*, 2006, 20 (1): 21 - 33

[4] Beatty, Sharon E. and Scott M. Smith. External Search Effort: An Investigation Across Several Product Categories. *Journal of Consumer Research*, 1987, 14 (1): 83 - 95

[5] Sheth, Jagdish, Bruce I. Newman, and Barbara L. Gross. Consumption Values and Market Choices: Theory and Applications. Cincinnati: South - Western Publishing, 1991

[6] Schwartz, Barry. The Tyranny of Choice. *Scientific American*, 2004, 290 (4): 70 - 75

知心理模型是从行为经济理论研究互联网消费行为，而消费者价值理论则更强调在互联网消费中的消费者的"价值优先"信念。这种信念异于传统理性经济理论和行为经济学中消费者的信念。

在互联网消费中，消费者获得的信息规模和信息质量对于消费者行为都具有重要的影响。消费者可以从产品生产者和销售者获得信息，也可以根据自己的消费经验获得信息，或者通过与其他消费者之间网络沟通和信息分享获得信息。另外，消费者获得的信息质量也会影响网上购物行为。

一方面，对于信息如何影响网络购买行为可以从信息经济学的角度进行研究，将信息视为实现目标功能的工具，运用理性分析工具分析信息的可获得性和信息的质量对网络消费行为的影响。在这个视角下，信息具有描述功能（descriptive function）和参考功能（referential function），这意味着信息传递的主要目的是更精准地描述产品，从而更有助于消费者掌握该产品的情况，为购买决策提供有实际价值的参考。因此，消费者掌握更多的信息和更高质量的信息会更有利于其做出购买决策，实现网络购买的目的。

另一方面，可以从认识论和现象学的视角进行分析，在这种视角下，信息具有感情功能（emotive function）、意动功能（conative function）、交际功能（phatic function）、多样语言功能（meta-linguistic function）和诗化功能（poetic function）。感情功能意味着信息中包含消费者个人的厌恶、喜好等感觉，意动功能意味着信息中包含信息传送者本人想实现某种目的和行为的意愿，交际功能意味着信息传送或者交流的目的是为了吸引其他人的注意，从而建立或维持一种社会关系，因此这是一种社会维度。多样语言表述功能意味着信息传递过程不同语言可能会表达同样的信息，而对不同表达的理解可能造成不同的购买行为。诗化功能意味着信息的表达形式和内容之间的关系，对于同样形式的信息，信息接收者对信息内容的理解可能是不同的，可能取决于接受者对信息传输媒介的掌握和了解程度。在认识论和现象学的视角下，信息被视为反映人类社会行为、情绪行为的一种主观的认识，因此消费者在进行互联网购物时对商品的主观感受会极大影响消费者行为。

上述四种理论解释都只能解释互联网下消费行为的一部分，这是因为互联网下的消费既不同于传统经济下理性消费，也不是完全的感性消费，而是一种多维互动的全景模式。在当今的数字化时代，Web2.0与移动互联网创造了传统媒体无法比拟的全新传播与营销生态，消费者与好友之间、消费者与厂商之间可以相互沟通、自由对话。传播环境与消费者行为的改变，消费决策过程也

第六章 互联网经济：中国扩大消费需求的"新渠道"

随之发生变化，与新生态对应的消费轨迹与行为转变为（SICAS，Sense-Interest & Interactive-Connect & Communicate-Action-Share）模式。SICAS模式是全景模式，消费者行为在这样一个消费生态中是多维互动过程，而非单向递进过程。SICAS模式如图6-7所示①。

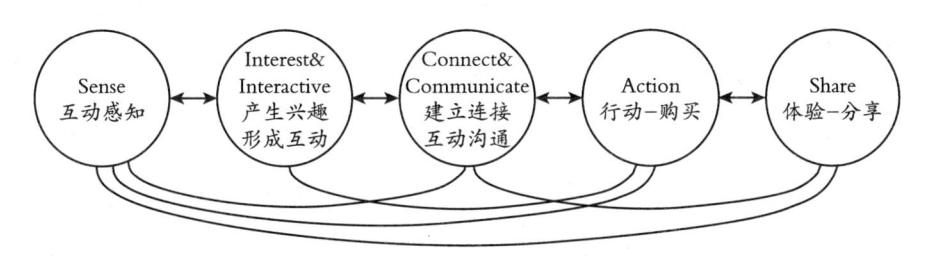

图6-7 SICAS模式

二、回归分析

在对现有资料进行分析整理后，我们将现有研究中对互联网消费量产生影响的变量按照个人变量与家庭变量的方式进行分类，选取了普遍为人所认同的不同方面的指标。其中，个人层面指标共10个，数据来源为城调队2010~2012年度家庭成员基本情况统计数据；家庭层面指标共26个，数据来源为城调队2010~2012年度家庭基本情况统计数据。对家庭层面指标，我们将其细化分为四部分二级指标。其中，家庭基本情况方面指标7个，家庭收入方面统计指标4个，家庭支出方面指标5个，家庭人口对收入贡献方面指标9个。所有的统计指标在表6-9中列示。

表6-9　　　　　　　　　　主要变量定义表

变量	定义
主要变量定义表	
个人变量	
Age	户主年龄
Sqage	户主年龄平方

---

① 王景艳，朱珍. 信息消费与其对信息产业和消费模式影响研究. Proceedings of International Conference on Social Science and Education，2012，pp. 538-534

续表

主要变量定义表

变量	定义
个人变量	
Gender	户主性别
Eduage	户主受教育年限
Marry	户主婚姻状况
Nation	户主民族
Hoshold	户主户口情况
Job	户主职业
Jobyear	户主工作年限
Field	户主行业
家庭变量	
Member	家庭规模
Womanrate	家庭女性人口占比
Childrate	家庭0~14岁成员占比
Oldrate	家庭65岁以上成员占比
Phone	家庭中可接入互联网的移动电话数量
Computer	家庭中可接入互联网的计算机数量
House	家庭房屋拥有情况
Income	家庭总收入
Finc	可支配收入
Salary	工资性收入
Transfinc	转移性收入
Expend	家庭总支出
Consume	消费性支出
Transout	转移性支出
Govout	社会保障支出
Sercons	服务型消费支出

续表

主要变量定义表

变量	定义
家庭变量	
Incomerate	家庭中有收入者占比
Jobrate	家庭中有工作者占比
Pwrate	城镇集体经济单位职工人数占比
Perate	城镇个体或私营企业主人数占比
Prtate	城镇个体或私营企业被雇人数占比
Returate	离退休再就业人数占比
Retirate	离退休人数占比
Nincrate	无收入者人数占比
Studrate	在外就学人数占比

因变量我们选取城调队 2010~2012 年度家庭消费支出表调查结果中互联网消费量。经过一定的变换，最终我们选取的因变量由以下四部分构成：

其一，互联网消费量的对数量（记为 $lgint$）。该因变量是通过对互联网消费量取自然对数得到的，反映的是各影响因素对互联网消费量的直观影响程度。

其二，互联网消费量占家庭总支出的百分比（记为 $intratecons$）。该变量是互联网消费量与家庭总支出的比值，反映的是各影响因素对家庭消费结构的影响程度。

其三，互联网消费量占家庭总收入的百分比（记为 $intrateinco$）。该变量是互联网消费量与家庭总收入的比值，反映的是各影响因素对家庭消费能力的影响程度。

其四，反映是否发生互联网消费行为的 0~1 变量（即为 $intyn$）。其中，若家庭有过互联网购买行为本变量值为 1，否则为 0。

（一）主要统计量的线性回归结果

1. 个人层面变量结果分析。

我们首先探讨个人层面变量对主要因变量的线性回归结果。通过观察三个受影响变量的分布情况,我们发现三者都具有的特点是在正半轴内分布不均。虽然利用线性回归不能绝对精确地描述独立变量对依赖变量的影响程度,但至少能给我们带来一点整体上的估计,结果见表6-10。

表6-10 个人层面变量结果分析

个人层面变量结果分析

年份	2010年			2011年			2012年		
变量	lgint	intratecons	Intrateinco	lgint	Intratecons	intrateinco	lgint	intratecons	intrateinco
Age	-66.8***	-0.199***	-0.179***	-34.2*	-0.444***	-0.425***	-74.6***	-0.614***	-0.586***
	-18.9	-0.0405	-0.0387	-19.5	-0.0825	-0.0761	-17.7	-0.123	-0.0979
Sqage	78.6***	0.189***	0.177***	41*	0.412***	0.394***	75.9***	0.527***	0.503***
	-20	-0.0395	-0.0378	-21	-0.0855	-0.0788	-18.5	-0.123	-0.0979
Gender	30.9	0.0774	0.148	76	-0.862*	-1.16**	-21.4	-1.11**	-0.73*
	-61.8	-0.16	-0.15	-95.6	-0.51	-0.47	-63.2	-0.475	-0.378
Eduage	30.3**	0.115***	0.136***	31.1**	0.283***	0.239***	33.9**	0.22***	0.209***
	-11.8	-0.0265	-0.0254	-12.2	-0.0494	-0.0456	-12.5	-0.0823	-0.0655
Job	8.05	-0.574	-0.562	-168	-1.1	-0.974	-52	-0.16	-0.289
	-174	-0.385	-0.368	-172	-0.721	-0.665	-180	-1.2	-0.953
Jobyear	9.24	0.0259	0.0216	17.7*	-0.0241	-0.0226	4.73	-0.0195	-0.0177
	-9.92	-0.0187	-0.0179	-10	-0.0331	-0.0305	-8.41	-0.0519	-0.0413
Field	-9.6	0.049	0.0715	55.2	0.271	0.388*	126**	0.909**	0.787***
	-49	-0.122	-0.116	-48.9	-0.231	-0.213	-50.5	-0.38	-0.302
Marry	-161	2.26	1.45	-1020	1.43	0.00326	639	3.71	3.24
	-745	-1.7	-1.6	-781	-3	-2.8	-766	-4.87	-3.88
Nation	152	0.0902	0.0106	154	0.575	0.987	464**	0.427	0.162
	-179	-0.4	-0.38	-182	-0.77	-0.71	-186	-1.28	-1.02
Hoshold	-33.6	-0.13	-0.15	18.5	0.0964	-0.0653	21.5	-0.0716	-0.113
	-67.2	-0.17	-0.16	-57.4	-0.27	-0.25	-58.4	-0.436	-0.347

通过线性回归,我们得到如下的结论:2010~2012年,三个变量普遍受到年龄因素的影响,与户主年龄呈现明显的"U"形关系;随时间增加,户主性别的影响程度稍显明显,即户主为女性的情况互联网消费量占总支出以及总收入的百分比有所减少;3年间随户主受教育年限的增加互联网消费量占家庭总支出的百分比和互联网消费量占家庭总收入的百分比都有所增加;家庭互联网消费与户主从事的行业、工作情况和工作年限的关系不明显,与户主的民族、婚姻情况和户口状况关系不显著。

根据分析以及现有研究的结论,户主的年龄及户主受教育年限与互联网消费的关系是明显的,即中年人群的互联网消费水平最低,青年及中老年反而有所增加,并且户主的受教育年限越长,互联网消费水平越高。性别以及婚姻状况角度,我们发现虽然自变量和因变量之间存在一定的正向关系,即女性户主的互联网消费行为更突出,但这样的关系并不显著。我们推测这是由所进行的回归是线性的造成的,因变量是连续变量而自变量是离散变量,这将导致线性回归结果不够准确。我们将采用probit模型进行处理。而对于职业、行业以及户主的户口状况,我们认为这与互联网消费的影响关系可能不大。

2. 家庭层面变量结果分析。

通过线性回归,我们能够得到家庭层面变量的线性回归结果分析。我们将按照家庭基本情况方面指标、家庭收入方面统计指标、家庭支出方面指标以及家庭人口对收入贡献方面指标四个方面进行阐述。其中不乏过去研究中经常被提及的变量如家庭成员组成结构、收入支出结构等,同时我们也对家庭的收入来源进行了分析,结果见表6-11。

表6-11　　　　　　　　家庭层面变量结果分析

家庭层面变量结果分析

年份	2010年			2011年			2012年		
变量	lgint	intratecons	intrateinco	lgint	intratecons	intrateinco	lgint	intratecons	intrateinco
Member	475***	-0.989	-1.23**	-172*	-1.63***	-1.76***	-77.1*	-1.45***	-1.55***
	-149	-0.604	-0.577	-79.8	-0.616	-0.568	-45.3	-0.447	-0.356
Womanrate	-916***	-0.0889	0.348	-1150	20.8*	29.2***	1630	25.8**	27.1***
	-256	-0.991	-0.947	-2480	-11.7	-10.8	-2080	-13.1	-10.4

续表

家庭层面变量结果分析

年份 变量	2010年 lgint	intratecons	intrateinco	2011年 lgint	intratecons	intrateinco	2012年 lgint	intratecons	intrateinco
Childrate	912***	0.48	0.408	365	0.4	0.909	-223	-0.164	-0.149
	-270	-0.58	-0.56	-248	-1.05	-0.96	-241	-1.7	-1.35
Oldrate	449*	0.395	0.415	-1115**	-3.17**	-3.06**	-45.4	-0.526	-0.515*
	-234	-0.44	-0.42	-541	-1.29	-1.19	-38.9	-0.356	-0.283
Phone	823**	1.99	2.47**	715*	5.23***	5.45***	186	2.9	2.82
	-415	-1.3	-1.2	-350	-1.9	-1.7	-327	-2.81	-2.24
Computer	104**	0.905***	0.871***	261***	2.04***	1.73***	269***	2.9***	2.29***
	-48	-0.13	-0.12	-48	-0.23	-0.21	-49.1	-0.368	-0.293
House	260	-0.0175	-0.374	409	3.09***	2.75**	-35.7	3.58*	3.86**
	-249	-0.604	-0.577	-269	-1.2	-1.1	-282	-1.93	-1.53
Income	116***	0.0457	-0.001	-68.8	-0.34	-0.103	-13	0.676	0.265
	-40.6	-0.178	-0.17	-42.7	-0.335	-0.309	-42	-0.479	-0.382
Finc	-113***	0.0119	-0.0216	79.9*	0.348	-0.043	0.329	-0.739	-0.451
	-42	-0.181	-0.173	-44.3	-0.343	-0.316	-41.5	-0.475	-0.378
Salary	361	1.21	0.311	-644	5.48	-1.45	472	5.68	2.05
	-434	-2.03	-1.94	-547	-4.02	-3.7	-538	-5.8	-4.62
Transfinc	-228***	-0.746**	-0.946***	-277***	0	0.0898	504***	4.18***	3.08***
	-87.5	-0.347	-0.331	-75.7	-0.557	-0.514	-87	-0.91	-0.725
Expend	45.8	-0.206*	0.635***	-31.6	-0.557**	-0.125	-37.5	-0.856*	-0.0105
	-29.3	-0.115	-0.11	-33.9	-0.233	-0.215	-40.3	-0.438	-0.349
Consume	102	-0.133	-0.064	-132*	-0.225	0.719	142**	0.598	1.14**
	-68.4	-0.253	-0.242	-74.5	-0.496	-0.457	-58.9	-0.658	-0.524
Transout	-105	-0.0402	-0.712*	-284**	-1.37	-0.505	357**	-1.08	-0.0588

续表

家庭层面变量结果分析

年份	2010 年			2011 年			2012 年		
变量	lgint	intratecons	intrateinco	lgint	intratecons	intrateinco	lgint	intratecons	intrateinco
	-120	-0.42	-0.401	-138	-0.923	-0.851	-141	-1.46	-1.17
$Govout$	-183 ***	-0.0813	-0.0292	177 ***	0.47	0.471	58	-0.767	-0.191
	-46.5	-0.202	-0.193	-50.8	-0.393	-0.362	-47.2	-0.536	-0.427
$Sercons$	173	1.01	1.46 **	1080 ***	3.7 ***	5.78 ***	55.4	1.77	2.68 **
	-167	-0.618	-0.59	-168	-1.18	-1.09	-168	-1.7	-1.36
$Jobrate$	-364	-0.0449	-0.6	-279	1.06	1.52	1317 ***	3.76	3.67 *
	-389	-0.89	-0.85	-409	-1.52	-1.4	-483	-2.67	-2.12
$Pwrate$	-297	-1.64 **	-1.23 *	-253	-0.94	-1.44	-62.6	-2.19	-2.72
	-280	-0.71	-0.68	-279	-1.3	-1.2	-291	-2.16	-1.72
$Perate$	-150	-1.06 **	-0.86 *	-134	-1.75 *	-1.92 **	74	-0.769	-1.05
	-227	-0.53	-0.51	-215	-0.97	-0.9	-202	-1.58	-1.26
$Prtate$	46.8	-0.639 *	-0.4	-405 ***	-2:68 ***	-2.34 ***	-46.2	-2.06 *	-2.05 **
	-162	-0.36	-0.34	-146	-0.64	-0.59	-149	-1.07	-0.849
$Returate$	255	0.722	0.064	-382	-2.47 *	-3.53 ***	-295	2.26	-1.28
	-301	-0.76	-0.73	-361	-1.42	-1.31	-343	-2.22	-1.77
$Retirate$	-415	-0.71	-1	-210	-1.13	-0.46	1034 **	1.41	1.24
	-398	-0.89	-0.85	-422	-1.5	-1.38	-489	-2.65	-2.11
$Nincrate$	-955 **	-1.69 *	-1.76 **	-661	-2.25	-1.53	1471 ***	1.99	1.95
	-402	-0.91	-0.87	-424	-1.55	-1.43	-492	-2.73	-2.17
$Studrate$	-292	-0.78	-0.56	-652 ***	-2.31 **	-2.33 **	-27.3	0.986	1.21
	-243	-0.51	-0.49	-230	-1.06	-0.98	-246	-1.84	-1.47
$Constant$	591.2 ***	0.332 *	0.297 *	605.6 ***	0.877 ***	0.85 ***	625.1 ***	1.35 ***	1.2 ***
	-0.775	-0.00173	-0.00166	-0.785	-0.00313	-0.00288	-0.853	-0.00521	-0.00415
Observations	1991	11015	11015	2420	10667	10667	2415	8360	8360
R-squared	0.392	0.075	0.073	0.248	0.08	0.082	0.368	0.065	0.075

根据线性拟合的结果，我们可以得到以下结论：

就家庭基本情况方面而言，互联网消费量以及其在家庭总消费和总支出中的占比与家庭规模呈明显正相关；2010年家庭中0～14岁成员占比对互联网消费量有正向关系，2011年及2012年影响关系不明显；2011年互联网消费量以及其在家庭总消费和总支出中的占比与家庭中65岁以上成员占比呈负相关；综合考虑3年的数据结果，女性占比越高，整体上家庭互联网消费量在家庭总消费和总支出中的占比均有所增加；家庭中可接入互联网的计算机数量越多，互联网购物发生的概率和金额越高；可接入互联网的移动电话数量增多，互联网购物程度加重，但二者的相关关系可能并不十分明显；2011年及2012年，家庭的房屋拥有量对家庭互联网消费量在家庭总消费和总支出中的占比有正向作用。

从直观的角度来说，家庭规模越大，人口越多，整体的支出就会越多，互联网消费的金额也应该越大。年轻人要比老年人更容易接受互联网消费的模式，尤其是青少年儿童，对互联网的依赖性较强，因此家庭中孩子的比例越高，家庭的互联网消费的程度也越深；而老年人受传统观念的影响，或是对现代科技的互联网技术不熟练，使用互联网进行消费有一定的观念和技术上的困难，再加上老年人的收入水平普遍较低，使得家庭中老年人口占比对互联网消费产生抑制作用。同时，我们发现，受社会传统消费模式的影响，女性消费的水平较高也在互联网购物这一方面有所体现。从家庭基本情况的角度来说，家庭中可接入互联网的计算机和移动电话的数量越多，人们就有更多的机会接触网络消费，并且拥有更多房产的人的收入水平普遍较高、消费需求也相应提高，这使得计算机及房产数量对互联网消费产生正向作用。可以看出，以上的分析符合拟合得到的结论。

从家庭收入角度来说，整体上看来家庭收入的各项组成指标对三个因变量的影响程度均不明显。然而，如果我们仅观测某一年的数据，某些关系仍然是可推测的。例如，2010年度家庭总收入越高，家庭在互联网消费中的花费的金额越多，同时我们发现转移性收入对互联网消费有负向作用。

很明显，家庭的收入越多，家庭的消费能力也越强，互联网消费的水平越高是不足为奇的。而对于转移性收入，接受政府转移性收入的家庭也许会将互联网消费视作一种次级品，转移性收入越高，意味着家庭拥有更多的能力购买一些家庭必需品，而非互联网购物时经常出现的其他商品。

从家庭支出方面指标上看，2010年家庭总支出对互联网消费占家庭总消费的比例存在正效应，而对占家庭总收入的比例存在负效应；2011年家庭服务性消费对三个因变量的影响均为正向。从家庭人口对收入贡献方面指标上看，2010年家庭中无收入者占比越高，家庭中互联网消费的金额和占比越小；2011年因变量与家庭中城镇个体或私营企业被雇人数占比、离退休再就业人数占比、在外就学人数占比呈负相关；2012年家庭中有工作者占比越高，家庭互联网消费水平越高。

（二）主要统计量的 Tobit 回归模型

Tobit模型是统计学意义中的角点解模型。该模型的特点为被观察的因变量存在两部分比重不均的解集。由于互联网消费中可能会有相当一部分的家庭选择不进行互联网消费，选用Tobit模型或许可以提高回归的精度，有利于我们的研究。根据2010~2012年的家庭消费统计数据，我们利用家庭互联网消费的对数量lgint作为因变量，利用Tobit模型回归得到以下结果，见表6-12。

表6-12　　　　　　　　主要变量的Tobit回归结果

lgint	2010年	2011年	2012年
age	-0.0667	-0.0341818*	-0.07459
	0.018064	0.018753	0.017066
sqage	0.0007849***	0.0004094***	0.000759***
	0.000192	0.000205	0.000178
gender	0.0310442*	0.075873	-0.02135
	0.059125	0.092103	0.06082
eduage	0.0303448***	0.0311122***	0.03396**
	0.011272	0.01175	0.012043
job	0.00067**	-0.0169329**	-0.0053357**
	0.016619	0.016591	0.017366
jobyear	0.0000926***	0.0001796***	0.0000474***
	0.0000949	0.0000967	0.0000809
field	-0.0009749**	0.0055113***	0.0126109***
	0.004688	0.004713	0.00486
womanrate	-0.09146	-0.11383	0.163402
	0.024524	0.238854	0.200659

续表

	主要变量的 Tobit 回归结果		
lgint	2010 年	2011 年	2012 年
childrate	0.915336	0.366391	-0.22216
	0.258459	0.238753	0.232221
oldrate	0.4500079 **	-1.12121	-0.04537
	0.224215	0.521126	0.037406
phone	0.0824662 ***	0.0716649 ***	0.0185255 **
	0.039741	0.033731	0.031469
computer	0.1040562 **	0.26065	0.269179
	0.045954	0.046265	0.047298
house	0.0259564 **	0.0407261 **	-0.0035043 *
	0.02382	0.025878	0.027105
member	0.0473857 **	-0.0172655 **	-0.007715 **
	0.014267	0.007686	0.00436
income	0.0000116 ***	-0.00000689 ***	-0.00000129 ***
	0.00000389	0.00000411	0.00000404
finc	-0.0000113 ***	0.00000801 ***	0.0000000284 ***
	0.00000402	0.00000427	0.000004
salary	0.000000361 ***	-0.000000644 ***	0.000000472 ***
	0.000000415	0.000000527	0.000000518
transfinc	-0.00000228 ***	-0.00000277 ***	0.00000504 ***
	0.000000838	0.000000729	0.000000837
expend	0.000000458 ***	-0.000000316 ***	-0.000000374 ***
	0.00000028	0.000000327	0.000000388
consume	0.00000102 ***	-0.00000132 ***	0.00000142 ***
	0.000000655	0.000000718	0.000000567
transout	-0.00000105 ***	-0.00000283 ***	0.00000357 ***
	0.00000115	0.00000133	0.00000136
govout	-0.0000182 ***	0.0000177 ***	0.0000058 ***
	0.00000445	0.00000489	0.00000455

续表

<table>
<tr><th colspan="4">主要变量的 Tobit 回归结果</th></tr>
<tr><td>lgint</td><td>2010 年</td><td>2011 年</td><td>2012 年</td></tr>
<tr><td>sercons</td><td>0.00000173 ***
0.0000016</td><td>0.0000108 ***
0.00000162</td><td>0.000000552 ***
0.00000162</td></tr>
<tr><td>incomerate</td><td>0.957816
0.384683</td><td>0.664317
0.408736</td><td>−1.47112
0.47378</td></tr>
<tr><td>jobrate</td><td>−0.36359
0.37235</td><td>−0.28224
0.394121</td><td>1.316765
0.46491</td></tr>
<tr><td>Pwrate</td><td>−0.2954
0.26789</td><td>−0.25305
0.268436</td><td>−0.0625
0.279937</td></tr>
<tr><td>Perate</td><td>−0.15065
0.217141</td><td>−0.1334
0.206949</td><td>0.074367
0.194703</td></tr>
<tr><td>prtate</td><td>0.047025
0.155161</td><td>−0.40472
0.140227</td><td>−0.04562
0.143594</td></tr>
<tr><td>returate</td><td>0.254803
0.288446</td><td>−0.38242
0.347492</td><td>−0.29389
0.330613</td></tr>
<tr><td>retirate</td><td>−0.41568
0.380819</td><td>−0.21478
0.406088</td><td>1.033537
0.471128</td></tr>
<tr><td>studrate</td><td>−0.29389
0.232173</td><td>−0.65302
0.221617</td><td>−0.02682
0.236915</td></tr>
<tr><td>marry</td><td>−0.01622
0.071236</td><td>−0.103
0.075216</td><td>0.0638257 *
0.073745</td></tr>
<tr><td>nation</td><td>0.152057
0.171584</td><td>0.154185
0.175442</td><td>0.464609
0.179169</td></tr>
<tr><td>hoshold</td><td>−0.03514
0.064283</td><td>0.0185434 *
0.055261</td><td>0.0215255 *
0.0562</td></tr>
<tr><td>_cons</td><td>4.950852
0.673323</td><td>5.390958
0.685082</td><td>7.721241
0.695617</td></tr>
</table>

根据 Tobit 模型的回归结果，我们得到以下结论：相较于线性的回归结果，家庭的互联网消费量同年龄、户主受教育年限、家庭中计算机数量、家庭规

模、家庭转移性收入等量的相关关系无明显变化。女性占比、家庭中儿童占比、老年人占比、家庭总收入、家庭可支配收入、家庭支出等方面受到的影响作用被削弱。我们认为这其中的原因可能有以下几个方面：其一，家庭的互联网消费水平和这些变量的线性关系较强，利用线性模型回归得到的结果精度更高；其二，家庭总收入、可支配收入、家庭总支出等因素对家庭的互联网消费的影响能力本身就不强，而是会对家庭的收入结构以及消费结构产生比较大的影响；其三，家庭中成员结构对互联网消费产生的影响能力可能本身就较弱，互联网普及已经近10年，传统意义上的消费心理也许不再适用于网络消费的模式，互联网购物群体的年龄上、性别上的差异也在一定程度上体现了消费群体的多样性。

（三）关于是否产生互联网消费行为的 Probit 模型

Probit 模型用于研究因变量为 0~1 变量的情况，因此用于讨论是否发生互联网消费行为的影响因素选用 Probit 模型能够提高回归精度。因变量 intyn 为个人是否发生互联网购物行为。利用 stata 回归我们得到以下结果，见表 6-13。

表 6-13　　　　　是否发生互联网购物行为的 Probit 回归结果

intyn	2010 年	2011 年	2012 年
age	-0.0210787**	-0.0609064*	-0.0139237**
	0.0114977	0.0111893	0.010882
sqage	0.000133***	0.0005492***	0.0000656***
	0.000117	0.0001198	0.000112
gender	0.0424724**	-0.012414	0.0178019*
	0.0397539	0.0671751	0.040063
eduage	0.0318956**	0.0545096**	0.0311395**
	0.0073408	0.0068402	0.007217
job	-0.0224145**	-0.0044108**	0.0131217***
	0.010485	0.009384	0.010261
jobyear	0.0000949***	0.00000818***	-0.0000101***
	0.0000579	0.0000503	0.0000497

续表

$intyn$	2010 年	2011 年	2012 年
$field$	-0.0023918 ***	-0.0006437 ***	0.0009169 ***
	0.003102	0.002891	0.003133
$womanrate$	0.1551115	0.0715954	0.2402095 **
	0.0277017	0.1583407	0.110574
$childrate$	0.2477134 **	0.0704375	0.381233
	0.1511872	0.1347066	0.141579
$oldrate$	0.1637377	-0.882973	-0.0126154 *
	0.1353914	0.2294667	0.034666
$phone$	0.0585243 ***	0.0886325 **	0.0802811 **
	0.0302904	0.0225239	0.022912
$computer$	0.2875717	0.2895869	0.248162
	0.032339	0.0298438	0.0307
$house$	0.0069925 **	0.0378528 ***	0.0448781 **
	0.0159563	0.0154426	0.016758
$member$	-0.1048331	-0.0036223 **	-0.0286174 **
	0.0172491	0.0111567	0.004658
$income$	-0.0000107 ***	0.0000037 ***	-0.0000129 ***
	0.00000504	0.00000438	0.00000449
$finc$	0.0000135 ***	-0.00000393 ***	0.0000129 ***
	0.00000506	0.00000445	0.00000449
$salary$	0.00000218 ***	0.00000105 ***	0.00000177 ***
	0.000000687	0.000000555	0.000000576
$transfinc$	-0.000000374 ***	0.00000219 ***	0.000006 ***
	0.000000925	0.000000941	0.000000946
$expend$	-0.0000000595 ***	-0.000000816 ***	0.000000261 ***
	0.000000266	0.000000315	0.000000365

续表

intyn	2010 年	2011 年	2012 年
consume	0.00000111 ***	0.00000248 ***	0.00000159 ***
	0.000000584	0.000000644	0.000000674
transout	-0.000000336 ***	-0.000000417 ***	0.00000261 ***
	0.00000114	0.00000128	0.00000135
govout	0.0000116 ***	0.00000248 ***	0.000024 ***
	0.00000565	0.00000526	0.00000515
sercons	-0.00000238 ***	0.00000545 ***	0.000000881 ***
	0.00000149	0.00000158	0.00000153
incomerate	0.2167377	0.017909	-0.08743
	0.2561316	0.2280455	0.257287
jobrate	0.199076	0.4592362 **	0.300492
	0.2501135	0.2222718	0.252189
Pwrate	-0.1701749	-0.188892	-0.45687
	0.1777454	0.1631506	0.185631
Perate	-0.1033274	-0.190828	0.2104546 *
	0.1519232	0.1288853	0.137271
prtate	-0.2871453	-0.248209	-0.07479
	0.099508	0.0830801	0.089788
returate	-0.035597	-0.62989	-0.42033
	0.1880385	0.1930244	0.191689
retirate	-0.122576	0.002915	-0.07155
	0.2514276	0.2242915	0.253037
studrate	0.0583659	0.2559576 ***	0.3448586 *
	0.1370707	0.1300088	0.148086
marry	0.027861 *	0.0912203 **	0.0637656 **
	0.0446139	0.0407678	0.042965

续表

intyn	2010 年	2011 年	2012 年
nation	−0.0297543	−0.03639	−0.11776
	0.1044538	0.0980701	0.104795
hoshold	−0.0895336	−0.043477	0.0216317**
	0.0435084	0.0349436	0.035428
_cons	−1.687718	−1.044401	−1.91589
	0.4180261	0.3868279	0.408496

根据 Probit 模型的回归结果，我们得到以下结论：

个人层面变量对是否发生互联网消费行为的影响情况基本不变，这里不再赘述。家庭人口组成层面上看，家庭女性占比、家庭中青少年占比与是否发生互联网消费行为的正相关关系更加明显，说明家庭中女性较多时会有更大的概率发生互联网购物行为。家庭中计算机数量、移动电话的数量、房屋拥有情况的影响不变。家庭收入及支出组成结构层面上看，可支配收入以及工资性收入越高的家庭越可能发生网络消费行为，总支出与总消费越多的家庭有与此类似的结论。家庭人口对收入贡献层面来看，整体上对是否使用互联网购物的影响不明显。由此可以表明，个人的年龄、受教育程度、家庭的规模、女性人口、青少年及老年人的占比以及家庭的收入支出情况、家庭的基础条件等是影响互联网消费的主要因素。

三、对于淘宝和团购的案例研究分析

据波士顿咨询公司于 2010 年发布的研究报告称，中国人网上购物时通常会使用淘宝。当前，淘宝以 85% 的成交额占据 C2C 市场首位，已成为中国最大的电子商务商户。而据联商网发布的数据显示，截至 2013 年 3 月，淘宝 B2C 流量占比 34%，C2C 占 66%。C2C 中，淘宝依然以霸主姿态稳居第一，占 97.5% 的份额。

同时也有资料显示，2010 年至今，国内电子商务投融资资金额总额约合 6.14 亿美元，而按照所获投资金额占比来分，新兴产业团购就占据了 16%，并有着强劲的增长势头。因此，我们分别分析淘宝和团购这两大互联网消费巨头。

（一）淘宝案例分析

1. 基本概况。

淘宝网是亚太地区较大的网络零售商圈，由阿里巴巴集团在2003年5月10日投资创立。淘宝网现在业务跨越C2C（个人对个人）、B2C（商家对个人）两大部分。淘宝商城整合数千家品牌商、生产商，为商家和消费者之间提供一站式解决方案。

截至2013年，淘宝网拥有近5亿的注册用户数，每天有超过6000万的固定访客，是亚洲最大的网络零售商圈。同时，每天的在线商品数已经超过了8亿件，平均每分钟售出4.8万件商品。截至2011年年底，淘宝网单日交易额峰值达到43.8亿元，创造270.8万个直接且充分的就业机会。随着淘宝网规模的扩大和用户数量的增加，淘宝也从单一的C2C网络集市变成了包括C2C、团购、分销、拍卖等多种电子商务模式在内的综合性零售商圈。已经成为世界范围的电子商务交易平台之一。

2. 主要产品。

（1）阿里旺旺。阿里旺旺，一种即时通信软件供网上注册的用户之间通信，阿里旺旺是淘宝网官方推荐的沟通工具。淘宝网同时支持用户以网站聊天室的形式通信，淘宝网交易认可淘宝旺旺交易聊天内容保存为电子证据。

（2）淘宝店铺。淘宝店铺是指所有淘宝卖家在淘宝所使用的旺铺或者店铺，淘宝旺铺是相对普通店铺而诞生的，每个在淘宝新开店的都是系统默认产生的店铺界面，就是常说的普通店铺。而淘宝旺铺（个性化店铺）服务是由淘宝提供给淘宝卖家，允许卖家使用淘宝提供的计算机和网络技术，实现区别于淘宝一般店铺展现形式的个性化店铺页面展现功能的服务。

（3）淘宝指数。淘宝指数是一款基于淘宝的免费数据查询平台，可通过输入关键词搜索的方式，查看淘宝市场搜索热点、成交走势、定位消费人群在细分市场的趋势变化的工具。

（4）快乐淘宝。2009年12月，淘宝和湖南卫视合作组建"快乐淘宝"公司，联手拓展电视网购新市场，不仅于2010年4月在湖南卫视推出"快乐淘宝"节目，还在淘宝网上开辟"快乐淘宝"子频道专区和外部独立网站，创建电子商务结合电视传媒的全新商业模式。

（5）淘宝基金。2013年11月1日中午，淘宝基金理财频道上线，泰达瑞利、国泰、鹏华、富国等多只基金也将成为首批上线的基金淘宝店。

（6）淘点点。淘宝推出"淘点点"，希望重新定义"吃"。2013年12月20日，淘宝宣布正式推出移动餐饮服务平台——淘点点。用手机下载"淘点点"体验发现，只需进入外卖频道，就可以方便地搜索到附近的盒饭、水果、饮料、蛋糕等外卖信息。通过淘点点，消费者可以随时随地自助下单、付款，留下送货地址和电话，十几分钟后，外卖商户就把新鲜出炉的美食送上门。

3. 运营现状。

淘宝是属于C2C模式，也就是他们只提供平台，真正在上面卖东西的都是个人。C2C网站的收费来源，主要包括交易服务费（包括商品登录费、成交手续费、底价设置费、预售设置费、额外交易费、安全支付费、在线店铺费），特色服务费（包括字体功能费、图片功能费、推荐功能费），增值服务费（信息发布费、辅助信息费），以及网络广告等。淘宝网目前采用了信用制度，也就是在成功交易后，买卖双方彼此作个评价，评价分为好评（加一分）、中评（不加分）、差评（减一分），每个月同一个买家加分不超过6分，以防止信用度炒作，随着信誉度的增加，五颗心换成一个钻石，五个钻石换成一个皇冠，只要做到一个钻石，接下来业务就基本好开展了。

4. 盈利方式。

（1）通过支付宝盈利。淘宝网成功的原因之一是拥有支付宝这个第三方支付平台，支付宝的担保交易模式为C2C买卖双方提供了安全保障。没有支付宝，淘宝网就没有一个强大的支付平台和一个高效的信用管理系统。而没有淘宝网，支付宝就没有了赖以生存的买卖交易，因此两者是一个相互依赖以达到生存的整体。

淘宝网2007年总成交额突破433亿元人民币，超过2005年、2006年淘宝网全年成交额之和，仅2007年上半年和2006年上半年相比，淘宝网成交额就增长了近200%。而绝大多数的交易都是通过支付宝这个第三方支付平台进行交易的，因此在支付宝中就沉淀了大量的资金。我们可以简单地计算一下，根据支付宝网站数据，支付宝日交易总额超过3.5亿元人民币，而通常的交易从买家打款到卖家收到款项最少都需要3~5天，我们按照4天进行简单计算，每天因为交易而沉淀在支付宝的资金约为14亿元。按照2007年4月30日的存款利率，每年的利息收入都高达5796万元。这仅仅是按照交易额计算的利息收入，不包括有买家和卖家由于个人原因而保留在支付宝中的更大数量的存款。如果淘宝网能够拥有一个比较好的财务管理团队，就可以把这些存量巨额资金利用合理的财务政策进行管理，从而获得比文中简单计算的存款利息更高的收益。

通过免费的 C2C 交易积累大量的注册会员后，淘宝网推出其 B2C 购物平台——淘宝商城。淘宝商城在 B2C 领域中主要定位为商家提供 B2C 的平台服务，不仅给 C2C 市场中高级别卖家一个提升品牌的机会，更给传统的渠道销售商带来了进行网络渠道销售拓展的机会。淘宝网自己不去做库存、做物流，而是将这些业务都交给产业链中这些环节最擅长的企业来做。

淘宝商城通过共享淘宝网超过 5600 万会员，并且以高品质的货物，7 天无理由退货服务和购物返积分等活动吸引网络高端消费者。同时淘宝网给商城的商家带来了更好的保障。但是加入淘宝商城和使用淘宝商城的商家服务都是需要付出一定成本的。首先商户加入淘宝商城需向第三方支付一笔 198 元信息确认费，用于核对用户的身份信息。其次根据店铺使用的服务与级别，支付不同的服务费和保证金。其中淘宝商城的商户被分为三类，每一类所享受的服务不同，所支付的服务费用也相应不同。

淘宝网将店铺保证金按照 A、B、C 三类店铺，各自收取不同金额的保证金。

（2）网络广告盈利。淘宝网自 2007 年 7 月正式启动网络广告业务，将网站中重要的 Banner 广告位和搜索结果的右侧广告位对外销售。网络广告服务时淘宝官方正式宣布的首个盈利的模式，主要指开拓网络营销渠道，包括品牌旗舰店建设、代理招募等方式，如帮助广告客户提升品牌，帮助客户促进销售等方面。另外，淘宝网还向广告客户推出了增值的服务计划，包括品牌推广、市场研究、消费者研究、社区活动等。

（3）其他盈利方式。除以上三种盈利方式，淘宝网的其他非主要盈利方式都可以归结在这一类中。例如，淘宝网通过支付宝开展的个人信贷业务，通过与中国建设银行合作推出的一项个人小额信贷服务。个人信贷业务的开展，一方面使卖家的资金流转速度加快，从资金方面支持了卖家以及淘宝网的发展；另一方面给银行与淘宝网带来了一定收益。

5. 淘宝商城对互联网消费的影响。总体而言，淘宝商城对互联网消费有着极大的刺激作用，主要有以下原因：

（1）信息高度有效集中，使互联网商城发展速度远高于实体商家。淘宝网作为国内最大的针对个人用户的电子商务网站，基于网络购物的电子商务平台已经得到了许多厂商的支持和认可。目前淘宝网的注册商家已经达到了 4100 万，日均访问量高达 1.6 亿，如此庞大的商家用户和个人用户已成为淘宝网最大的卖点。这种基于网络购物的网络营销有传统营销不可比拟的优势——直接、精确、快速。因此，淘宝作为市场上最大的信息集中地，使得网上商城的产业结构得以第一时间向最符合消费者偏好的方向调整，发展速度先于并快于实体商店，进而导致网店更吸引消费人群，互联网消费人群越来越壮大。

（2）方便快捷，足不出户即可比货三家。淘宝聚集了4100万商家，并设有极其精细的搜索分类功能，使得人们足不出户即可比货三家，极大地满足了现代人对快节奏生活的需求，尤其吸引那些没有大块时间购物的人群，如上班族。利用互联网的普及和集中性，淘宝将快捷方便发挥到了极致，极大地促进了互联网消费。

（3）薄利让利，吸引中低消费人群。淘宝网店具有低成本运营和零成本进入市场的特征，这使得淘宝店主能够将价格降到最低。各网店间激烈的竞争也促使店主一再让利，推出各种优惠活动。这都导致淘宝商品价格远低于实体店价格，因此吸引了大部分的中低消费人群，促进了互联网消费。

（4）存在价格歧视，刺激消费。在淘宝上经常存在诸如买三送一、买五送二或满49元包邮等促销方式，这一类价格歧视对于消费有着较大的刺激作用，通常会导致消费者购买比实际所需更多的东西，从而带动了互联网消费。

当然，淘宝对于互联网消费也不尽是积极作用，由于淘宝网店假冒伪劣的产品多且不易分辨，再加上信誉度、商品质量等方面都存在较大差异，会导致消费者对互联网消费产生顾虑，从而降低互联网消费。

（二）团购案例分析

团购又被称为"集体购物"、"组织购物"、"联盟购物"等，是指聚集买方需求以满足数量折扣的要求而降价的动态定价机制。"团购"本来是指以政府和企事业单位组织机构为单位进行大宗购买，但近几年"团购"这个词语不断出现在互联网上，已经成为个体消费者进行群体购买的一个代称。随着人们生活水平和对商品选择的个性化要求提高，团购的方式已从单位的集体行为扩展到多个个体自愿组合的行为。当前，随着电子商务的兴起和广泛应用，基于互联网的"网络团购"模式应运而生。一般来说，"网络团购"是指通过网络这个平台，把有一样需求和购买意愿的消费者集中组织起来，形成具有一定数量的购买订单进行集体购买，集体享有集团采购价并且共同维护消费者权益的一种全新消费形式。

举例来说，2013年七夕节，某团购网站推出7.7元团购男人。这些男人要么是有钱的，要么是有名的：演艺明星、主持人、公司高管、各式人等皆有，这些男人可称为"钻石王老五"，或者是"钻石王小五"。通过与人约会的噱头，该公司将自助晚餐Party进场券、礼物代金券等商品绑定销售，原本3天的抢购，在13分钟内销售一空。这一简单的案例足以反映出女性在团购网站上的巨大消费潜能。据淘宝官方数据显示，淘宝旗下团购产品"聚划算"从3月开团至今总团购下单人次超过500万，总交易额超过2亿元，每月平均交易额超过2500万元，最高峰之日的交易额超过1000万元。其中女性更倾向参加团购，在500万参团网友中，有超过7成是女性网友，这也反映出女性在购物上更加精明，对于价格更加敏感。

第七章

互联网经济：中国经济发展的"新战略"

互联网经济发展水平正在成为衡量一个国家或地区是否具有经济发展主导权的主要标志，互联网经济正在成为重构世界经济新秩序、形成国际产业竞争新格局的主导力量。明确发展互联网经济的战略，不仅有助于打造中国经济升级版，推进中国经济结构调整和经济发展方式转变，而且能够实现由"中国制造"向"中国创造"、"世界工厂"向"世界市场"、"跟随发展"向"引领发展"转变，在互联网经济时代赢得国际竞争优势，掌握全球经济发展的主导权。[①]

第一节 全球互联网经济的发展趋势

全球互联网经济在高速发展中激烈竞争，美国、欧盟、亚洲的发展速度和交易规模交替赶超，竞争格局正在发生变化。总体上看，全球互联网经济的规模、商业模式、竞争规则尚未定型，新的互联网经济业态不断创新，发达国家正在积极推动国际电子商务制度、规则和标准的制定，意图主导世界的新经济潮流。

---

① 本章参考了国家发展和改革委员会高技术产业司的《电子商务重大问题研究汇编》（2014年2月），借鉴了23个创建电子商务示范城市研究成果的部分观点，在此表示感谢。

互联网经济：中国经济发展的新形态

一、世界主要经济体围绕互联网经济探索经济发展新方式

前几章我们阐述了互联网经济对经济增长的作用渠道和机制，我们看到利用互联网促进经济增长的一个有效手段便是电子商务。电子商务是互联网经济中一个十分重要的部分，正是由于电子商务的存在使得互联网经济对总体经济发展的贡献率在不断攀升。传统电子商务是基于 B2C（business-to-customer）与 B2B（business-to-business）等模式进行的，首先电子商务的商业模式促进了消费增长，其次，为了促使互联网经济得到进一步发展必须完善相关互联网基础设施，信息产业投资（information and communication technology，ICT）、互联网使用率（internet user per 100 persons）以及互联网接入率等情况。例如，在 B2C 的模式中，其销售面向的群体十分广泛，但实现顺利交易必须具有一定的前提条件，那就是群体的互联网使用率与互联网接入率。因为只有在大众拥有使用互联网的条件时，电子商务等互联网经济才能真正发挥其现实作用。而同时，互联网基础设施投资也会通过增加内需促进经济增长。

云计算的兴起是互联网将进入"后 IP 时代"的标志。云计算是信息技术应用模式的一场变革，它将会对传统的集中经营的产业组织方式和生产方式带来深刻变革，促使全球产业格局带来新一轮重大的调整，并将重塑全球经济竞争格局。在未来世界经济新格局中，比较优势、产业结构调整、产业转移和收益分配机制等环节将全方位地促进发达国家从中获利。发达国家技术密集型和资本密集型的比较优势凸显，不利于发展中国家的"中心—外围"世界产业体系将被进一步固化。发达国家有可能成为未来全球高附加值终端产品、主要新型装备产品和新材料的主要生产国和控制国。随着更高附加值的制造业和相关专业服务业向发达国家进一步集中，发达国家更有可能享受国家间产业结构调整的"结构红利"。

因此，顺应互联网的发展趋势，各国普遍将以互联网相关的产业作为未来经济发展新的增长点，尤其是推动电子商务产业的发展和对互联网基础设施进行复苏，加快调整经济发展模式抢占未来发展战略制高点。世界主要经济体基于本国的资源禀赋和产业结构，通过电子商务改造和提升传统产业、探索经济发展新方式、争夺资源配置主动权、提高全球经济竞争力。下面将以美国、欧盟、日本和韩国为例，分析各国通过互联网相关产业发展促进经济增长的战略和政策。

（一）美国的互联网经济相关政策

美国凭借其在互联网领域的先发优势，从20世纪80年代至今一直占据着全球信息通信领导者的地位。在全球信息通信技术变革和产业融合转型的关键时期，尤其是在应对全球金融危机的重要关头，美国希望通过发展宽带战略来促进信息通信的技术创新和业务创新，构建新型国家信息基础设施，继续保持其在未来信息社会的技术和产业制高点，推动制造业和信息产业转型升级。美国政府认为，互联网经济的发展是21世纪世界经济发展的重要推动力，甚至可与200年前工业革命对经济发展的促进相媲美。因此，1996年，美国政府成立了跨部门的电子商务管理协调机构——美国政府电子商务工作组，颁布了"全球电子商务框架"（1997年）。

在2009年前，美国宽带的性能比较差，提升速度显得比较缓慢。根据美国电信工会（CWA）的报告显示，2009年美国的宽带接入速率为5.1Mb，相比2007年3.5Mb的速率仅提高了1.6Mb。并且，在美国不同收入、年龄、种族群体、地域的宽带用户分化严重。年收入不足1.5万美元的家庭宽带普及率最低，为29.9%；年收入超过15万美元的普及率最高，达到88.7%。18~24岁年龄组的家庭宽带普及率最高，为80.8%；55岁以上年龄组的普及率最低，为46%。同时，美国很多郊区及农村的宽带网络基础设施不完善，到2009年底，农村家庭的宽带普及率为54%，比城市低12个百分点。

2009年2月，为了应对金融危机，奥巴马签署《美国经济恢复与投资计划》（ARRA2009），该法案的一个重要目标就是提高美国互联网的接入率和使用率，其中用于宽带发展的资金达到72亿美元，包括了44亿美元用于互联网基础设施的部署、为公共计算机中心提供支持，以提高相应的互联网使用率；25亿美元主要用于提高偏远地区的互联网接入率。2009年4月FCC（美国联邦通讯委员会）开始着手制定有关美国宽带发展的战略计划，重点是提高基础设施水平，提高速率，扩大覆盖面，最终实现全民共享。2010年3月15日美国FCC在征询本国公民意见的基础上，向国会提交《国家宽带发展战略》，将实现六大目标。这些目标包括：（1）到2010年保证至少1亿美国家庭应能使用平价宽带，实际下载速度至少达100Mbps，实际上载速度至少达50Mbps；（2）美国应在移动创新上领先世界，在世界所有国家中拥有最快和范围最广的无线网络，每个美国人能够接入得起宽带服务；（3）每个美国人都应能获得强大的宽带服务，在选择订购时具备相应的手段和技能；（4）每个美国社区都应能获得至少1Gb/s的宽带服务，从而为学校、医院和政府大楼等机构提供支持；（5）为确保美国人民的安全，每个急救者都应能使用全国范围内的无线、互通互操作的宽带公共安全网络；（6）为确保美国在清洁能源经济上领先，每个美国人应能使用宽带实时跟踪和管理其能源消耗。

为了实现六个长期目标，美国政府计划从四个方面着手，确保宽带生态系统的健康发展。

第一，建立竞争机制，通过健康竞争使消费者利益最大化，并在此基础上促进创新和投资。具体措施包括：（1）收集、分析、发布每个市场详细的宽带服务价格和竞争情况；（2）要求宽带服务提供商公布其宽带服务的价格和性能等信息，以便消费者能够选择市场上的最佳服务；（3）对竞争条例进行全面评估；（4）释放并分配无牌照使用的额外频谱；（5）提高宽带服务在城区的容量和在农村地区的覆盖范围；（6）采取行动，确定如何最好的实现广泛、无缝、具有竞争力的宽带覆盖；（7）改革相关法规，营造具有竞争力和创新性的视频机顶盒市场；（8）充分保护消费者隐私。

第二，通过对国有资产进行有效分配及管理，促进宽带基础建设的实施，并降低竞争门槛。具体措施包括：（1）在10年内，重新获得500MHz频谱，并在5年内将300MHz用于移动用途；（2）鼓励频谱拍卖；（3）确保频谱的分配和使用更加透明；（4）加强对新频谱技术的研究；（5）改进通行权管理，促进宽带基础设施的使用；（6）实施"一次挖掘（dig-once）"等政策，促进基础设施的有效建设；（7）为国防部提供超高速宽带连接，为军队开发下一代宽带网络应用。

第三，建立连接美国基金（Connect America Fund），以普及大众能支付的、实际下载速度至少为4Mbps的宽带和语音服务。具体措施包括：（1）建立连接美国基金（Connect America Fund），确保普通大众对宽带网络的普遍访问；（2）创建移动基金，确保任何一个州都能达到3G无线网络覆盖的平均水平；（3）改革运营商之间的载波频谱补偿制度；（4）以减轻赋税的方式，设计新的连接美国基金，以缩小宽带鸿沟，并减轻消费者负担；（5）针对低收入家庭，建立确保其能支付得起的宽带服务机制。

第四，完善法律、政策、标准和奖励措施，在政府主要部门最大限度发挥宽带所带来的好处。具体措施包括：（1）卫生保健：通过宽带服务提升卫生保健的质量并降低其价格；（2）教育：通过使用宽带服务，学生能够进行远程教育并获取在线内容，促进公共教育改革；（3）能源和环境：利用宽带技术的创新,减少碳排放、提高能源利用率,从而减轻美国对外国石油的依存度;(4)经济机会:宽带可以提高获取工作和接受培训的机会,支持企业的发展等;(5)政府执行力和公民参与度:宽带可以促进政府服务制度和内部流程操控更加有效,并能改善公民参与的数量和质量;(6)公共和国家安全:宽带通信服务可以使应急救护人员及时获取相关信息等。

上述计划被称为"国家宽带计划"(SBI)。在这个框架下,国家电信和信息管理局为56个项目拨付了2.93亿美元的资金,50个州、5个海外领地和哥伦比亚特区各有一个项目获得了资金。依靠这些拨款,美国的各个州及海外领地等对宽带服务以及社区公共机构(如学校、图书馆和医院等)所用宽带服务的可用性、速度、类型、位置等数据进行搜集和验证。各个州和海外领地还将这些资金用于组织与扩大宽带容量有关的活动,利用有关数据为政策制定提供参考,旨在提高当地在数字经济领域中的竞争力。同时,国家电信和信息管理局利用"宽带技术机会计划"(BTOP)对互联网基础设施进行投资。截至2013年5月,国家电信和信息管理局一共向范围涵盖所有州、海外领地和哥伦比亚特区的220个项目投资超过28亿美元。大部分项目资金被用于建设和改进总长度超过9万英里的互联网基础设施、向全国约1.4万家社区机构提供高速互联网接入。

除了政府投资,美国政府还允许最后通过扣除折旧费用来弥补私人投资的成本,通过允许投资成本直接扣除(或"抵税")降低了从企业投资而来的实际所得税。这一激励措施提高了投资的实际收益率,使公司能够进行一些看起来不太具有吸引力的投资。这一抵税政策降低了企业对符合条件的资产的投资成本,加快了本来可能被延迟数年的投资进程——这对长期资产如互联网基础设施的投资而言是一项特别强大的政策。促进了互联网相关产业的发展及其对经济发展的推动作用。

2011年6月和2012年2月,美国相继启动《先进制造业伙伴计划》和《先进制造业国家战略计划》,实施"再工业化",抢占世界高端制造业的战略跳板。2012年3月,美国宣布投资2亿美元启动"大数据研究和发展计划",继1993年"信息高速公路计划"和2010年"国家宽带战略"之后,第三次从国家战略高度推动信息通信业的发展,抢占大数据的战略制高点。制造业和信息技术的结合,将推动美国制造业的脱胎换骨,催生新的生产方式。2011年,美国制造业的总交易额为5.5万亿美元,电子商务在制造业中约占49.3%。

目前，美国对有线和无线宽带网络的投资已近 2500 亿美元。而且对高速光纤的建设力度要大于 2000 年之后的任何一个时期。同时互联网基础设施的投资带动了互联网接入的普及率。目前，美国家庭现拥有 5 亿多台设备接入互联网，平均每个家庭拥有 5.7 台互联网接入设备，2013 年第一季度 PC 在美国互联网接入家庭中的普及率达到了 93%。相比之下，移动设备数量的增长推动美国互联网接入设备市场规模达到了一个新的里程碑：智能手机普及率从 2012 年第四季度的 52% 提高到 57%，平板电脑普及率从 35% 提高到 53%。

（二）欧盟的互联网发展政策

欧盟为了摆脱能源、资源、环境的束缚，将新能源与信息革命结合起来，大力发展"能源互联网"探索新能源革命。欧盟将互联网经济视为推行全球经济一体化和主导世界经济的重要战略措施之一，把互联网经济发展看做是欧洲地区在未来全球经济中赢得竞争优势的关键因素。

1993 年，法国、英国 ISDN 的普及率仅次于美国，领先于日本。到 2000 年底，欧盟国家上网家庭已占总家庭数的 15.4%，上网人数已达 4600 万人。在洲际网络方面，欧洲陆上固定网和移动网都已有相当规模，数字移动电话的 GSM 标准已经确立，现已覆盖到整个欧洲和许多亚非国家。

在 2000 年 3 月的里斯本 21 世纪第一次欧盟首脑会议上，欧盟提出了 21 世纪头 10 年的发展战略，提出建设"欧洲网络指导框架"设想，投资建设信息基础设施和泛欧乃至联通全球的网络。根据欧盟的计划，到 2020 年欧洲获得的电力中将有 20% 来自可再生能源，到 2030 年这一比例将达到 30%。能源互联网试图创造新的经济可持续发展模式。欧洲网络指导框架要求欧盟各国从以下几个方面提供本地区的互联网经济：

——发展信息产业。要求通过普及互联网知识、发展电子商务、加快高技术特别是信息技术的开发与应用，创建"电子欧洲"；制定电子商务法规，放宽电子商务政策；2001 年以前实现电子通信市场自由化；2005 年前在全社会普及互联网应用。

——改善投资环境。增强金融市场对知识和人才投资的敏感度，实施"风险资本行动计划"，以风险资金扶植高新技术中小企业的发展，创造更多的就业机会。

——加强科研与教育。建立跨欧洲电子科研通信网，以税收优惠和风险投资鼓励研发工作，取消人才流动的地域限制，加强对人力资源的投入。2000

年6月，欧盟发布了面向2002年的"数字欧洲计划"，把"消除数字鸿沟，构建信息社会"作为优先目标。

在此背景下，欧盟各国也纷纷制定了本国的信息化发展规划和措施。

英国计划要在10年内投资380亿英镑建设自己的"信息高速公路"，其中，英国电信（BT）宣布要投资100亿英镑建设通向居民和办公室的光纤网。同时，英国制定了智能电网建设计划，以实现可再生能源发电和强互动性智能配电。

2000年7月，法国总理若斯潘宣布，政府将采取措施，缩小法国在信息领域与其他发达国家的差距。其中包括：第一，为2001~2003年网络新行动计划拨款4亿法郎。第二，到2002年所有中小学要全部上网。2003年前，在全国开辟7 000个供公众上网的公共场所。第三，在5年内将电信工程师学院的毕业生人数增加50%，在普通大学新增加45个信息技术专业。第四，未来5年，政府将动用10亿法郎加强研究，研究人员数量将增加25%。第五，打破垄断，允许网络公司租用法国电信公司的地方电话线，促进良性竞争，降低上网费用。

瑞典政府则制定了到2010年建成全球最先进的NII的计划。该计划认为，瑞典先进的信息基础结构业已建成，NII建设的关键是新业务的应用和扩散，目标是无论何时何地，让每个公民都能以电子方式快速、方便、安全、廉价地享用信息服务和相互通信。为此，政府建立了首相直接领导的由政府部门和产业界组成的一个委员会，并为相关的R&D拨出10亿瑞典克朗，作为专项政府基金。

德国提出了E-Energy理念和能源互联网计划，打造一个基于信息和通信技术的能源供应系统。

目前，欧盟各成员国的互联网用户已经超过2.5亿，英、德、法、瑞典等成员国的宽带使用率也都排在世界前列，从整个欧盟的范围来看，其宽带使用率已经达到24.8%，仅次于日本、韩国和美国。在全球宽带发展提速的大背景下，欧盟期望能够在自身无线和移动通信发展具备较大优势的基础之上，将下一轮宽带的发展与移动互联网等紧密结合，逐步摆脱在现有互联网发展格局中一直以来欧盟对美国的跟随态势，从而实现欧盟在全球互联网领域对美国的超越，并能够最终奠定欧盟在全球互联网领域的领先地位。2008年美国次贷危机爆发后，欧盟已经把发展信息技术提升到战略高度，将信息技术确立为欧洲实现经济复苏的重要手段。2010年3月欧盟委员会出台《欧洲2020战略》，把"欧洲数字化议程"确立为欧盟促进经济增长的七大旗舰计划之一,其目标就是在高速和超高速互联网的基础上,提高信息化对欧洲经济社会的贡献率,到2013年实现全民宽带接入,2020年所有互联网接口的速度达到每秒30兆以上。欧盟委员会预计电信运营商需要投资2500亿欧元实现这一目标。欧盟宽带战略中尤其重视基于欧盟在移动通信领域的既有优势来发展无线宽带网络。集宽带与无线特点于一身,具备性价比优越、建设周期短、服务提供快速、灵活性较大、系统资源可动态分配、系统维护成本低等优点,已经在整个欧盟电信市场中占据着越来越重要的地位。而同时,几乎每个欧洲人都拥有自己的一部或者几部手机。欧洲已经具备开展无线宽带业务的天然的用户群体和成熟的市场。

具体说来,在《欧洲2020战略》中,欧盟关于宽带战略的发展目标,可以分为三个阶段:

第一阶段(到2013年)为近期基本目标:到2012年底,在欧盟各成员国内至少发展1400万的FTTH用户;到2013年,实现欧盟范围内的全民宽带接入。第二阶段(到2015年)为中期发展目标:到2015年,50%的欧盟公民可以在线购物,20%的公民可以实现跨境网上服务;到2015年,互联网的应用率从60%上升到75%,而在残疾人中互联网的应用从41%上升到60%;到2015年,从没用过互联网的欧盟公民数量从30%下降到15%;到2015年,至少50%的欧盟公民可以享受到在线的公共服务。第三阶段(到2020年)为最终实现目标:到2020年,所有互联网接口的速率都在每秒30兆以上,至少一半的欧盟家庭宽带接入速率可以达到每秒100兆;到2020年,欧盟成员国每年在ICT研发上的投资总额要达到110亿欧元。

为了实现在《欧洲2020战略》中所设定的宽带发展战略目标,欧盟希望在联合和协调各个成员国的基础上,放眼整个欧洲,通过鼓励和增加投资、发展无线宽带和合理使用发展基金等具体建议,来促进欧洲的宽带通信发展,从而推动整个欧盟社会的信息化进程。具体政策包括:

1. 降低宽带投资成本。

资金投入是宽带发展的首要保障。欧盟积极鼓励各成员国从国家和地区等不同层面加大对宽带通信发展的投资。同时,欧盟建议在宽带建设和发展过程中,积极寻求宽带建设和发展投资成本的降低。关于宽带建设和投资成本的降低,欧盟对其各成员国及其各级相关部门的建议如下:

- 通过提高信息透明度和减少信息壁垒以及合理调配相关资源等方式,

有效利用现有资源以及防止重复建设等,来降低和减少投资成本。

- 通过消除相关行政障碍,如新基站等基础建设项目获取权限的层层审批、已有合同在续签方面存在的困难等,来减少宽带建设的投资成本。

2. 推进无线宽带发展。

由于在无线宽带方面已经发展多年并具备较大优势,欧盟希望借助无线宽带的发展来带动其整个宽带领域的战略发展。频谱是发展无线宽带的重要资源,欧盟正在尝试通过合理分配频谱这种稀缺资源,来建立泛欧的无线宽带与有线宽带相配合的泛在网络。关于无线宽带频谱资源的分配,欧盟的建议如下:

- 欧盟委员会建议欧盟各成员国在2013年之前把电视台使用的一部分有价值的广播频率提供给移动运营商,以支持创建一个欧盟范围的无线宽带服务市场。这一建议是欧盟宽带网改革计划的一部分,要求其27个欧盟成员国在2013年1月之前把800GHz频带分配给移动宽带网。

- 在全球宽带提速的背景下,欧盟通过合理分配频谱,增加在频谱资源分配方面的灵活性和竞争性,如鼓励频谱资源的快速应用、允许频谱资源的二次交易等,以期充分发挥稀缺资源的价值。泛欧无线宽带与有线宽带配合的泛在网络不仅将推动整个社会信息化进程,更将成为提振经济、增强核心竞争力的手段。

3. 合理使用宽带发展基金(SRD)。

欧盟通过建立SRD(Structural and Rural Development)基金的形式来支持欧盟范围内宽带通信的建设和发展。2007年到2013年期间,总共计划23亿欧元的SRD基金用来投资宽带的建设和发展。关于SRD基金有关投资的管理、分配和推广等问题,欧盟给出了如下的建议:

- 在2011年,发布宽带投资指南,鼓励和指导各成员国及其相关部门申请并有效使用宽带发展基金和投资。

- 在2011年,邀请业内外人士参加基金支持的宽带发展项目,并征询关于宽带发展的相关意见和看法。

- 重新启动和扩大的欧洲宽带门户网站,以提供一个多语言宽带平台。基于该平台,可方便相关宽带发展项目信息和资料的交流以及诸如国家援助规则、监管框架执行等问题上的指导等。

(三) 日本互联网发展政策

进入 20 世纪 90 年代以后,在美国经济重现昔日辉煌、西欧经济也有所发展的情况下,日本反而出现了长期的经济停滞,以致失去了宝贵的 10 年。结果,日本就由世界经济的优等生,一下子沦落为了劣等生。在 90 年代初,日美经济发展的不同表现,在很大程度上是由于两国信息化的差距所致,而信息化程度又极大体现在互联网相关技术以及产业的发展程度。为了推动信息化的发展,日本政府在财政资金紧张的情况下,不断增加了信息化基础设施方面的公共投资。1996～1998 年度,在一般会计预算中,信息网络设施建设费由 12966 亿日元增加到 16040 亿日元,增加了 23.7%,大大超过了一般会计预算增加的 9.4%。日本政府于 1995 年 2 月制定了《推进高度信息通信社会的基本方针》,其主要内容是加快互联网建设,普及移动电话等移动信息的末端设备,充分发挥电子信箱和个人网页的作用。由于日本政府及时得力的相关政策,在世界性信息化革命的大潮中,日本也出现了互联网产业迅速发展局面。

90 年代后期,日本进入了网络时代或数码化时代。以广域信息检索系统和三维计算机制图的商业化为标志,由于互联网的广泛覆盖和多用型、超小型计算机的迅速发展,以网络或数码技术为核心的处理多媒体信息的大众化服务的时代就宣告到来了。在网络或数码化时代,以电子商务为首,信息化不仅在企业经营中广泛应用,而且还全面普及到了社会、政府以及家庭和个人生活的各个领域。因此,90 年代末,日本信息化社会的发展程度与美国相比虽然还有很大的差距,但与西欧各国的差距并不大。1999 年,计算机的安装使用台数日本为 3630 万台,仅次于美国的 14100 万台;计算机的人均台数日本为 0.29 台,低于美国的 0.51 台和加拿大的 0.36 台,与英国的 0.31 台和德国的 0.32 台大体持平;网络人口数日本为 1830 万人,仅次于美国的 11000 万人;网络人口占总人口的比率,日本为 13.5%,低于美国的 34.3%、加拿大的 28.3%、英国的 18.0% 和德国的 14.6%,高于法国的 7.3% 和意大利的 5.2%。

进入 21 世纪,日本政府以信息化作为突破口大力发展物联网,试图借力互联网经济改革经济结构、提高企业国际竞争力和振兴日本经济,重新建立日本在世界技术领域中的领先地位。1999 年,日本成立"下一代国际互联网政策研究小组",确定以发展电子商务为重点,通过电子商务推动日本制造业走出困境,带动经济振兴。2000 年推出"数字化行动纲领",制定"IT 立国战略"，对信息网络革命进行战略部署，同年成立"IT 战略本部"。2001 年实施《IT 基本法》，公布了《e-Japan 重点计划》，旨在将日本建成信息技术大国。2004 年提出 u-Japan 构想，将日本建成一个"任何时间、任何地点、任何物品、任何人"都可以上网的环境。2009 年，推出"i-Japan"战略 2015，制定国家物联网战略，清晰地勾勒了催生出互联网经济新活力的美好蓝图。在该战略中将会投资 19 亿美元，到 2015 年实现以光纤（Gb 级）速率快速且简单的网络接入，建设高质量、高稳定性的超高速宽带基础设施。在 2010 年 9 月，日本政府在公布的《新经济发展战略蓝图》称，将通过推进基础设施建设，力争到 2015 年左右使国内约 4900 万户家庭能够利用宽带网络服务。

在上述政策的推动下，日本的宽带接入市场自 2000 年以来快速增长，目前在宽带普及率、接入速度以及应用的丰富程度等各个方面均处于全球领先位置。

（四）韩国的互联网国家战略

韩国大规模互联网相关基础设施建设开始于 20 世纪末，并于 2000 年左右才开始进行相关网络的高速率传输建设，20 多年里取得了显著成效。根据韩国 MIC（Ministry of Information and Communication）统计，在 1999 年底至 2000 年 5 月期间互联网用户从 52378 户增至 1125622 户，另外还有 74 万尚未接通的订户。在韩国互联网经济飞速发展的过程中，毫无疑问，韩国政府的相关政策起到了举足轻重的作用。2000 年，韩国拟将投入 40 万亿韩元建设超高速信息通信网，旨在使全国 95% 以上的家庭都能以低廉的价格接入超高速信息通信网。同时，韩国在 2004 年投入 2863 亿韩元对互联网相关基础设施进行了进一步的开发。

作为全球宽带普及率最高的国家，韩国重视宽带网络的多元化发展和应用，将其与 IP 有线电话、3G/4G 无线上网和数字电视、地面广播的发展紧密结合。韩国政府在 2009 年 1 月颁布了《2009—2013 年广播通信网中长期发展计划》（简称《发展计划》）。《发展计划》提出，到 2013 年投资 325 亿美元，实现 60% 的有线电话 IP 化，普及 VoIP 网络电话。至 2012 年，针对韩国国内 1400 万用户提供 50~100Mb 有线上网服务，2012 年后建造超高速宽带网络，提供 1Gb 有线上网服务，对 4000 万用户提供 1Mb 的 3G 无线上网服务，2013 年推出 10Mb 的 3.9/4G 服务。2010 年前除建造 IPTV 之外，韩国将地面电视广播基础建设提升到双向互动环境，在提供收看电视的同时可以实现在线购物的双向服务。据美国电信工会的报告显示,从宽带网络接入方式看,韩国超宽带用户超过 1600 万。而目前,韩国家庭宽带的普及率已经达到 95%,平均速率为 20.4Mb,居全球宽带性能综合排名首位。但是,韩国政府仍不能满足,其相关部门表示,韩国最快将于 2013 年建成在 10 秒内即可下载完一部 DVD 级电影的千兆位宽带网。

在对基础设施建设完善的基础上,韩国政府还敦促相关商业专业学校开设互联网专业,在大学中各专业都要加强有关互联网的课程。这使得韩国互联网应用深入人心,互联网使用率不断攀升。这一举措使得电子商务有了相应的实现其交易的渠道,并且扩大了其可交易对象的范围。另外韩国政府还采取低税费优惠政策支持私营企业的发展,而且政府秉持开放的政策态度,开放互联网服务的经营权,允许引进多样的域名,降低新服务商进入韩国的阻碍来刺激经济的发展。韩国政府的这些相关政策行为不仅仅促进了当下经济的发展,而且对于唤醒全民网络意识与为适应未来网络信息化的经济形势都有着不可忽视的作用。

互联网在韩国的飞速发展对于国民迅速学习、吸收西方国家先进技术与文化都有着十分重要的作用,使人们处于信息全开放的环境中,促使其融入全球化的潮流。政府大力促进互联网的发展,为一些小规模企业或个人通过互联网进行一些商业活动提供了更为广阔的平台。

二、互联网经济正在成为世界经济竞争的焦点

互联网经济将成为新的经济增长极,发达国家在运用电子商务促使本国经济转型升级的同时,试图通过利用互联网经济的特征、竞争规则、商业模式尚未定型的现实,主导世界经济的发展方向和利益格局分配。

当前,全球互联网经济呈现出美国、欧盟、亚洲"三足鼎立"的局面,但发展速度和交易规模交替赶超,竞争格局正在发生变化。以网络零售为例,2010 年,欧洲方取代美国成为全球最大的网络零售市场。欧洲部分国家增长正在放缓,像英国、法国、荷兰、瑞典和挪威增速已放缓至 10%~15%,而德国、意大利和西班牙还增加了约 20%~25%,2012~2013 年两年时间里,德国电子商务平均增速超过 35%;增速最快的是东欧和东南欧国家,俄罗斯、波兰、乌克兰、土耳其和希腊的年增长率预计将在未来几年内达到 30%~40%。亚洲呈持续高速增长态势,2012 年日本 B2B 广义电子商务市场规模增长 25.7%,韩国 B2B 交易增长 15.1%;2013 年,中国电子商务交易总额突破

10万亿元，达到10.28万亿元；网络零售交易额超过1.85万亿元，占社会消费品零售总额比重达7.8%，超过美国成为全球最大网络零售市场。但是，根据OECD的数据，全球互联网经济仍由美国主导，比如，美国电子商务交易额约占全球电子商务交易的1/4，北美地区仍然是世界最大的电子商务市场。

全球互联网经济的竞争规则尚未定型，发达国家积极推动国际电子商务制度、规则和标准的制定，企图占领主导权。ISO、IEC和UN/ECE（联合国欧洲经济委员会）共同致力于电子商务的标准化工作，签署了谅解备忘录。美国依据"全球电子商务框架"（1997年）规定的原则，分别与日本、法国、加拿大、荷兰、爱尔兰、澳大利亚、韩国、菲律宾、智利、埃及等国签署了"电子商务联合宣言"，积极推进电子商务全球自由贸易区，试图将其在信息技术产业上的优势转化为对外贸易的优势。欧盟通过了系列指令或指南，希望通过制订电子商务政策，努力协调内部关系，并积极将其影响扩展到全球。

全球互联网经济的发展模式不断创新。例如，最为常见的电子商务模式是B2B、B2C、C2C。根据OECD的统计，90%的互联网盈利模式仍属B2B模式。B2C模式的发展起源于美国，随后在全球范围内推广。2007年通过使用"在过去一年内成人上网购物比例"指标来衡量全球B2C发展水平，日本位居榜首，占比为52%；其次是挪威、英国和韩国，分别为48%、45%和44%；美国位居第11位，占比为34%。由代理商（Agents）、商家（Business）和消费者（Consumer）共同搭建的集生产、经营、消费为一体的电子商务平台——ABC模式，被誉为继阿里巴巴B2B模式、亚马逊B2C模式、淘宝网C2C模式之后电子商务界的第四大模式。BMC模式是集量贩式经营、连锁经营、人际网络、金融、传统电子商务（B2B、B2C、C2C、C2B）等传统电子商务模式优点于一身，是B2M和M2C的一种整合电子商务模式。O2O模式正成为电子商务发展的新趋势。

三、互联网经济主要模式的发展趋势

世界正处在科技和产业革命的前夜，信息技术特别是互联网技术将为新一轮世界经济增长孕育动力。互联网经济具有高增长、高溢出、高效能、低消耗的新特征，呈现产业融合的趋势，突破了交易在时间和空间区域范围的限制，能够有效地打破国家和地区之间各种有形和无形的壁垒，正在成为现代产业体系中的枢纽与主导产业。与此同时，传统产业与互联网经济之间经历了从碰撞、抵制、竞争到逐步融合发展，呈现了顺势而为的发展趋势。

互联网经济：中国经济发展的新形态

（一）工业互联网将会在未来带来巨大商机

自 IBM 提出"智慧地球"、"智慧城市"，思科提出"物联网"之后，通用电气（GE）公司提出了"工业互联网"（Industrial Internet）。2012 年底，GE 公司在"Industrial Internet: Pushing the Boundaries of Minds and Machines"报告中认为：将传统的工业（涵盖制造、自然资源开发、建筑、公用事业等）与运输业和医疗保健业加起来，全球经济的 46% 或全球产出中的 32.3 万亿美元，将得益于工业互联网；随着全球经济和工业的发展，这一数字还将继续上升。

通用电气公司董事长兼首席执行官杰夫·伊梅尔特表示：互联网已经改变了我们利用信息和沟通的方式，如今，互联网还能做更多事情。工业互联网用一个开放、全球化的网络，将人、数据和机器连接起来，再通过捕捉、存储、分配和分析快速、复杂和多变的海量数据，形成信息处理的主动性和预测性。"这是一个庞大的物理世界，由机器、设备、集群和网络组成，能够在更深的层面和连接能力、大数据、数字分析相结合。这就是工业互联网革命。"工业互联网的目标是升级那些关键的工业领域。工业互联网新技术将适用于能源、石油天然气、医疗、航空、铁路和制造等主要行业。

据 Wikibon 估计，截至 2020 年，通用电气对"工业互联网"技术的投资将达到 5140 亿美元。2012 年，通用电气推出 9 项全新工业互联网服务技术，将机器与机器、机器与人乃至机器与业务运营之间建立连接，使航空、铁路、医院、制造和能源公司能够更高效运营、降低成本。这 9 项全新的智能服务将扩展 GE 工业互联网技术，使客户在四个方面受益：包括优化的网络、优化的工厂与设施、优化的资产、服务质量和生产力。

工业互联网通过平台、网络和数据的开放，引入第三方创新者，结合软件和大数据分析，可以突破物理和材料科学的限制，将打造全新的服务和商业模式，改变世界的运行方式。GE 的价值推介是"1%"——工业互联网效率增长 1%，将对整个社会带来巨大价值，多个领域的改变带来整个社会巨大的突破性创新。工业互联网将有潜力影响全球 100% 的能源生产、44% 的能源消耗，估计截至 2030 年工业互联网革命将为全球 GDP 带来 15 万亿美元。工业互联网通过智能机器间的连接并最终将人机连接，将重构全球工业、激发生产力，让世界更美好、更快速、更安全、更清洁且更经济。

(二) 电子商务将构筑未来新型的经济贸易框架

技术创新成为电子商务保持快速增长的重要动力。随着移动互联网、云计算、大数据等新一代信息技术的创新应用，电子商务的内涵和外延也在不断扩展，并不断创新商业模式，开拓出更广阔的应用空间。电子商务成为未来互联网经济的核心，将构筑未来新型的经济贸易框架。

美国是世界最早发展电子商务的国家，同时也是电子商务发展最为成熟的国家，一直引领全球电子商务的发展，是全球电子商务的成熟发达地区。2012年，美国零售电子商务交易额达到2255亿美元，比2011年增长了15.8%，已占到美国社会全部零售额的5.2%。2012年全美消费者通过手机和平板电脑完成的购物总额达到250亿美元，较2011年增长81%，在整个零售电子商务交易中占到11.1%。

欧盟电子商务的发展起步较美国晚，但发展速度快，成为全球电子商务较为领先的地区。2012年欧洲全部电子商务交易额约3010亿欧元，比2011年增长了21%。东欧和南欧电子商务增长特别明显，而英国、法国、德国的交易额占到整个欧盟交易额的70%。2012年，欧盟（27国）企业电子商务销售收入占全部销售收入的百分比已经达到15%。虽然国家之间发展不平衡，但欧盟地区企业电子商务的应用已经达到一个较高水平。

亚太地区作为电子商务发展的新秀，市场潜力较大。2012年日本B2B市场规模增长了100.6%，B2C市场规模增长了108.6%。韩国电子商务基础设施在国际社会公认最好，电商也一直在高速增长。中东地区电子商务起步较晚，但发展前景备受瞩目，沙特的电商市场正逐步成为新的投资增长点。2012年印度电子商务交易规模达到82.8亿美元，其中网络零售7.2亿美元，占全部社会零售总额的0.15%。另外，越南电子商务交易额在2012年达到近20亿美元，约占GDP的2.5%。2010～2012年，澳大利亚电商交易额每年以10%左右的速率在增长，2012年达到了330亿澳元。其中网络零售已经占到全部零售额的6.3%。2012年，新西兰在线消费达到31.9亿新西兰元，比2011年增长了19%。

非洲与拉丁美洲经济的迅速发展对电子商务的需求也日益增长。非洲地区的B2C电商市场，包括旅游、数码下载和各种门票的销售增长都非常迅猛，比世界其他地区高出将近10%，2012年其网络交易额约150亿美元。2012年拉美地区的电子商务规模持续增长，消费额达544.70亿美元，预计2013年这一数字将高达 699.94 亿美元。巴西 B2C 电子商务消费额占整个拉美地区总额的 59.1%，排在其后的是墨西哥、加勒比地区、阿根廷、智力、委内瑞拉等。

虽然各地区电商发展不平衡，但总体呈上升趋势，主要特点包括：全球信息通信技术应用水平大幅度提高；全球网络零售交易额迅速增长并突破 1 万亿美元；电子商务的新模式和新领域拓展迅速；跨境电子商务蓄势待发。

（三）互联网金融将成为互联网经济的新亮点

伴随着互联网技术的出现及蓬勃发展，互联网金融开始应运而生。1995 年 10 月 18 日，美国诞生了全球第一家纯网络银行——安全第一网络银行（Security First Bank），标志着金融业新革命的崛起。目前，互联网金融在很多国家和地区开始兴起与发展，主要涉及网上银行、网上证券、网上保险、网上期货、网上支付和结算、电商网上融资、网络贷款平台、虚拟货币等金融业务。

在全球范围内，目前互联网金融已经出现了五个重要发展趋势。

1. 借贷"P2P 化"。

2007 年成立的美国 Lending Club 公司由 KPCB、摩根士丹利前 CEO John Mack、前美国财政部长 Larry Summers、有"互联网女皇"之称的 KPCB 合伙人 Mary Meeker 等著名人士和机构出资，通过网络平台接受借款客户的借款请求，并在得到用户授权后从 Experian、Trans Union 和 Equifax 三大征信局获取用户的信用分数，将高于某个分数线的借款人的借款请求放置于平台上进行筹资。截至 2013 年 6 月，Lending Club 已经达成 20 亿美元的贷款。近年来 P2P 在线融资模式风靡英国。2010 年创立的英国 Funding Circle 公司为小企业提供 1~3 年期的授信服务，并将企业融资项目打包在网上承销，邀请投资者认购；投资者选择认购份额和借款利率，公司负责在两周内募集齐资金。Fundingstore.com 则是一家在线资金互助社，已在包括中国香港在内的全球 11 个国家和地区设立分支机构，主要特色在于能让贷款方方便浏览其注册会员（即需要贷款的公司）财务报表。

2. 融资"众筹化"。

众筹，就是集中大家资金、能力和渠道，为小企业或个人进行某项活动等提供必要的资金援助，是近年来国外最热的创业方向之一。2012 年 4 月，美国通过 JOBS 法案，允许小企业通过众筹融资获得股权资本，使得众筹融资替代部分传统证券业务成为可能。虽然 Kickstarter 不是最早以众筹概念出现的网站，但却是最先做成的一家，曾被时代周刊评为最佳发明和最佳网站，进而成为"众筹"模式代名词。

3. 支付"移动化"。

随着移动通信设备渗透率超过正规金融机构的网点或自助设备，以及移动通信、互联网和金融的结合，到 2015 年，全球移动支付总交易额将达到 6700 亿美元，远远超过 2014 年的 2400 亿美元。到 2017 年移动支付规模将达到 1.7 万亿美元，占全球零售交易额的 4%。这些交易包括为数字产品、实物商品的移动支付、资金转账及近距离无线通信（NFC）。全球三大移动支付市场分别为东亚和中国、西欧和北美市场。到 2015 年，这三大市场将占全球移动支付总交易额的 75%。

4. 银行"网络化"。

1995 年 10 月，美国三家银行 Area Bank 股份公司、Wachovia 银行公司、Hunting Bancshares 股份公司、Secureware 和 Five Space 计算机公司联合在 Internet 上成立全球第一家无任何分支机构的纯网络银行，即美国第一安全网络银行 SFNB（Security First Network Bank，美国证券第一网络银行）。这是得到美国联邦银行管理机构批准，在互联网上提供银行金融服务的第一家银行，也是在互联网上提供大范围和多种银行服务的第一家银行。随后，其他国家也相继出现，如德国的 Entrium，是一家完全的网络银行，没有营业网点，没有分支机构，员工共计 370 人，依靠电话和网络开拓市场、提供服务，客户达到 77 万。

5. 货币"虚拟化"。

据 Tapjoy 和 Yankee Group 公司的一项研究报告，预计 2017 年虚拟货币收入将达到 32 亿美元。应用内虚拟货币花费达到将近 12 亿美元。用户对虚拟货币的消费认可度已经增加，因为这些消费会增加信用卡积分，或者获得各种优惠券。

总体来看，互联网金融发展正在摸索阶段。被全球金融市场统一接受的互联网金融的严格法律定义还没有出现，互联网金融模式也在不断创新和变化之中，许多国家监管当局对互联网金融监管采取相当谨慎的态度。

（四）移动互联网市场发展前景广阔

移动互联网，就是将移动通信和互联网二者结合起来，成为一体。移动互联网尤其是 4G 时代，移动互联加速跨界融合，带动了金融、电子商务、可穿戴设备、物联网、在线教育等相关市场的发展，满足用户在任何时间、任何地点使用任何业务的需求，拥有更为广泛的用户基础和更为广阔的市场前景。中国已经迈入了移动互联网时代。2013年中国互联网经济整体规模达到6004.1亿元，其中移动互联网经济规模达1083亿元，成为互联网发展的重要助推力。

移动互联网经济就是利用手机、PDA及掌上电脑和可穿戴设备等无线终端，以及通过与sensor及运算中心的结合的Drivables（智能汽车）、Flyables（智能飞行器）和Scannables（二维码入口）等方式进行的商务活动。狭义的移动互联网经济只涉及货币交易的商务模式；广义的移动互联网经济涉及通信、娱乐、广告、旅游、紧急救助、金融、物流等，实现随时随地、线上线下的购物与交易、在线电子支付以及各种交易活动、商务活动、金融活动和相关的综合服务活动等。

全球移动互联网经济经历了信息获取、移动交易、移动金融三个阶段。当前，发达国家对移动互联网经济纷纷采取支持创新、减少限制的政策，未来移动互联网经济将呈现六大趋势：

一是4G网络建设成为各国争夺移动互联网高地的焦点。当下各国移动通信产业正在整体从第三代向第四代迈进，所有的终端、应用和技术都在围绕4G展开。根据全球移动供应商协会（GSA）统计，截至2013年12月，全球已有244个电信运营商在92个国家推出了98个LTE商用网络，2014年2月达到274个，而全球正在投资新建LTE网络的国家总数在150个左右，涉及运营商达500个左右。在全球4G建设大潮中，韩国、日本和澳大利亚的LTE网络发展领先，其网络覆盖率分别达62%、21%和21%。从用户覆盖角度看，在全球目前超过1.3亿的LTE用户中，美国、韩国和日本三国用户比例合计接近90%。深入到具体业务层面，各国4G运营商仍处于探索阶段，当前的创新点集中在视频通话、高清影音应用、语音操控与云端助手、可穿戴计算与移动健康管理等方向。

二是桌面电商加快向移动电商转变。移动商务网站将突出个性化、在线感受和支付便捷等特点，进一步改善App应用程序在移动商务中的便利性。2006年日本移动互联网商务市场的销售收入已经达到7240亿日元（合63亿美元）。在最初的移动商务中，包括语音和壁纸等移动内容的销售占有很大的比例，但2012年移动互联网站传统货物的销售首次超过了移动内容。广告作为移动互联网一种重要盈利模式，全球从2009年开始快速增长，2013年增长了16%。移动端广告业务成了香饽饽，预计仅美国市场的潜在价值就达到300亿美元以

第七章 互联网经济：中国经济发展的"新战略"

上。

三是互联网金融应用全面向移动互联网渗透。移动支付让线下与线上实现更便捷的互联。2013年互联网支付交易规模53729.8亿元，移动支付交易规模达到12197.4亿元，约占互联网支付的两成。Forrester Research报告预测，2017年美国使用移动银行的用户将达到1.08亿，占全美银行账户的46%左右。Market Research预测，2015年全球移动支付用户8.3亿，交易额9450亿美元。IDC预测，2017年全球移动支付的金额将突破1万亿美元，66%来自移动商务。

四是移动互联网经济向全球化发展。不断扩张的移动商务正在突破传统的贸易壁垒和海关监管，在不同国家实现跨境贸易和交付服务。AppLift和Newzoo的市场调查结果显示，预计2016年亚太地区移动游戏收入将占据全球移动游戏总收入的48%，成为全球最大的移动游戏市场。支付、硬件大数据推动手游全球化发展，一些大型游戏企业充分发挥境内外联动的整体优势，为其他企业提供全方位、多元化的国际业务服务。

五是移动互联网经济保持高速增长态势。根据KPCB的互联网女皇Mary Meeker发布的2014版互联网趋势报告显示，移动端网络流量占全球互联网流量的比例以每年1.5倍的速度增长，这一增速没有延缓的趋势。其中，智能手机用户群体以20%的速率增长（但增速在放缓），主要来自于中国、印度和巴西等新兴地区。2014年5月，全球移动互联网流量已经占据互联网整体流量的25%，非洲地区的移动/互联网比例最高，为38%，而南美地区则是这一数字增长最快的市场。Juniper Research预测，全球移动商务交易额将从2013年的1.5万亿美元增长到2017年的3.2万亿美元。未来5年，全球移动电子商务网购交易占电子商务网购交易额的比重将从目前的不到8%上升到25%以上。

六是移动互联网的发展和创新将对经济发展和管理创新带来全面的、深刻的变革。在移动社交、游戏、电子商务等领域，移动互联网经济正与传统行业结合，和线下商家合作，未来或许还和3D打印相结合，推动传统产业转型升级。新业态在移动商务创新中不断涌现，将对电信服务和金融服务造成较大的冲击，推动制造业、农业、服务业积极向信息经济发展转型，对政府的税收与创新、诚信体系建设、知识产权保护、跨境服务监管等管理变革提出挑战。

第二节　中国互联网经济处于战略机遇期

世界经济仍然处于深度调整期，新一轮科技革命和产业变革正在孕育兴起。无论是发达经济体还是发展中经济体，都在围绕互联网经济，探索发展新方式，寻求发展新动力。在互联网经济时代，发展互联网经济有可能赢得国际竞争优势，掌握全球经济发展的主导权。如果错过互联网经济，错过的不是一个产业，而是一个时代。中国具备发展互联网经济的后发优势，必须紧紧抓住全球互联网经济竞争格局尚未定型的历史性机遇，有望掌握全球互联网经济竞争主动权。

一、中国互联网经济的发展趋势

互联网思维正在颠覆与创造、裂变与融合中，快速重塑中国经济格局。随着互联网快速发展，市场环境不断成熟，越来越多互联网企业通过产品、服务创新，成功打造出各自的盈利之道，推动互联网经济持续增长。互联网经济已经成为推动中国经济创新发展的重要引擎、经济转型升级的"加速器"、打造"中国经济升级版"的突破口、促进经济结构"再平衡"的新支点。

中国互联网经济飞速发展。艾瑞咨询统计，2013年中国互联网经济整体规模已达到6004.1亿元，同比增长50.9%。以电子商务为例，2013年中国电子商务交易总额达到10万亿元，其中网络零售超过1.8万亿元，中国超越美国成为世界第一大网络零售国。艾瑞咨询预测，2014年中国互联网经济市场规模将达到7 753.0亿元，相对于2010年的年复合增长率达到50.5%。中国涌现出一批具有国际影响力的互联网经济企业和服务品牌。根据月独立访问量，2013年1月全球十大互联网服务中有9个来自美国，腾讯是唯一非美国公司。而2014年3月的数据显示，全球十大互联网服务中来自中国的公司已经增加到4家，分别是阿里巴巴、百度、腾讯和搜狐。

中国互联网经济逐渐成为国内外投资者青睐的领域。仅在2011年，据咨询机构投资中国（China Venture）统计数据显示，互联网企业完成投资236起，相比2010年的124起增长了90.3%；投资总额38.2亿美元，相比2010年的20.91亿美元增长了62.3%。其中，电子商务成为投资主流。引进外资大致包括三种形式：一是互联网企业本身由外资直接投资控制，如境外网站以中

第七章 互联网经济：中国经济发展的"新战略"

文版形式在中国落地或寻找代理人（雅虎中国、MSN 中国、亚马逊中国等）；二是通过各种途径运作互联网企业在境外上市，如腾讯、慧聪在港交所上市融资，盛大、前程无忧在纳斯达克上市；三是境外风险投资相中中国互联网新媒体企业，提供风险投资。这在尚未上市的企业中极为普遍。近年来，借助风险投资在美上市的互联网企业有 10 余家，包括土豆网、奇虎 360 等。

中国移动互联网在未来的市场上将大有可为。主要表现在：4G 技术商用的逐渐开展将有效带动移动互联网规模的迅速扩大，推动电信终端设备制造、业务运营、信息服务及网络建设；随着移动互联网的不断发展，用户对移动终端演进需求日益增长，使得"渠道"、"平台"资源的竞争更加激烈；中国移动互联网行业投融资及上市案例将不断增加。中国移动互联网用户占全球互联网用户的 80%，未来的市场开发空间广阔，其中一些业务的发展并非是平滑和渐进式的，而是在发展方式上具有一定跃迁和突变的特征，一旦突破某一发展瓶颈，将会迅速成长为明星业务。例如，微信在服务集成以及个人通信、客户关系管理以及交易支付等环节的融合方面进行了创新，因而获得快速发展。

中国互联网经济总体处于信息经济向赛博经济的过渡阶段。互联网经济发展可以分为三个阶段：以网络购物为主要特征的网络经济阶段，电子商务在商贸流通领域迅速崛起，这是互联网经济的初级阶段；以云计算、大数据深化应用为主要特征的信息经济阶段，信息资源的价值得到有效释放，信息服务业比重大幅增加；以云计算、大数据、物联网、移动互联等新一代信息技术广泛应用为主要特征的赛博经济阶段，信息网络和设备联接经济运行各环节，催生互联网经济新的技术架构和新的服务模式。

电子商务和网络广告是互联网经济市场份额最大的两个细分行业。例如，电子商务与传统商务比，只占 3% 左右，但产生了世界级的电子商务企业；网络广告与传统广播电视纸媒的广告市场相比，也存在极大的差距；在信息增值服务的某些领域，如即时通信、搜索、网游等，具有领潮的商业模式及规模在四五百亿美元市值的世界级的大企业，相比欧洲已具有一些优势，但处于有待深度开发的境地；包括电子商务服务业在内的互联网服务业，在中国互联网经济发展中已形成一定规模，在未来几年中还会有高速的发展，这些都预示处于初兴阶段的中国互联网经济发展前景广阔。

根据目前的技术与经济条件判断，2015 年左右，具有互联网思维的"90后"新生代将步入经济社会各领域，整个社会的网络生产、经营与消费氛围基本形成，互联网经济将由快速发展转变为高速发展。2015 年中国电子商务交易额突破 18 万亿元，网络零售交易额突破 3 万亿元，占社会消费品零售总额的比例超过 9%。2020 年左右将是中国互联网经济发展的攻坚点，基于网络的无形市场规模将接近传统的有形市场规模，互联网经济逐步成为国民经济的主导产业。预计到 2020 年，中国电子商务交易规模达 50 万亿元，互联网经济对 GDP 的贡献超过 15%，成为全球规模最大、最具国际竞争优势的互联网经济体。

二、中国发展互联网经济的优势

中国互联网经济基本与美国同时起步，具备了互联网经济快速发展的基础，涌现出阿里巴巴、京东等一批优秀的电子商务企业，充分利用后发优势，凭借"蛙跳效应"，有望掌握全球互联网经济发展的主导权。这主要表现在以下几个方面：

第一，民族互联网经济企业已具备国际竞争能力，初显竞争优势。根据互联网长线分析公司 KPCB 的报告，在全球排名前 25 位的互联网企业中，美国占 14 家，中国占 6 家。中国已经涌现出阿里巴巴、腾讯、京东、敦煌、当当等一大批优秀的电子商务企业，并在与亚马逊、eBay 等国际电子商务巨头的竞争中取得了一定的优势。例如，阿里巴巴已经成为全球第一大电子商务交易平台，2013 年 11 月 11 日淘宝网实现了电子商务 1 天 350 亿元的销售额，预测 2013 年淘宝的网上交易额是美国电商巨头亚马逊和 eBay 之和，2019 年将超过沃尔玛销售额达 10 万亿元；京东商城的物流速度和用户体验已达到全球领先水平，腾讯基于微信的移动电子商务全球独树一帜。借助网络的无边界，中国电商企业有可能打破传统商业的藩篱，真正"走出去"成为世界级的商业巨头。例如，京东商城开通了海外业务，在巴黎、纽约等 35 个城市实现销售配送，单日销售额最高达到 100 万元，并保持高速增长。

第二，具有可以吸引全球互联网经济资源的市场优势。中国经济持续健康增长、人口众多、网民规模快速增长、广阔的低级别城市市场空白，蕴藏着巨大的消费潜力，具有互联网经济爆发式增长的基础优势。中国互联网络信息中心报告显示，截至 2013 年 6 月底，中国网民规模达到 5.91 亿，互联网普及率为 44.1%；预计 2013 年底移动电子商务用户达到 3.7 亿人；到 2015 年，中国电子商务交易规模即将达到 18 万亿元。麦肯锡测算，到 2020 年，中国网络零售市场销售额有望达到 4200 亿 ~ 6000 亿美元，相当于美国、日本、英国、德国和法国目前规模的总和。IDC 研究表明，中国电子商务正在成为全球规模最大、最领先的战略性新兴产业。在巨大的市场引力作用下，全球资本市场、技术市场和服务市场均在向中国倾斜。

第三，"世界工厂"地位奠定电子商务发展产业优势。中国生产流通方式、产业结构的传统劣势，在互联网经济中有可能转化为产业优势。利用互联网经济跨越时空和定制化的特征，中国中小型加工厂可实现以销定产，使小批量、个性化生产的门槛降到最低，"世界工厂"的强大制造能力得以释放。例如，在淘宝平台上，很多店铺从"进货卖货"转向自建设计、生产到销售的完整产业链，完成了蜕变升级。中国制造业有望借助电商实现"中国创造"的转型，在下一轮全球产业竞争中取得优势。

第四，城镇化为互联网经济发展创造后发优势。西方国家城镇化高度发达，传统商贸流通业高度成熟，电子商务发展空间有限。中国城乡、区域发展差异巨大，流通业、服务业发展滞后。中国电商行业带着全新的商业基因，其作用发挥会比流通体系完善的发达国家更加明显。电子商务可以避开传统产业发展的一些限制条件和地域、时间要求，为中国电子商务发展提供广阔的发展空间，可以走与西方国家不同的电子商务发展道路，实现跨越式发展。麦肯锡调查发现，中国网络零售额中约60%的网上消费取代线下零售，其余的40%则是如果没有网购就不会发生的新增消费。这种消费现象在欠发达地区尤为明显，在三四线城市占近60%。

第五，各级政府高度重视互联网经济发展，初步形成组织优势。国家发改委会同财政部、商务部等13个部委建立了推动电子商务发展的跨部门联席机制。围绕促进发展、电子认证、网络购物、网上交易、支付服务和跨境电子商务等主题，出台了《中华人民共和国电子签名法》（2004年），颁布了《国务院办公厅关于加快电子商务发展的若干意见》（2005年），发布了《关于促进电子商务健康快速发展有关工作的通知》（2012年），制定了《2006－2020年国家信息化发展战略》（2006年）、电子商务发展五年规划等专项规划，组织北京、上海、广州、深圳等53个城市开展了两批"国家电子商务示范城市"创建工作。各级政府、各部门、各地方协同推动电子商务发展的工作局面初步形成。未来，国家将继续出台一系列促进电子商务发展的政策措施；更多的地区、更多的城市将电子商务列入发展的重点，以电子商务为突破口，带动产业结构的调整和经济发展方式的转变。

三、中国互联网经济发展存在的障碍

尽管中国互联网经济取得了较大发展，但对促进传统生产经营模式创新发展的作用尚未充分发挥，对经济转型和价值创造的贡献潜力尚未充分显现。这既反映出中国现有体制机制、政策法规与互联网经济的快速发展发生了摩擦和碰撞，又说明中国培育良好的互联网经济发展环境任重而道远。这些障碍主要体现在以下几个方面：

第一，认识和准备不足制约了互联网经济创新发展。互联网经济是新生事物，各国对它都有一个不断认识的过程。从全球范围来看，互联网经济的发展普遍快于政策、标准和法律的建立、修改和完善。例如，中国一般将电子商务狭义上理解为一种商务贸易活动。实际上，电子商务已成为全球一体化生产和组织方式的重要工具，各国在通过电子商务争夺资源配置主动权、提高经济竞争力。

中国政府对电子商务存在认识不足，较长时间内把它当做一种流通方式看待，没有把它作为一种新兴产业发展。政府在电子商务发展过程中，存在对信息安全风险估计过高、对电子支付的安全性担忧过度、忽视"软件"建设、地方保护主义等问题。中国互联网应用的深度和广度与发达国家仍有较大差距，特别是在三四线城市及广大农村地区，互联网提升社会生活质量的效能还未得到完全体现。

中国政府对电子商务采用传统商业管理模式，对海外先进管理模式处于模仿的阶段，结合中国国情的管理模式创新不足。现行管理体制条块分割、协调性不够，没有强有力的跨地区、跨部门的综合协调机构，许多政策尚不成熟，无法适应电子商务的快速发展。

中国电子商务立法明显滞后，缺乏政府有效监管。电子商务作为一种新的经济形态，许多传统的针对实物经济和工业经济时代的政策和法规不能适应新时代的需要。在法律的层面上的关于电子商务的专门规范极少。部委规章大多是一些笼统的规则设定。北京、上海、广东等经济发展较快地区的地方性法规对电子商务的部分内容作了细化的规定，但地方立法的地区并不多。

第二，产业环境不健全制约了互联网经济快速发展。当前，互联网基础设施建设问题、网络安全问题、社会商业信用问题、网络支付问题、物流配送问题以及IT技术和管理信息人才问题，都困扰着中国电子商务的发展。

信息基础设施落后制约中国电子商务可持续发展。主要表现在：网络带宽狭窄，接入技术落后，接入速率较低，网络运行质量差，电信费用高，特别是作为电子商务平台的送递和结算基础落后；缺乏汉化的电子商务所需的软硬件产品及技术服务等。目前，中国互联网网速平均速率仅 1.774M/s，排名全球第 71 位，与世界发达国家相比，中国的互联网建设仍需进行跨越式提升。

网络安全技术不完善成为制约电子商务发展的头号障碍。目前网上安全技术及其认证机制均不够完善，防火墙、认证、加密、防黑客、防抵赖等方面的技术应用无法满足商业交易的安全性。

中国社会化信用体系还不够健全，电子交易行为缺乏必要的自律和严厉的社会监督，无疑加大了电子商务活动的风险，也严重制约了电子商务的持续快速发展。

网上支付系统不完善成为中国电子商务发展的"瓶颈"。中国的金融服务及其电子化水平还比较落后，跨区域、跨银行的电子支付系统还不够完善，网络金融的监管机制不健全，网上支付、结算等安全问题尚存隐患，阻碍了中国电子商务发展的进程。

物流配送体系社会化程度不高制约中国电子商务快速发展。中国第三方物流企业在规模、服务水平、服务扩展性等方面落后，致使物流业与电子商务的发展出现衔接不顺畅、发展不协调的问题，根本无法满足电子商务物流配送高效率、低成本的要求。

人才不足是影响中国电子商务发展的一个重要因素。高校培养的毕业学生缺乏传统商务和实践能力，现有电子商务人才偏重技术较少考虑商务层面的问题。能否培养出大批电子商务的复合型人才，成为该国、该地区发展电子商务的关键因素。

目前的金融服务和资本市场发展相当滞后，与互联网和电子商务的发展要求极为不相当。面对着全球一体化的经济环境，中国的网络企业和互联网络的发展将面临更强大的竞争，面临更多的风险，更需要完善金融及风险资金的支持。

第三，信息安全重视不够制约了互联网经济安全发展。未来国家竞争将围绕互联网展开竞争。近年来，国内电子商务发展迅速，市场总量持续攀升。与此同时，越来越多的国内电商企业依托境外资本筹备境外上市渐成趋势，而合作的形式绝大部分都是境外资本通过协议控制模式（简称 VIE 模式）来参与国内电商业务。这种模式会导致电商行业出现"业务经营在国内、投资上市在境外"的现象，从而对行业发展、对国民经济安全产生重大隐患。

电子商务最重要的还是安全问题,安全问题得不到妥善解决,任何的电子商务应用都只能是纸上谈兵。互联网上存在多种不可靠因素:软件不可靠、线路不可靠、系统不可靠,等等。中国政府对于近年来日益突出的网络信息安全问题却显得防范薄弱和重视不够,表现在:对等级保护工作的重视程度还不够,对重要信息系统重要性的认识不足,等级测评和安全建设整改工作进展较慢,公安机关等级保护工作的监督检查力度不够,重要信息系统的安全保护能力不强等。

第四,制约中国互联网经济发展的深层次矛盾。互联网经济发展存在的现实问题长期得不到有效解决,主要原因在于,对影响电子商务发展一些深层次矛盾普遍认识不足、重视不够。在充分认识互联网经济重大意义的同时,必须充分估计重大经济变革可能产生的震动性影响与挑战,及时防范、化解风险,为互联网经济跨越式发展提供有力支撑。

(1)互联网经济"新模式"倒逼行政管理"老机制"。互联网经济产生新的市场主体、新的市场客体、新的市场载体和新的市场交易规则,对于这种"新模式",长期以来在传统经济模式下形成的行政管理机制一时难以适应。表现在:互联网经济基于网络交易的"虚拟性",使"实体化"管理难以落到实处;互联网经济跨地域交易的"全球性",使"属地化"管理难以奏效;互联网经济全天候交易的"高效性",使"规模化"管理难以跟上节奏。现行管理机制不适应互联网经济发展新要求,严重抑制互联网经济创新活力、发展动力的释放,成为互联网经济发展面临的体制性障碍,迫切需要相关部门大力推进制度创新、管理创新,用新思路、新办法服务、管理"新经济"。

(2)传统产业与互联网经济之间资源争夺、利益博弈日趋激烈。随着互联网经济的进一步发展,传统产业与电子商务之间的资源争夺、利益博弈将日趋激烈。例如,电子商务兴起给一些传统产业带来严峻的市场挑战、巨大的竞争压力。网络零售已让一大批线下实体店难以维持甚至关门歇业,微信等通信新方式的出现使传统通信行业的短信等业务大幅萎缩。传统金融企业在第三方互联网支付、在线融资、在线保险、在线基金等新兴金融业态的市场竞争中,已处明显劣势。传统行业利用垄断优势努力维护自身利益,遏制互联网经济竞争和创新发展。传统产业与互联网经济之间竞争、博弈加剧,处理、协调不当,不仅会削弱相关产业、行业市场竞争力,也会导致国民经济整体质量、效益受损,甚至损害公众利益降低政府公信力。

(3)互联网经济爆发式增长伴生系列社会问题,考验社会可承受力。互联网经济不仅给经济领域带来深刻变革,也会对社会、文化等领域产生深远影响。例如,电子商务重要设施安全风险防控机制缺失成为重大公共安全隐患;电子商务领域经济问题社会化特征明显,风险放大效应突出;经济违法犯罪由线下向网上转移态势日益严重;在创造新职业、新工种和新岗位的同时,互联网经济也会产生新的失业群体。必须增强预见性、清醒认识、高度重视电子商务爆发式增长伴生的社会问题,未雨绸缪、防患未然,通过社会管理创新、增强社会公共服务提供能力等提高社会可承受力。

第三节　中国电子商务的发展战略

在互联网经济时代,发展电子商务对内推进中国产业结构调整和经济发展方式转变,对外有望掌握全球经济发展的主导权,赢得国际竞争优势。中国发展电子商务的战略定位是,实现由"中国制造"转变为"中国创造"、由"世界工厂"转变为"世界市场"、由"跟随发展"转变为"引领发展"。

一、实现由"中国制造"向"中国创造"转变

电子商务将更广泛地渗透到生产、流通、消费、服务等各个领域,不仅为大规模定制与柔性制造提供了基础,也进一步改变了传统的企业生产组织形态、经营管理模式和消费服务理念,直接提升生产和经营水平,实现产品和服务创新,支持国家产业结构调整和各行业的资源优化配置。

(1)产品创新。网商们通过不断开发新产品,丰富产品线,尽可能多地满足消费者个性化、差异化的需求。网商们在产品创新上的实践分为多个层次,有的是对原有产品进行功能或外观上的改进,有的是推出全新的产品,还有的是通过将原有产品全新搭配而赋予新的用途。进一步地,网商们是通过系统性创新,克服产品多样化在成本、客户服务等方面带来的新问题。

(2)服务创新。专业的服务可以满足消费者个性化的需求,也有利于创造良好的消费体验和提升客户忠诚度。服务已经成为商品增值的重要组成部分,也成为企业获得差异化竞争优势的重要源泉。例如,"北美阳光"为客户提供私人营养师的个性化服务;"韩都衣舍"的时尚选款师,为客户提供专业的服饰搭配意见;"爱尚鲜花"在鲜花速递中融入了温馨的情感关怀。

(3)营销创新。过去几年,网商们在博客营销、短信营销、搜索营销等

方面进行了多样的探索。近一年来，越来越多的网商开始尝试利用微博、问答社区、社会化网络（SNS）等进行社会化营销。通过碎片化的信息与互动的人际网络，网商们以极低的成本准确地定位自己的潜在顾客，与他们建立联系并友好对话。顾客的主动参与和积极互动，极大地提升了营销效果。更重要的意义在于网商能够有效聚合先前高度离散的个性化需求，迈出个性化生意的第一步。

（4）商业模式创新。在商业模式方面，网商们进行不断地创新和突破，如混批、预售、团购、定制等。义乌有超过100家网商建立起"混批"网站，在网上把小商品生意做得有声有色；曲美家具采用"预售＋团购＋定制"的模式不断创出佳绩。有的模式尽管不是网商首创，但结合电子商务不断创造出新的辉煌。

总之，依托电子商务，可以加快传统产业转型升级，在全球范围内配置优势资源，占据产品或产业价值链高端，转移产品或产业链低端。例如，2011年，中国纺织服装行业销售达13457.26亿元，同比增长率为27.61%，但由于大多服装企业的核心业务是加工制造，居于纺织服装产业链低端，平均利润率约为5%。而凡客诚品网，通过网络创建自有服装品牌——凡客，在全球范围内配置服装设计、制造和物流等优势资源，占据产业链高端——服装销售，实现品牌经营（毛利率约50%）。2011年，服装行业网络销售市场规模为2670亿元，年增长率93.5%，高于网络销售市场总体增长率20.6个百分点，呈快速发展势头，通过电子商务实现纺织服装业由"中国制造"向"中国创造"的趋势逐步显现。

为了实现由"中国制造"向"中国创造"转变，国家需要制定专项产业发展政策、实施专项工程，通过扶持具有自主网络商品品牌的电子商务企业，培育100个具有国际影响力的自主网络商品品牌，实现年销售额10000亿元，在全球范围内配置优势资源，占据设计、营销等产业链高端，外移制造等产业链低端。

二、实现由"世界工厂"向"世界市场"转变

中国具有世界上最庞大的制造产业集群，被誉为"世界工厂"，但世界市场的核心在欧美等发达国家，外贸出口依赖度高，利润率低，物资资源消耗大。在"十二五"（2011~2015年）规划中，扩大消费需求已成为扩大内需的战略重点。

城镇化是今后扩大内需的重点方向，电子商务的特点恰恰能够为我们拉近城乡间的距离，为扩大消费需求提供新的思路和增长点。信息消费作为直接或间接以信息产品和信息服务为消费对象的消费活动，具有结构层次高、绿色无污染、带动作用强等特点，已经成为当前中国有效扩大内需、促进经济平稳较快发展的重要着力点。在新时期，传统销售方式和交易手段已经无法满足人们日益提升的信息消费需求。只有发展电子商务，才能够繁荣信息消费市场。

电子商务服务业不仅为国内消费者提供了海量的价廉物美的商品、消费，并有效帮助中国企业实现了"出口转内销"的转型。网络零售交易平台通过提供海量信息管理平台和有效的信用评价体系，集成物流、支付等电子商务服务体系，显著地降低了交易成本，进而促进了海量消费，不仅为国内消费者提供了大量的价廉物美的商品，并有效帮助中国企业实现了"出口转内销"的转型。

电子商务在促进区域协调发展方面发挥了重要作用。以淘宝为代表的电子商务平台为中西部企业及商家提供了广阔的市场，淘宝网中西部地区网购增速已超过沿海地区，电子商务正成为缩小东西部差距的有效途径。同时，农村电子商务也在这一推力下迅猛发展，有效带动农村创业者致富，创造了农村电子商务的"沙集模式"。

依托电子商务，可以建立规模庞大、具有国际影响力的各类网络市场，成为全球市场中心。据不完全统计，2012年中国网络购物市场上，有1家年交易额过万亿元的B2C购物网站，有2家年交易额过百亿元的B2C购物网站，年交易额介于10亿~30亿元的购物网站不少于7家，年交易额介于1亿~10亿元的购物网站超过20家。交易规模刚过亿元的购物网站，2008~2011年，年均交易规模增长80%以上，是全球交易规模增长最快的地区。

为了实现由"世界工厂"向"世界市场"转变，国家实施"网络平台"战略行动计划，通过扶持网络平台型电子商务企业，面向全球市场，在消费品领域形成100个规模大、有国际竞争优势的电子商务交易与服务平台，年交易额10万亿元，形成世界市场的信息中心、交易中心及支付结算中心，通过外移加工制造环节，降低外贸出口依赖度和物资资源消耗，占据各产业价值链高端，提高利润率。

三、实现由"跟随发展"向"引领发展"转变

电子商务的快速发展正在重构世界经济竞争新格局。要想在互联网经济时

代赢得国际竞争优势，必须掌握全球经济发展的主导权，包括重要战略物资控制权、交易信息拥有权、支付结算优先权、交易规则等标准规范的话语权。

1. 重要战略物资控制权。

长期以来，中国在粮食、各类有色金属等重要战略物资领域没有定价权和控制权，经济发展在一定程度上处于被动局面。但是，通过规模大、有绝对竞争优势的网络交易平台可以获得物品定价权、重要战略物资控制权、经济发展的主导权。例如，"我的钢铁网"形成的中国钢铁市场价格指数，被众多国内企业及国外机构认同，通过价格指数，可以逐步影响或掌控国内及国际钢铁市场定价。大力发展网络交易平台，并进一步结合金融要素可以逐步获得重要战略物资控制权，通过获取物品定价权、重要战略物资控制权，可以逐步把握经济发展的主动权，实现由"跟随发展"向"引领发展"转变。

2. 交易信息拥有权。

交易信息主要包括交易主体（相关企业、机构及个人）信息、交易客体（相关商品和服务）信息及交易内容（相关商品或服务价格、数量等）信息，拥有这些实时、准确、动态的国际贸易信息资源可以适时掌握国际贸易市场动态、预测国际市场发展态势、打击违禁商品或服务贸易。交易信息拥有权可以通过发展通过规模大、国际竞争力强的跨境电子商务交易与服务平台获得。

3. 支付结算优先权。

电子商务的支付结算主要指通过第三方在线支付与结算平台、基于各类固定和移动终端（计算机、平板电脑、手机等）、采用在线支付方式实现的多币种支付与结算过程。拥有跨国支付结算优先权，可以适时掌握国际金融市场资金流向动态、外汇市场发展态势、打击国际洗钱等违法犯罪活动。支付结算掌控权可以通过发展规模大、国际竞争力强的支付与结算平台获得。

4. 标准规范的话语权。

跨境电子商务是国际贸易新业态，也是未来国际贸易的主渠道。跨境电子商务相关的标准规范包括跨国电子认证、在线交易、跨境支付、跨境物流、通关、商检、跨境交易纠纷处理等。在这些标准规范尚未建立的今天，率先发起并建立相关标准规范，有助于获取交易信息拥有权和支付结算优先权，通过建立相关技术壁垒逐步掌控网络环境下国际贸易的主导权。标准规范话语权可以通过发起电子商务领域国际标准化组织、制定或参与制定国际标准规范获得。

为了实现由"跟随发展"向"引领发展"转变，国家实施"网络交易"战略行动计划，通过扶持网络交易型电子商务企业，面向全球市场，在大宗物资领域形成 100 个规模大、有国际竞争优势的网络交易平台，年交易额 25 万亿元，形成 100 个有国际影响力的价格指数，逐步掌控重要大宗物资的定价权及控制权。

为了实现由"跟随发展"向"引领发展"转变，国家实施"网络贸易区"战略行动计划，面向 APEC、金砖国家、一带一路（"丝绸之路经济带"和"21 世纪海上丝绸之路"）等，突破传统的自由贸易区的局限性，发起建立网络贸易区的倡议并付诸实施。具体任务包括：（1）建立网络贸易区协调管理机构。制定并完善网络贸易区准入条件，电子认证、交易、支付、物流、通关、商检、关税等相关协议、规则和管理制度。（2）研究制定网络贸易区相关标准规范。主要包括企业基础信息、贸易商品及服务基础信息、贸易单证基础信息等方面的标准规范。（3）建设网络贸易区管理与服务平台并实现互联，在各经济体间实现跨境电子商务企业、商品及服务、电子单证等基础信息交换与共享，全程在线处理与跨境贸易相关的通关、商检、结汇、退缴税政务，为贸易企业、机构、个人提供通关、商检、结汇、退缴税、交易纠纷处理等服务。

第四节　中国互联网经济与传统产业的融合发展战略

互联网经济的外延在不断扩散，互联网化是当今社会的发展趋势。以云计算、大数据等为代表的互联网经济发展模式对现有的互联网网络结构、网间互联架构提出了更高的要求，包括传统的金融、批发零售、媒体、租赁/服务、制造等行业，出现了营销互联网化（线上推广、线上销售）、产品互联网化（网络化生产、产品数字化、互联网交付）、服务互联网化（在线交互、客户服务）、运营互联网化（信息、资金、物流的互联网承载和支持），通过替换（对传统商业流程中某些环节的直接取代）、优化（再造商业流程本身，简化、优化、重构）、创新（创造新的商业流程）的"三步走"企业战略，提升传统行业企业的互联网化水平。

一、新一代信息技术颠覆传统的产业发展模式

波士顿咨询集团的研究显示，到 2016 年 G 20 国家的互联网经济规模将增长近 1 倍，从 2.3 万亿美元提高到 4.2 万亿美元，其中移动互联网的快速增长

起到主要推动作用。电子商务在降低交易成本、拓展交易范围、提高交易效率、创新交易功能等方面的优势，是传统专业市场所无法比拟的。因而，充分地发展互联网经济，特别是重视移动互联网、云计算等技术和应用的发展，并将这些技术充分应用在各行各业中，将带动产业转型升级，推动整体经济发展。

1. 云计算发展战略。

云计算是一种信息技术资源的交付和使用模式，也是一种新型的服务模式，云服务提供商将资源进行整合，为用户提供按需的服务形式。云计算产业是传统的计算机产业和互联网产业相结合的产物，以云计算技术为基础，提供云服务，具有强大的汇集整合资源能力，为社会各个部门提供软硬件资源与信息处理能力的知识和技术密集型产业，是信息产业的未来发展方向。[①] 根据 Gartner 的统计，目前云办公系统有大约 5000 万用户，仅占整个办公系统用户的 8%（不包括中国和印度）。而向云办公系统的重大转变将在 2015 年下半年开始，到 2017 年的普及率将达到 33%。预计 2022 年将增长到 6.59 亿用户，占企业用户的 60%。

根据目前国内外云计算发展实践，云计算产业大致可以划分为三种服务模式，即 LaaS 模式（基础设施服务模式）、PaaS 模式（平台服务模式）以及 SaaS 模式（软件服务模式）。三种云计算产业服务模式由低到高构成了一个完整体系，从不同层次上为用户提供资源服务；都是采用外包的方式，降低管理和维护服务器硬件、网络硬件、基础架构软件和应用软件的人力成本；用尽可能少甚至是零的资本支出，获得功能、拓展能力、服务和商业价值。

为了有效发挥云计算的优势，2010 年 10 月，德国宣布启动《云计算行动计划》，为中小企业提供专门的技术和资金支持，挖掘云计算的巨大经济潜力。2010 年 8 月，日本发布了《云计算与日本竞争力研究》报告，从完善基础设施建设、改善制度、鼓励创新三方面推进日本的云计算发展。2011 年 2 月，美国发布了首份关于云计算的战略报告《联邦政府云计算战略》。2010 年韩国开始执行《云计算全面振兴计划》，希望在 2014 年前成为世界最高水准的云计算强国。

目前，中国的云计算产业发展正处于快速成长期，预计在 2015 年之后进入成熟期，云计算模式将会被广大用户接受，未来市场将非常广阔。在政府层

---

① 蔡鹏飞. 中国云计算产业发展研究. 经济研究导刊, 2013（17）

面，中国应尽快制定国家层面的云计算发展战略，提高网络基础设施的质量，将政策引导与市场化运作相结合，为云计算产业构建宽松的发展环境。在企业层面，中国企业应致力于云计算理念普及，提高用户云计算接受程度；整合云计算企业战略资源，壮大中国云计算产业整体实力；要积极开展云计算国际合作与交流，吸收借鉴国外的优秀经验。

2. 大数据发展战略。

大数据将是下一个创新和竞争的前沿，是信息时代新的财富。大数据的特点可归结为 4V：Volume（大量）、Velocity（高速）、Variety（多样）、Value（价值）。与传统数据相比较，大数据包含数据交换、互联、质量、安全等数据体系建设以及建设上层数据应用的整个生态圈。[①] IDC 报告称，全球大数据技术和服务市场将在未来几年保持 31.7% 的年复合增长率，2016 年的总规模有望达到 238 亿美元，其中服务市场复合年增长率为 21.1%，存储市场为 53.4%。

随着大数据技术研究和应用的迅速发展，各国政府已经意识到大数据技术的重要性，纷纷将开发利用大数据作为夺取新一轮竞争制高点的重要抓手，实施大数据战略。2012 年 3 月，美国政府推出"大数据研究与开发计划"，提出"通过收集、处理庞大而复杂的数据信息，从中获得知识和洞见，提升能力，加快科学、工程领域的创新步伐，强化美国的国土安全，转变教育和学习模式。" 2012 年 7 月，日本总务省发布"活跃 ICT 日本"新综合战略，其中最受关注的是大数据政策。2013 年初，英国对大数据的投资即达 1.89 亿英镑。

从整体上来看，中国明确大数据战略的地区和部门有限，2012 年 12 月，广东省最早明确提出大数据战略，更多是学术界、产业界的研讨和呼吁，国家层面大数据战略则尚未进入议事日程。在数据领域的生产、传输、处理、应用等各个环节，中国的技术能力与国际先进水平有较大差距。在数据共享和公开方面，由于理念、政策、机制等方面的限制，中国政府部门、事业单位、科研院所面向社会公开的数据比较少，目前主要还处在关注信息公开阶段。但是，中国在大数据领域已经产生出一批优势企业，如腾讯、阿里巴巴、百度等。中国需尽快提出国家层面的大数据战略，继续做大做强大数据产业和大数据核心企业。[②]

[①] 占超群. 大数据，且行且思. 程序员，2013（2）
[②] 陈明奇. 大数据国家发展战略呼之欲出——中美两国大数据发展战略对比分析. 人民论坛，2013（15）

中国大数据的发展目标是，"十二五"时期以及未来10年，实现大数据产业技术创新，产业的整体质量效益得到提升，应用水平明显提高，推动经济社会发展。在能源、金融、电信等行业，布局关键技术研发创新。一是以数据分析技术为核心，加强人工智能、商业智能、机器学习等领域的理论研究和技术研发，夯实发展基础。二是加快非结构化数据处理技术、非关系型数据库管理技术、可视化技术等基础技术研发，并推动与云计算、物联网、移动互联网等技术的融合，形成较为成熟、可行的解决方案。三是面向大数据应用，加强网页搜索技术、知识计算（搜索）技术、知识库技术等核心技术的研发，开发出高质量的单项技术产品，并与数据处理技术相结合，为实现商业智能服务提供技术体系支撑。

3. 移动电子商务发展战略。

移动电子商务是传统互联网电子商务在移动领域的延伸和发展。因其具有移动性、紧急性、位置相关性、个性化等特点，成为电子商务未来的发展趋势，特别是在4G背景下，移动电子商务正逐渐凭借技术和应用上的优越性，显示出强大的生命力，成为互联网经济未来的发展重点。据IDC最新发布数据，移动企业管理（MEM）软件市场将在2016年之前达到18亿美元的规模，对应的该领域未来几年的混合年增长率为31.8%。Gartner预测，至2015年，至少有60%的信息工作者将透过移动设备与内容应用程序互动。可以想象未来，移动OA、移动ERP、移动CRM、移动BI等越来越受到关注。

从全球移动电子商务的发展情况来看，各国呈现出不同的发展路径。[①] 根据移动电子商务产业链中移动通信运营商地位不同，主要呈现两种发展模式：亚洲模式与欧美模式。亚洲模式以日本和韩国为典型代表，其明显特征为移动通信运营商占据移动电子商务行业强势地位，对移动电子商务业务和各参与方具有很强的整合能力。欧美模式以美国和欧洲国家为代表，由于欧美市场上存在多家移动运营商，且移动终端企业和IT企业影响力巨大，所以在发展移动电子商务业务时，以移动终端企业和IT企业为主导进行发展，移动运营商则与终端厂家紧密联系，配合终端推出服务。

在中国移动电子商务产业链中，居于核心地位的既不是移动通信运营商，也不是移动终端企业，而是既掌握了大量用户信息，又控制了移动支付端口的电子商务平台企业。2013年，百度与阿里巴巴在地图方面的布局，阿里巴巴

[①] 伍爵博，曹慧，陆哲璐．国外移动电子商务业务模型对中国的启示．电子商务，2012（2）

与腾讯在手机社交应用客户端的竞争,都是重视移动电子商务的典型案例。因此,为推动中国移动电子商务产业的发展,电子商务平台企业既需要加强与移动通信运营商的联系提升网络基础设施建设,又需要加强与移动终端企业的联系完善和丰富业务体系,电子商务与移动智能终端相互促进,推动互联网经济快速发展。

二、互联网经济驱动下的制造业转型升级战略

信息技术的广泛应用,促使了制造业的生产方式发生重大变化,它是以数字化设计、网络化经营、清洁化生产为特征,逐步实现制造业信息化、网络化和智能化,彻底改变了制造业的传统观念和生产组织方式,当前制造业生产方式正向智能化、网络化、虚拟化、敏捷化、清洁化和集成化等方向发展。

当前中国制造业电子商务整体服务水平不高,一般制造业电子商务停留在实施建设商品流、信息流、资金流阶段。未来基于更高级的电子商务形式将是制造业升级、改造、突破,高级形式的电子商务主要表现在全程化,包括采购、生产、仓储、营销、配送等在内的全程化电子办公和数字化管理,企业产品全部实现电子商务化,企业内部业务流程改造完全适应电子商务发展,企业内部与产业链上下游实现无缝连接,整个产业链协同一体化作战能力显著增强,企业内部组织模式呈现扁平化或者松散型结构,从而形成降低运营成本,提升产业协作,缩短生产周期、加快市场反应速度的效率型先进企业。

分阶段推进制造业电子商务化。电子商务是指商务活动电子化、网络化、自动化及智能化,要分阶段、分层次地推进,实现不同水平的商务与电子的融合。制造企业根据业务发展需要和渐进性原则,制定电子商务发展目标与规划,发展初期可基于第三方平台或者门户网站开展产品或者采购电子商务化,后续跟进内部系统信息化提升,最后根据业务流程重组促使内外部系统实现无缝连接,整个体系一体化运作,充分实现业务的协同和集成。

利用新技术提升系统和服务效率。利用云计算、物联网、移动互联网、大数据、二维码、GPS等新技术提升系统的信息化水平和运营效率,使得公司采购、库存、订单、物流配送、生产、营销等多方面的数据和信息,便于通过时效性非常强的信息及时作出反馈和决策,能够达到统一采购、精确生产,统一下单、统一配送等前后紧密相接的业务流程再造。

提升体系智能化、一体化协作能力。对于大型制造业而言,企业内部ERP、SCM、CRM、PLAM、OA等体系各方面基本健全,并且在企业内部运行

已多年，但是系统与系统之间协作能力较差，这大大降低了整个企业运营效率，集中一体化管理将是企业信息化发展重中之重。另外，基于各模块系统的流程和信息的智能挖掘也将促使企业改变现有信息利用率极低的模式，基于信息决策的智能化应用将逐渐受到企业重视。未来，基于信息流分析的精细化运作及先进技术与智能的分析将保证各模块一体化的管理。

政府在制造业电子商务发展过程中起着统筹规划、引导、鼓励的积极作用。政府在目标、技术、人才、资本、标准、方向上应为制造业电子商务发展营造良好的环境，促进整个制造业电子商务向更快更好的方向发展。

三、电子商务促进传统服务业升级转型的战略

电子商务促进服务业转型升级分为两个阶段：一是初级阶段。服务业企业成为电子商务应用企业，提高单体企业的服务能力（营销范围扩大）、提高效率、节约成本、开辟新的业务领域，实现第三产业自身增量，提高居民消费率。二是高级阶段。服务业引领三次产业的协同增量、重构融合，产业结构优化，支撑国家实现经济结构升级调整到位。每个行业都有企业"跨界"关涉其他行业，二三产、一三产、三产内重构融合的企业已经大量出现，并形成了新兴产业浪潮。未来我们将遭遇更多无法用三产理论单纯划分的企业，三产将被重新定义。

电子商务是未来让服务业与工业、农业三产联动，真正直达消费者从而拉动内需的基础行业。应切实解决电子商务推进传统服务业转型升级进程中存在的问题，综合使用互联网和移动互联网、电子商务等新技术，推动服务业与工业、农业深度融合，催生新技术、新工艺、新产品，促进企业组织结构完善和生产经营模式创新，不断增强中国产业发展综合优势，推进产业结构优化升级。

实施"电子商务支撑体系优化升级"战略行动计划，提升电子商务相关的电子认证、在线支付、物流配送能力。整合利用各种资源，建立适应城市电子商务发展需要的支撑服务体系。探索电子认证服务机制和认证模式，大力推进数字证书在电子商务全过程及各环节的深化应用。规范发展网上银行、网上支付平台等在线支付资源，满足电子商务对在线支付服务通用、安全、便捷的要求。优化物流配送布局，发展与电子认证、网络交易、在线支付协同运作的物流配送服务。

实施"电子商务基础信息设施建设"战略行动计划，提升电子商务可信

第七章 互联网经济：中国经济发展的"新战略"

交易保障能力及政府对互联网经济的掌控能力。面向电子商务过程的交易主体（企业、机构、个人）、交易客体（商品、服务）、交易载体（电子合同、电子发票等）等基本要素和共性环节（电子认证、在线交易、在线支付、物流配送、通关结汇、交易纠纷解决等），逐步建设相关的法规、标准及技术支撑手段，形成电子商务基础信息管理检测和公共服务网，优化电子商务发展环境。鼓励和支持有条件的地方政府设立公共服务平台，务实提供各类资源共享、高效优质的公共服务，降低中小服务企业应用电子商务门槛。加快引入移动互联网、物联网、云计算等，推动本地生活服务业的创新应用，同步支持服务行业信息化、标准化。

实施"传统企业电子商务发展"专项行动计划。支持大型骨干企业利用电子商务增强与产业链上下游企业间产品研发设计、生产制造、产品流通及售后服务的协同运作能力，发展以供应链协同为重点的电子商务。引导中小企业利用第三方电子商务交易与服务平台拓展国内外市场，加快各行业、各领域的电子商务应用，不断拓展和深化电子商务应用领域。支持各类服务业针对自身行业特点，试点筹建和发展在线交易平台，如金融、房地产、教育、餐饮、旅游、IT技术外包等。积极培育电子商务服务业，通过优化电子商务服务业带动电子商务行业发展，从而引导服务业整体发展。支持有条件的地方政府设立产业投资基金，引导社会资金投资企业，鼓励三次产业间试点重构融合。

实施"电子商务标准规范制定"专项行动计划。建立与完善电子商务标准化工作组织与机制，建立电子商务标准规范体系，研制电子商务基础型关键标准，率先制定电子商务国际标准，积极参与国际标准化组织或机构制定电子商务标准规范的相关工作，开展电子商务标准规范试点示范工作，规范电子商务发展，力争取得全球电子商务发展话语权的战略目标。加快推进服务业标准贯彻实施，制（修）订一批服务业重点行业和领域服务标准，鼓励在标准制（修）订过程中借鉴采用国际标准。扩大服务业标准化覆盖范围，不断提高服务业标准化整体水平。推进国家级服务业标准化试点，及时总结推广经验。

实施"电子商务法律法规"专项行动计划。建立与完善电子商务法规工作组织与机制，加强部门、行业、地方立法之间的沟通与协调。围绕电子商务推动服务业自身转型发展的主要瓶颈，对相关法律法规、标准规范、财税政策进行全面梳理，探索搭建有利于各细分行业发展的政策、法规及有关标准规范的总框架。制定鼓励移动电子商务发展的税收优惠政策，研究合适的税费征管模式；制定相关财政扶持政策，支持服务行业龙头企业电子商务业务做大做强；为中小服务企业应用电子商务第三方平台服务提供入门资金补贴，降低门槛。

实施"电子商务人才支撑"专项行动计划。鼓励教育部门联合各高校和职业培训机构认真分析服务业岗位的互联网时代特点和需求，形成正确的人才标准；同时，制订服务业电子商务专业人才培养计划，通过多种渠道加强人才培养，重点培养既懂电子商务又熟悉服务业的综合性人才。

四、中国互联网金融的发展战略

伴随着移动支付、大数据和云计算等互联网信息技术的快速发展，互联网金融的发展出现了三个重要领域：一是基于大数据挖掘的网络融资。电商企业或第三方支付企业基于交易数据、客户评价等信息通过大数据挖掘技术为小微企业提供信贷服务。例如，阿里巴巴金融为阿里巴巴、淘宝、天猫等电子商务平台的小微企业提供可持续性的小额贷款，金融从数千元到数十万元不等。二是保险和基金在线创新加快。近年来，电子商务飞速发展，与电子商务相结合的新型在线保险、在线基金模式渐渐涌现。不是简单的业务在线化，而是更具时代性的模式创新。典型代表如众安在线、余额宝等。三是依托移动终端的远程支付。随着移动互联网的蓬勃发展，基于移动智能终端的支付模式开始普及，消费者只要拥有一部移动终端，就可以完成理财或支付，典型代表如支付宝钱包、微信支付等。

中国互联网金融的发展面临规范性与创新性的两难选择。较有代表性的为第三方互联网支付行业，按照银联要求，第三方互联网支付企业不能与商业银行直接连接，需要统一接入银联接口。这样的连接模式，保证了金融机构与非金融机构之间资金往来的规范性与安全性，但也一定程度上抑制了金融创新、增加了全社会资金支付清算的成本、降低了资金流转效率。相比于第三方支付，对于网络借贷行业的市场地位，还处于"模糊地带"，企业的金融业务经营资质还没有得到认可，行业发展一直处于"无证（ICP 证书）经营状态"，由于"身份不明"，包括资金监管、行业监管都相对缺失，对行业发展形成一定制约。促进互联网金融发展，需对行业发展的规范性与创新性加以平衡。

建机制，统筹推进行业发展。一是建立统筹协调机制。在国家电子商务示范城市工作协调机制框架下，设立互联网金融工作组，工作组成员由国家发展改革委、人民银行、银监会、保监会、证监会、商务部、工业和信息化部、财政部、税务总局、质监总局等部门组成，共同研究互联网金融行业发展中的重大问题，制定规划政策，统筹推进行业发展；二是明确行业主管部门。在建立统筹机制的基础上，针对互联网金融的不同业务领域（尤其是P2P网络借贷和众筹融资），分类明确具体的行业主管部门，明确行业准入、日常监管等工作的推进主体。

出政策，明确行业发展方向。一是研究出台促进行业发展的相关办法。加快制定出台鼓励互联网金融发展的指导意见：明确重点要发展的细分领域、总体思路、基本原则与重点任务，制定落实更具针对性的扶持政策与重大工程。二是分类促进行业发展。对于逐步规范的领域（如第三方互联网支付等），制定出台更加有利于行业发展的税收政策，如按照销售额实际发生情况，实施扣减支付银行端费用后的差额征税。同时，享受传统金融机构的相关待遇，鼓励其做大做强，对传统金融体系形成有力补充；对于尚处起步阶段的相关领域（如在线融资等），建议加快研究制定行业准入政策、加强日常监管，使行业发展逐步规范化、标准化，各类新兴业态健康发展；对于传统金融体系外的新事物、新业态（如虚拟货币等），应积极跟踪、了解行业发展情况，防范其对现有金融体系的冲击与影响。

抓管理，完善相关制度框架。一是完善相关法律法规。鉴于互联网金融是一种新兴业态，应尽快完善相关法律法规框架体系，在资金流转、沉淀资金使用、征信信息共享等方面尽快制定出台相关法律法规，促进行业规范发展；二是加强日常监管与风险防范。建立日常信息监测机制，可按月报、季报、半年报、年报等不同形式，要求互联网金融企业向监管部门按时报送相关金融数据和财务数据，强化动态监管、风险防范。

定标准，促进行业健康发展。一是国家相关部门要形成合力，尽快推出移动支付国家级标准，对近场通信标准、智能卡产品形态兼容方案等予以明确。二是尽快明确P2P网络借贷行业标准。对平台身份、业务模式、担保方式等问题进行统一规定，以使P2P网络借贷更好的自律、健康发展。

促共享，加强信息资源开放共享。以当前行业发展的已有信息资源为基础，结合人民银行、公安等部门的基础信息（人口库、法人库等），根据互联网金融不同领域的行业特点，搭建针对中小企业及个人的信用信息共享合作平台，根据实际情况，对互联网金融企业实施信息征集、合作、开放与共享，解决行业发展面临的信用信息缺失问题。

搞试点，扶持行业加快发展。一是因地制宜、分类实施。结合电子商务试点示范城市建设，积极开展重大专项工程试点示范。根据互联网金融的不同类型，结合不同地区的基础和条件，侧重不同的发展模式，分类开展试点示范。二是加大对新兴商业模式的支持力度。互联网金融的发展重心主要在于商业模式的创新。因此，对于不断涌现的新业态、新模式要加强跟踪研究，加大力度、试点扶持创新性的商业模式，有针对性地解决发展瓶颈、培育鼓励做大做强。

第八章

发展互联网经济：国家经济安全面临的"新挑战"

随着下一代互联网（IPv6）、移动互联网、物联网、云计算、大数据的出现及应用，加快了信息在生产、流通和消费领域的渗透速度，信息资源、信息技术及信息网络运行平台正在成为经济与社会发展主导要素，全球经济进入互联网经济时代。互联网经济的发展给国家经济安全带来了诸多问题，包括个人、企业和国家数据的泄露，甚至引发金融动荡与危机。党的十八届三中全会指出，"加快完善互联网管理领导体制，确保国家网络和信息安全"。互联网经济时代，如何防范与化解互联网经济运行安全风险，提升互联网经济系统运行安全水平，确保国家经济安全和社会稳定，成为亟须深入研究的重要课题。

第一节 互联网经济发展与国家经济安全

国家经济安全有其特有的内涵，信息时代更表现出战略性、开放性、隐蔽性、综合性、突发性等特征。互联网经济发展既对国家经济安全起到了积极的促进作用，又对经济安全造成前所未有的挑战，引起了国际关系范式的变化。

一、互联网经济时代的国家经济安全

在信息时代，经济安全越来越成为国家安全关键领域，维护国家安全必须

高度重视国家的经济安全。互联网经济安全发展问题是国家经济安全的重要组成部分，对提升本国综合国力具有重要的意义。

（一）国家经济安全与信息安全的重要性日益凸显

随着全球化和经济一体化的步伐加快，美国学者沃尔特·李普曼在1943年出版的《美国对外政策》一书中提出的"国家安全"概念的内涵和外延得到拓展。美国学者界定的以军事安全为核心，包括政治和外交的国家安全被称为传统国家安全，其他对主权国家及人类整体生存与发展所构成的威胁（包括金融安全、能源安全、食品安全、粮食安全、信息安全等问题）被称为非传统国家安全。由于资源、环境、人口等社会经济问题日益尖锐化并向全球扩展，非传统安全日益得到重视，其在国家安全中的地位不断得到提升。

国家经济安全属于非传统安全，指经济全球化时代一国保持其经济存在和发展所需资源有效供给、经济体系独立稳定运行、整体经济福利不受恶意侵害和非可抗力损害的状态，也即国民经济发展和经济实力处于不受根本威胁的状态。国家经济安全，既有来自经济全球化的威胁，如经济信息安全、金融风险、贸易问题、国际市场风险、引进外资与产业保护问题等，也有经济可持续发展中存在的问题，如石油和煤炭等能源供应、重要矿产资源保障、粮食供应、人才和技术资源保障、食品安全、生态环境保护、淡水资源保障、稀有金属供应等，还有经济体制转型时期带来的就业保障、财政风险等问题。

自20世纪90年代以来，随着互联网的全球普及，各国互联网经济活动突破地域和时间界限在全球范围迅速扩张。随着互联网经济的加速发展，风险也随之而来，互联网经济安全包括用户信息保护、个人隐私、知识产权保护、互联网金融信息安全、外资掌控电商等，也包括利用网络进行经济犯罪活动的蔓延，如网络赌博、网络诈骗、网络黑客袭击、互联网地下经济造成的巨额经济损失。

为抢占国际经济制高点，争夺经济发展主导权，世界主要国家都把互联网经济的发展作为实现信息化的重要途径，把国家经济领域网络化或信息化置于优先考虑位置。2011年5月16日，美国白宫发布了总统奥巴马签署的《网络空间国际战略》文件，明确提出了在网络安全领域增进合作，增强美国及全球互联网的安全性、可靠性及灵活性等内容。随后美国白宫于2012年3月发布了"大数据研究与开发倡议"，着力于改进现有海量和复杂数据中获取知识的能力，加速美国在科学与工程领域创新的步伐，增强国家安全。

第八章 发展互联网经济：国家经济安全面临的"新挑战"

我国政府高度重视互联网经济的发展与国家经济安全。党的十六届六中全会指出要确保国家的政治安全、经济安全、文化安全、信息安全，其中明确指出了国家经济安全与信息安全的重要性，将防范非传统威胁作为国家安全策略提出。党的十八大报告对加强国家经济安全提出了新的要求，指出必须完善国家安全战略和工作机制，高度警惕和坚决防范敌对势力分裂、渗透、颠覆活动，确保国家安全。党的十八届三中全会明确要求确保国家网络和信息安全。2014年2月，中央网络安全与信息化领导小组（简称中央网信小组）正式成立。2014年4月15日，习近平主持召开中央国家安全委员会第一次会议。

（二）互联网经济时代国家经济安全的特征

互联网信息时代的到来，国家之间、地区之间、部门之间的影响和渗透显著增强，国家经济安全潜在性危险增多，同时经济的显著地位又使得国家经济安全具有许多的独特性。参考《2012年中国互联网安全报告》的分析，互联网经济时代国家经济安全的特征包括：

一是潜在性和突发性。利用互联网信息系统的安全缺陷，通过网络侵袭国家经济安全。而利用网络对国家安全目标实施袭击，能随时在网络终端操纵千里之外的计算机系统，袭击行为几乎不留踪迹，既有的科技手段也难以观察到网络侵袭的行踪[1]。突发性是指互联网时代，各类经济问题往往在对信息安全高度依赖的金融领域沉积，而一旦体系无法承受这些问题的时候并以爆炸的方式全部释放出来，将使经济安全问题的发生具有很大的突发性。

二是战略性和全局性。经济是社会发展的基础，虽然近几年中国经济发展迅速，但与国际发达国家相比差距依然明显，如经济质量不高、科技含量很低、发展模式有待转变等，经济发展早已上升为国家战略高度，经济安全也同样应该上升到国家高度。也就是经济整体上的安全性，包括传统产业安全、信息高新技术产业安全、金融安全等，同时国家经济安全不仅仅是简单的经济目标，经济安全也承担着社会安全、政治安全的重担。

三是紧迫性和后果严重性。世界发达国家危机转移及现实中危机的不断爆发，使得发展中国家尤其是落后国家经济危机因素日积月累，但又尚未形成可靠的危机防御机制和纠正措施，自身力量无法抵挡互联网带来的破坏力，谋求国际合作显得十分紧迫。另外由于网络的高度关联性，网络系统在国家相关部

---

[1] 韩秉成. 网络发展背景下国家安全屏障的构建. 西安政治学院学报，2002（4）

门和经济各领域的广泛性使得经济安全呈现多样性,经济安全遭受侵害预警的困难性和后果的严重性不断加大。

四是开放型和区域差异性。互联网信息时代各国互联互通,国家地理障碍不复存在,每一网络及其终端设备都可以作为通过另一国家疆域的入口,国家间、区域间、机构间、部门间及个人间的信息输入与输出日益频繁,联系沟通也日益方便。不同的国家发展水平不一样,信息技术也大不相同,因而信息全球化的地位也不同。从中国地域分布的角度看,钓鱼网站主要分布在境外地区和香港地区,二者达到89.5%。

五是高技术性和管理难。恶意程序与安全软件的攻防对抗不断加强,顽固化和隐蔽化木马病毒不断出现,同时攻击对象选择互联网上更具商业价值的目标群体。企业很难掌握员工的电脑安全水平,也很难对企业内网安全状况进行全面的了解和监控,安全维护只能依赖员工个人的职业技能和安全素养。因而一旦企业员工电脑被感染或是企业内网被入侵,网络管理员很难及时地发现和解决问题。

(三) 互联网经济安全问题引起学界的高度重视

随着互联网技术的兴起、信息时代的来临,国家经济安全问题逐渐引起了学者的高度关注,相关研究成果日益增多。众所周知,信息技术革命起源于美国,互联网技术等方面的研究,美国也一直处于主导地位。同时美国学者在互联网全球化对经济安全的影响、美国怎样主导全球信息网络建设和规则制定、如何确保美国经济安全等方面进行了大量的研究。美国学者约瑟夫·奈在其1990年出版的著作《注定领导》中,对国际关系中的软力量进行了阐述,明确主张美国利用信息和制度优势加强其国际领导地位。在此基础上,罗伯特·基欧汉和威廉·欧文颠等相继发表了《信息时代的权力和相互依存》和《信息时代的国家利益》等文章,大力宣传美国信息优势和信息主导地位。

中国学者对互联网信息的研究起步较晚,但最近发展比较快。夏露(2006)界定了互联网经济安全的内涵,分析了中国互联网经济安全问题日益突出的现状,并提出加强互联网经济安全研究与实践、各互联网经济参与主体合力提升抵御风险能力等对策。娄勤俭(2007)认为信息安全已经对政治安全、经济安全和文化安全产生了全面的影响,给国家安全带来了新的挑战。刘培荣、梁智昊(2013)则指出要提高对信息安全风险的评估能力,建立相应的防范措施与应急处理预案,包括加强网络基础设施的建设,提高发现处理系统漏洞的能力，提高检测监管水平。

陈明奇（2012）对关于互联网对中国经济安全的影响进行了深入的思考和分析，其主要观点包括：互联网的海量信息挖掘技术增加了敏感信息泄露的可能性；基于互联网的各种信息服务以及电子商务网站的稳定运行，对国家经济非常重要；互联网重要基础设施方面隐藏的安全隐患；海量并发的访问，给所有网站或者在线服务带来的挑战。此外，还有姜彦福主编的《中国国家经济安全态势观察报告》（2000年），国家信息中心研究主编的《电子商务促进中国经济转型升级战略研究报告》（2013年），商务部发布的《中国电子商务报告》，中国电子商务研究中心发布的《中国电子商务发展报告》等。

总体分析，中国互联网经济与国家经济安全研究起步较晚，应用较少，理论研究也不多，国内学者往往只从某一方面如主权、安全、网络战、数字鸿沟等方面，从现象的角度探讨互联网经济对国家经济安全的影响，未能勾画出互联网对国家经济安全影响的全貌，并且基本上局限于描述，缺乏系统性和深入性，但已有理论界探讨的相关文献及研究背景为本章奠定了基础。

二、互联网经济对国家经济安全的促进作用

经济全球化加大了外部冲击，使得经济安全环境和态势更加复杂多变，加剧了发展中国家的经济、金融体系的脆弱，从而提高了国家经济安全的地位，国家经济安全成为国家安全战略的核心。国家实力的增强和竞争力的提高，是保障国家经济安全的首要前提，落后是最大的不安全。大力发展互联网经济，掌握重要资源的定价权，主导着全球经济的方向和秩序，才能保障国家经济安全。

（一）互联网经济是推动经济全球化的有效途径

在互联网经济时代，世界各国互联互通相互依赖，军事力量的巨大破坏力和巨额成本使得各国都不敢贸然发起规模战争，军事力量的重要性逐渐下降，以国家间对抗与冲突引起的安全问题为特征的传统安全威胁受到遏制[1]。在信息时代，强化对抗、制造分裂的政策和行为与全球现实生产力和日益全球化的生产关系不符合，在某些国家发生劳工纠纷、自然灾害等问题时，并不是被迫召集军事力量来解决，互联网经济为加深国际间的联系、了解和交流提供了广

---

[1] 韩玉贵. 非传统安全威胁上升与国家安全观念的演变. 教学与研究，2004（9）

阔的空间和平台，减少了误解，各地的距离拉得越来越近，越来越多的国家达成国际合作共识①。

随着科技的进步，全球化步伐加速推进，人类各部分的交往日益频繁，联系越来越密切，渗透和融合越来越深入。互联网经济的发展给全球化注入了强大活力，极大地推进了全球化进程，借用互联网信息技术进步，通过电子传媒、电子通信、上网电脑等技术手段，人类可以从世界任何角度传送信息和接受信息，推动国际经济信息的收集、处理和决策，也缩短了世界各国各地区空间和时间的距离。互联网改变了人们生产生活条件，创新了人类社会技术，推动了世界政治关系的重组，加深了彼此关系，使得当前国际安全形势趋缓，有助于世界经济的发展、稳定与繁荣。

（二）互联网经济有助于促进国际经济民主化

互联网等信息技术的发展，一定程度打破了政府机构和传统媒体对信息的垄断地位，拓宽了人们获取信息的渠道，提供了便捷有效的全球联络工具，也给媒体发挥作用创造了巨大空间。在网络时代，国际政府组织、民间团体、跨国企业等都有能力影响国际事务，除了获取必须信息资源外，通过电子邮件、电子论坛、网络传媒、建立网站等方式传递信息，还可以利用网络进行宣传获取舆论汇集民意，从而对国际生产生活产生巨大影响。世界政治中相互依赖，指的是以国家之间或不同国家的行为体之间相互影响为特征的情形②。

互联网加深了各国的相互依赖，使全球形成了金融、产业、资本、技术构成的网络世界，当前国家和地区间的经济、外交、军事领域的沟通和协作，愈发认识到利用信息技术的重要性，导致信息主导地位的国家逐渐失去自身优势，国家间的相互影响程度越来越高。在这种情况下，国家之间避免冲突、互相协调，争取实现双赢成为国家安全利益实现的最佳方式，因此寻求世界范围内政治、军事合作成为各国的理性选择③。民族的自给自足和闭关自守状态，被各民族各方面的互相往来和各方面的相互依赖所代替，信息时代加深了全球化，使得世界政治的相互依赖日益加深。

长期以来，美国极力推行网络霸权主义和强权政治，随意干涉别国内政，可谓肆无忌惮、为所欲为，霸权行径无疑是以其强大的互联网经济实力作后盾

---

①③ 蔡雄杰. 国际互联网对国家军事安全的影响及其对策分析. 福建师范大学硕士学位论文，2008.
② ［美］罗伯特·基欧汉，约瑟夫·奈. 权力与相互依赖. 北京：北京大学出版社，2002.

的。要想真正屹立于世界民族之林,须提升网络技术发展互联网经济,提高自身在国际上的地位。国际组织除了网络规章的制定、网络犯罪的惩罚等国际问题协调处理外,还可以通过网络对落后国家进行人道主义援助,如开展网络依赖服务。

(三) 利用互联网及网络技术提高国家经济实力

互联网为国家用新兴知识经济替代传统工业经济和提升国家经济实力提供了契机。其中,无论是移动还是固定宽带在电信运营商和设备制造企业共同努力下得到了最为广泛的应用。据统计,2012 年底有超过 127 个国家和地区已发布并实施了宽带国家战略,力图通过战略指引,以光纤接入和新一代移动通信为重点加快建设高速宽带网络,充分发挥宽带在推动经济社会发展方面的基础性作用①。

中国网络覆盖范围不断扩大,互联网能力不断增强,基本形成较完整的互联网产业链,具备进一步加快互联网发展的市场基础和产业条件。互联网经济本身是知识经济产业,互联网产业的发展必将增加各国的经济总量,创造更多的就业机会,形成完善产业链体系,融合、替代传统产业促进信息化步伐。在互联网经济发展的推动下,世界主要发达国家劳动生产率显著提升,纷纷加快了产业结构调整步伐,工业与信息化的融合,减少了原有操作工人和技术人员,提升了生产效益。另外在解决面临的经济增长与资源日趋匮乏矛盾上,信息技术也正发挥着日益重要的作用,因为电子信息产业本身就是低能耗低物耗的产业,而且信息技术已经成为使资源达到优化配置必不可少的手段②。

(四) 互联网经济有利于加强管理提高效率

全球化通过借助于网络而成为一种现实的社会活动,并在全球网络的广度、全球联系的强度、全球化的速度和全球影响的深度上都达到前所未有的程度③。以网络构建的金融系统,如银行、证券交易系统逐渐成为现代社会运行的核心系统④。国家经济安全依赖信息网络,但一旦国家信息网络遭到破坏或侵袭,对本国银行、证券交易所、通信网、电力网等进行打击,便会威胁国家安全,有时也是毁灭性的。可能导致整个国家的财政金融崩溃,能源供应中

---

① 辛勇飞. 宽带是提升国家竞争力的战略基石. 人民邮电报, 2013 - 09 - 26
② 刘祥军. 互联网对国际政治影响问题探析. 山东大学硕士学位论文, 2003
③ 文军. 网络阴影: 问题与对策. 贵州人民出版社, 2002
④ 怀进鹏. 中国软件产业与金融网络安全的机遇与挑战. 新浪财经, http://finance.sina.com.cn, 2001 - 09 - 15

断,交通运输混乱,进而引起人们恐慌和社会动荡①。

随着工业经济向知识经济的转变,信息在成为整个经济的基础的同时,也使信息安全以及由它所决定的金融安全成为国家经济安全的核心和命脉②。越来越多的经济活动须借助网络,网络安全与经济安全关系日益密切,一方面经济安全依赖网络技术;另一方面网络的安全也直接决定了国家经济命脉。同时,互联网经济的发展,降低了交易成本,完善了企业运营。例如,电子商务将存在于零售店、货架上、仓库里等传统媒介上的商品信息比特化,经过数据挖掘和大数据分析决策,重构科学合理的存储、检索、反馈、再生产方式,从根本上提高商业活动中信息传播的效率,提高整个经济活动的效率。

(五) 借助互联网经济掌握网络舆论制高点

与传统媒体如报纸、期刊相比,互联网信息容量更大、传播速度更快、覆盖面更广、交互性更宽,成为继报刊、广播、电视等传统新闻媒体之后的第四大媒体。国际上,谁掌握了网络宣传思想舆论制高点,谁就能够赢得国际意识形态宣传和斗争的主导权,互联网成为国际意识形态和价值观宣传的新阵地,也为各国展现政治理念提供了良好的平台。美国不仅在国内积极推广应用互联网,在国际上也努力创造网络标准进而向全球推广,通过网络向世界宣传美国的价值观和意识形态。美国从全世界收集信息,并把这些信息加工成有利于本国的东西,然后向全世界传播,让美国的价值观、意识形态成为这个地球唯一的意识形态③。英国等也加紧建设互联网络扩大互联网络应用,通过互联网向全世界、全方位、推销自己的政治观点、价值标准、外交政策。

互联网的发展联通了不同国家和地区的文明文化,能够让每一国家吸收到世界先进的建设成果,也为世界各国充分吸收和借鉴他国经验提供了便利。客观上存在的经济、政治和文化的全球交流决定了意识形态建设也是一个吸收与借鉴、批判与建设共存的过程④。中国文明的发展和完善也是对世界各国文明的借鉴吸收整合的过程,也只有这样才能具有更强的生命力。应充分利用互联网这一新的工具,把握好互联网固有的特性,体现国家意志,使正确的舆论和价值观深入群众、深入世界,消除互联网上国际负面影响,更好宣传和弘扬中

---

① 坚定市场的信念 [N].21世纪经济报道,2002-07-11.
② 朱玉明.论国家安全中的网络安全.湘潭大学硕士学位论文,2006.
③ 征艺,陈琴峰,许静仪.国际互联网的发展对主流意识形态的影响.德育新环境,2006 (6)
④ 王彦.互联网环境下中国意识形态安全问题研究.内蒙古大学硕士学位论文,2012.

国制度体制和民族精神。

三、互联网经济对国家经济安全的影响

互联网经济对国家经济安全是一把"双刃剑",既对国家经济安全有正面的促进作用,也会从财政金融、产业产品、企业运营、社会网购、网络恐怖等方面对中国国家经济安全产生负面影响。

(一)互联网经济发展有可能放大财政金融风险

网络银行迅速发展,导致危害金融信息安全的犯罪活动不断涌现,金融安全保障工作难度逐渐加大,金融安全防线开始前移。网上瞬间交易量剧增,大大提升了因交易环节导致的全球支付清算风险,金融信息化促进了网络货币的出现和流通,对基础货币的衡量和货币乘数都造成很大影响,网络货币的跨国界流动,一国货币政策的独立性、有效性和监管受到挑战。网上银行面临的"钓鱼"威胁愈演愈烈。《2011 年中国互联网网络安全态势报告》显示,2011 年针对网银用户名和密码、网银口令卡的网银大盗、Zeus 等恶意程序较往年更加活跃,CNCERT 全年共接收网络钓鱼事件举报 5459 件,较 2010 年增长近 2.5 倍,占总接收事件的 35.5%。

互联网经济迅猛发展及其全球性、快捷性、隐蔽性、渗透性等特点对传统的税收实践提出了严峻的挑战。互联网经济带来传统贸易方式下交易数量的减少,使得现行税基受到侵蚀,征税地点和税收管辖权难以界定,造成"网络空间"上的"征税盲区",纳税地点难确定,企业利用"避税地"进行避税,大量网上交易、无纸化程度的提高,也加大了税务稽查的难度[1]。

(二)网络信息产业滞后致使产业安全面临较大风险

软件产业发展严重滞后,国产软件品种少,软件市场规模小,技术落后,微电子、光电子、材料等基础产业技术薄弱、发展严重滞后,通信整机产品所需的关键元器件和材料基本依赖进口,制约了通信产品制造业的发展[2]。由于软件产品的规模效应吸引黑客加强了对软件和网站漏洞的挖掘和攻击活动,暴露出中国产业技术自主创新能力弱缺少自主品牌和营销网络,一些产业仍主要

---

[1] 孙文远. 网络经济风险刍议. 现代经济探讨, 2002(6)
[2] 张建英. 信息全球化与中国经济安全. 南京师范大学硕士学位论文, 2004

依靠资源的高消耗来支撑经济高速增长，以产品数量扩张和低价取胜，部分资源性商品自给不足对进口依赖程度进一步提高，企业在管理理念、营销方式以及现代企业制度建设方面的落后影响了整个产业国家竞争力的提高。

互联网影响到了工业控制系统，病毒传播转变为专门窃取工业控制系统信息的木马，在处置过程中部分企业也表现出产品安全开发能力不足问题。如2010年伊朗布舍尔核电站遭到Stuxnet病毒攻击，2011年美国伊利诺伊州一家水厂的工业控制系统遭受黑客入侵导致其水泵被烧毁并停止运作。2011年，CNVD收录了100余个对中国影响广泛的工业控制系统软件安全漏洞，同比增长近10倍，涉及西门子、北京亚控和北京三维力控等国内外知名工业控制系统制造商的产品。

应用软件漏洞呈现迅猛增长趋势。《2011年中国互联网网络安全态势报告》显示，2011年信息安全漏洞5547个，同比增加60.9%。其中，高危漏洞有2164个，较2010年增加约2.3倍，涵盖网站内容管理系统、电子邮件系统、工业控制系统、网络设备、网页浏览器、手机应用软件等类型以及政务、电信、银行、民航等重要部门。在防火墙、入侵检测等传统网络安全产品占据信息安全市场半壁江山的同时，内部审计、信息安全监管类技术只是处于起步阶段，企业信息安全还有许多问题需要解决，暴露了中国产品研发、质量控制及应急处置能力薄弱。

信息产业安全管理机制滞后给产业发展带来威胁。如高科技市场发达的美国，对国外并购有严格的规定，为了应对中国对美国贸易的影响，美国成立了一个中美贸易安全审查委员会，但中国尚未建立相应的机构。

（三）企业内部系统安全保障带来经济安全问题

互联网经济时代，企业信息被放置于全球化环境中，如何保护企业机密、企业信息安全等越来越引起国家的重视。与个人电脑安全不同，联入内网系统的电脑中，只要有一台电脑被黑客攻破，那么就有可能造成内网安全体系的崩溃和商业机密的泄露，即安全性最差的一台电脑决定了整个企业内网系统的安全级别。

网络信息安全影响企业安全运营的因素有很多，其所面临的威胁主要有：

一是黑客攻击。黑客已经成为企业网络安全的克星，特别是前几年美国著名的雅虎、亚马逊等8大顶级网站接连遭受来历不明的电子攻击，导致服务系统中断，给这些网站的直接损失达10亿美元，中国是遭受网络黑客攻击最多

第八章　发展互联网经济：国家经济安全面临的"新挑战"

的国家之一，致使一些国家机密泄露。

二是病毒侵害。网络上病毒的肆虐是造成通信网络不安全的重要原因之一，病毒的扩散在全社会造成了很大的影响，同时病毒感染方式已由单机的被动传播变成了网络的主动传播，不仅带来网络的破坏而且造成网上信息的泄露。据统计，1988 年报道的第一例病毒（蠕虫病毒）侵入美国军方互联网，导致 8500 台计算机染毒和 6500 台停机，造成直接经济损失近 1 亿美元，此后这类事情此起彼伏[1]。

三是网络本身问题。计算机系统及网络固有的开放性、易损性等特点使其受攻击不可避免，企业单位或部门信息传输的物理媒介，大部分是依靠普通通信线路来完成的，虽然也有一定的防护措施和技术，但还是容易被窃取[2]。另由于商用软件的源代码、源程序完全或部分公开化，一定程度上加剧了企业网络信息问题。

四是技术差距。中国网络安全系统脆弱，现在使用的网络安全系统比较落后，而对新形势的网络安全问题不能及时识别和清除，而且由于漏洞过多，被攻击的可能性大大的增加。《2012 年中国互联网安全报告》显示，国有大中型企业使用企业版安全软件的比例达到 78%，而中小企业配备企业版安全软件的比例不足 5%；约 94% 的中小企业为员工电脑安装个人版安全软件，1% 左右的企业根本不使用任何安全软件。另外，网络硬件、软件产品多数依靠进口，大多数微机都装微软的 Windows 操作系统，许多网络黑客通过微软操作系统的漏洞和后门进入网络。

（四）社会网购高速增长对个人信息安全保障提出挑战

电子商务迅速成为消费者通过网络购买所需的主流交易形式，中国互联网网民数量逐增，网购规模不断增大。截至 2013 年 12 月底，中国网民规模达 6.18 亿人，互联网普及率为 45.8%；手机网民规模达 5 亿人。商务类应用继续保持较高的发展速度，其中网络购物以及团购尤为明显。2013 年，中国网络购物用户规模达到 3.02 亿人，同比增长 24.7%；网购使用率达到 48.9%，相比 2012 年增长 6 个百分点；团购用户规模达 1.41 亿人，团购使用率为 22.8%，相比 2012 年增长了 8 个百分点，用户规模年增长 68.9%，是增长最

---

[1] 张飞. 网络安全技术综述. 2006 - 01 - 20，http：//articles. e - works. net. cn/415/Article35325. htm

[2] 孙丽晶，刘慧英. 论网络通信安全及其安全防御措施. 中国科技投资，2013（23）

快的商务类应用。

网购深刻影响了人们的生活和消费方式，使得人们生活更为便捷，如操作方便、节约时间、商品多样化甚至送货上门，这是传统购物所无法比拟的，但同时网购消费者个人信息更为容易遭泄露。某些厂商在为消费者提供便利甚至给消费者更多回报的同时，为了自己可观的经济利益泄露和侵害消费者个人隐私，损害了网民的利益，有些甚至威胁到个人安全。

随着中国电子商务的普及，网购过程中客户个人信息遭泄露和不法侵害的案件数量不断增多，针对网上银行、第三方支付的攻击急剧增加，其恶意程序更加专业化、复杂化。在网购交易威胁中，360安全中心于2012年12月截获了一款名为"支付大盗"的木马程序。2011年底，CSDN、天涯等网站发生用户信息泄露事件引起社会广泛关注，被公开的疑似泄露数据库26个，涉及账号、密码信息2.78亿条，严重威胁了互联网用户的合法权益和互联网安全。2011年初，全国范围大面积爆发了假冒中国银行网银口令卡升级的骗局，据报道此次事件中有客户损失超过百万元。

（五）遏制网络恐怖成为世界性难题

网络恐怖是恐怖主义向信息技术领域扩张的产物，是指国际非政府组织或个人，有目的有预谋地利用网络并以网络为攻击目标，以破坏他国的政治安全、经济安全、社会安全等而制造恐怖活动。恐怖组织尝试利用高科技带来恐怖效应，借助网络信息，不仅将网络信息技术用作武器进行破坏，而且通过网络来实现管理、指挥和联络。网络环境的复杂性、多变性、虚拟性、隐蔽性，以及信息系统安全的脆弱性等，决定了网络恐怖主义对国家安全威胁的客观存在，网络恐怖主义对国家安全的威胁迅速渗透到国家的政治、经济、文化和军事安全中[1]。

依赖网络建立起来的各国及全球金融网和政府网等存储着大量信息，如信用卡号码、社会保险号码、信用卡费用和交易记录、信贷记录、犯罪记录、国家敏感资料甚至保密数据等，都是恐怖分子的攻击目标[2]。另外，网络恐怖分子可以盗走企业资金，给企业造成巨额经济损失，也可以侵入国家网络系统盗取经济机密，更改经济数据，可以更改国家关键的财经数据，扰乱股票市场和

---

[1] 王献福．网络恐怖主义对国家安全的危害及防范探析．郑州大学硕士学位论文，2008．
[2] 陈钟．论网络恐怖主义对国家安全的危害及其对策．江南社会学院学报，2004（9）

银行系统,还可以更改国家数据使国家领导或相关部门作出错误的经济决策。

据有关方面统计,目前美国每年由于网络安全问题而遭受的经济损失超过170亿美元,德国、英国也均达数十亿美元,法国为100亿法郎,日本、新加坡损失也很严重。2012年中国有77.7%网民因网络信息安全事件遭受了不同形式的损失,产生经济损失的占7.7%,涉及直接经济损失高达194亿元人民币。

第二节　中国互联网经济安全面临严峻考验

近年来,中国加大了对国家经济安全问题的重视程度,高度关注互联网经济发展和国家经济安全问题,取得了非凡成效。但中国在信息安全方面还存在着许多问题,轻则制约企业的生存发展,重则威胁国家安全。另外,在发达国家主导信息全球化,中国市场经济体制不完善、国家综合竞争力不强条件下参与信息全球化,必然会对中国经济安全造成影响。

一、互联网经济安全保障制度建设状况堪忧

近年来,中国出台了许多与国家经济安全和互联网络安全相关的法律法规,但总体而言互联网经济安全保障制度建设尚不完善。2012年12月28日,第十一届全国人民代表大会常务委员会第三十次会议通过《全国人大关于加强网络信息保护的决定》,凸显国家在互联网领域加强个人信息保护的决心。《决定》包括个人信息保护、实名制、垃圾电子信息管理等内容,比以前的《电信条例》、《互联网信息服务管理办法》的立法层级更高,但仅对网络信息保护进行了原则性规定,需要相关部门进一步完善各相关细则。

党的十八届三中全会提出,设立国家安全委员会,完善国家安全体制和国家安全战略,确保国家安全。随后不少学者和官员提出完善网络信息安全的立法,加强信息安全和保密工作,加强对互联网的利用和管理。随着互联网的普及,互联网经济诈骗、商业间谍、窃密贿赂等手段频繁,而当前对于商业信息安全界定防范措施缺乏相应准则,只有原则性规定没有具体细则,对于境外集团窃取中国的关键经济数据、信息等行为在法律上也没有明确的界定,为国外

不法分子提供了犯罪空间,国家经济安全面临极大的威胁和隐患。[1]

中国的信息安全管理部门职能交叉、协调不力,缺乏国家层面上的整体策略。相关管理部门缺乏横向沟通,现有的安全资源和专业机构之间信息共享能力较差,缺乏整体联动机制,协同作战能力不强,对重要信息系统仍然存在认识不足、措施不力、管理不到位等问题。实践中,存在相关部门对等级保护工作的重视程度还不够、等级测评和安全建设整改工作进展较慢、公安机关等级保护工作的监督检查力度不够、重要信息系统的安全保护能力不强等问题。

二、互联网信息安全基础设施建设滞后

互联网经济的高速发展离不开网络基础设施的大幅度提升,包括宽带提速、移动基站建设,也包括服务器、安全网关等信息安全设施的强化。

中国信息网络质量远远落后于经济高速发展所带来的巨大需求。据工信部统计数字,截至2013年12月底,中国4M以上高速率宽带接入用户占比达到78.8%,3G网络已覆盖全国所有乡镇,4G商用化全面启动。但是全国互联网平均连接速度远低于全球水平,大部分用户宽带速率都在2Mbps左右。国际电联的报告中,中国信息通信技术发展指数的世界排名已连续多年徘徊在第75~80位,其中信息网络质次价高是一个重要原因。信息基础设施落后将直接限制云计算、物联网、智能工业等新一代信息技术的应用。

互联网产业的硬件、软件、网络模式等核心技术仍然受制于人。网络空间的核心技术仍然掌握在欧美发达国家手中。目前,中国高端信息安全产品尚不能完全自主研发,特别是核心设备和技术、信息安全标准、整体解决方案等严重依赖于国外厂商。即便是自主研发的信息安全产品,其硬件也主要是通过对外采购产品或向外购买专利获得的,仍然严重受制于人,这些技术和产品的漏洞不可控,使网络和系统更易受到攻击。[2]

目前,在中国金融、电信、电力、石油、交通运输、公安、医疗卫生、农业、食品等经济社会部门的重要信息系统,都无一例外地建立在IBM大型机/小型机、Oracle数据库以及EMC的存储等系统架构上,形成了对IOE(即IBM、Oracle、EMC的简称)的长期依赖。除了大家熟知带来国家信息基础设施的安全问题外,IOE软硬件的使用成本越来越高。伴随着移动互联网的发

---

[1] 刘培荣,梁智昊. 基于经济安全的信息安全问题研究. 中国管理信息化,2013(10)
[2] 薛瑞汉. 确保国家网络和信息安全. 河南日报,2013-12-18

展，移动智能终端成为接入互联网络的新端口，产生了大量的国民个人行为数据，成为收集数据最重要的入口。但中国目前移动终端设备的操作系统都是以IOS和Android为主，移动互联网的数据入口和信息安全面临挑战。

第一代互联网（IPv4）的13台根服务器主要由美、日、英等国家管理，中国没有自己的根服务器，网络信息安全面临着严重威胁。据CNCERT2011年抽样监测发现，境外有近4.7万个IP地址作为木马或僵尸网络控制服务器参与控制中国境内主机，其中美国以9528个IP控制着中国境内近885万台主机而高居榜首。另据《2011年中国互联网网络安全态势报告》显示，美国有3328个IP（占28.1%）控制着境内3437个网站，仿冒境内银行网站的服务器IP有95.8%位于境外。

三、外资深潜中国互联网经济危及产业链

2009年6月，中国B2B研究中心发布《中国互联网外资控制调查报告》指出，过去10年，外资在促进中国互联网普及的同时，也逐步从资本层面控制了中国互联网产业各个领域。该报告显示，外资控制的范围已经不再局限于国内大型互联网企业，而是全面投向有一定市场地位和影响力的成长性网站、门户网站、搜索引擎、电子商务、博客、论坛等，涵盖了所有互联网经济模式。在某个具体的互联网经济模式中，外资在国内互联网"上下通吃"，以试图控制整个产业链。以电子商务来讲，无论是B2B、B2C、C2C等领域，还是各个分支应用领域，均有外资高强度参与，形成了实际的全程控制。再如，全世界最大的信息技术出版、研究、会展与风险投资公司美国国际数据集团（International Data Group，IDG）参与投资的中国互联网企业达20余家，许多项目是中国互联网各个领域的"领头羊"，包括当当网、金蝶软件、携程网等[①]。

外资控制中国互联网大致分为三种形式：第一种是互联网企业本身就是外资直接投资控制的，如境外网站以中文版形式在中国落地或寻找代理人；第二种是通过各种途径运作互联网企业在国外上市，这意味着每年中国最优秀、最具盈利能力的互联网企业创造的利润，有相当部分被境外投资者占有；第三种则是境外风险投资相中中国互联网企业，这在尚未上市企业中极为普遍，且有

---

① 谭扬芳. 互联网企业纷纷海外上市对中国意识形态和文化安全的潜在威胁. 世界社会主义研究，2011（8）

加速增长的趋势。如果互联网产业的主流由外资控制，其影响力不亚于一个国家的军队由外国势力操纵，对行业发展、对国民经济安全产生重大隐患。

境外资本通过协议控制模式（简称 VIE 模式）参与国内互联网经济业务值得警惕。近年来，由于国内的融资方式难以支持互联网公司的发展，同时互联网业务（即电信增值业务）又被限制外资进入，市场出现了境外资本通过协议控制模式来参与国内互联网经济业务，企图破解"外资禁入"行业企业的境外上市难题。"协议控制"是指企业所拥有的实际或潜在的经济来源，但是企业本身对此利益实体并无完全的控制权，境外资本采取以产业投资概念为跳板，"不以产业营利为目的，而以境外上市溢价套现为目的"的盈利模式。

这种模式会导致电商行业出现"业务经营在国内、投资上市在境外"的现象，部分电商企业为吸引境外资本，一味地追求高增速、大规模，导致电商行业出现投资效率低、盈利能力差、恶性竞争等问题。由于单方面追求高销售额而发起的恶性竞争，不仅会使线上市场陷于无序状态，也会波及线下，甚至会使零售业陷入口水战、价格战的泥潭，影响国民经济的健康发展。而且"经营销售在国内、投资上市在境外"的现实导致资本的运作游离于国家的监督管理之外，国外机构还可以通过互联网企业上市的渠道获取经济数据和经济信息。[1]

四、互联网经济数据安全构成潜在威胁

随着云计算、物联网、移动互联网等产业的发展，"大数据"的概念也深入人心。数据，尤其是个人数据越来越成为产业发展的关键资源。同时，个人数据滥用、泄露等现象也频频发生。网民对互联网信息数据的保密意识薄弱，认为在高科技条件下安全软件会保障数据安全，涉外非法商业活动、信息失窃、网络病毒攻击之所以能得逞，一定程度是由人们的麻痹大意和放松警惕造成。企业尤其是跨国公司自身缺乏意识，对员工解除密级信息的等级未作详细规范，导致很多核心机密在员工之间进行传播，企业员工携密跳槽[2]。企业对数据存储的安全防范措施不得力，对数据存储的物理安全性重视不够，对数据的容灾机制建设不完善。

企业可以利用数据评估及改善其运用的表现和个性化服务，向用户推销商

---

[1] 张近东. 应规范外资电商投资放宽境外上市条件. 搜狐 IT, 2013 - 03 - 04
[2] 宋伟. 国家经济安全的典型案例. 山东大学硕士学位论文, 2010

品、使用户支持其对于其他应用的开发，并由此做出战略决策等。数据对第三方有利用价值，竞争对手采取不道德的手段窃取秘密和情报。为了追逐经济利益，一些公司和个人为获取高额利润铤而走险，不顾法律法规，暗中为境外机构、人员提供信息，借助朋友关系、亲戚关系，或通过国际学术会议向境外个人或机构泄密，从而造成重要的国家经济安全信息大量外泄。还有境外商业机构，利用中国某些地区招商引资进而获取经济技术支持的迫切心理，直接向地方索要相关信息数据。

掌握大数据优势既是建设新型网络战模式、保障国家安全的重要基础，也是夺取世界控制权、话语权的重要前提。虽然中国政府及很多企业有相应的法律法规，但相关部门落实不彻底，相关企业没有严格的保密制度规范和惩戒措施。国家重视程度还不够，对国家经济安全保密缺乏舆论宣传，尚未形成全国全民保密意识和保密氛围。目前，中国经济生产生活中的各类数据，有很大一部分通过互联网传播。一方面，国外竞争对手可以方便地利用网络获取中国企业信息，在竞争中对中国企业进行打压；另一方面，大量涉及中国经济运行状况的数据一旦被窃取，将对部分行业甚至整个国民经济构成潜在威胁[①]。

五、互联网地下经济威胁国家安全

2008年11月，全球最大的信息安全厂商赛门铁克发布的报告显示，互联网地下经济异常繁荣而且很有组织性。赛门铁克预计受害人账号上的金额、信用卡的最大消费额度和信用卡潜在的信息价值及银行账号凭据的总价值将达到70亿美元。美国是上传盗版软件最多的国家，也是地下经济服务器占有率最高的国家，达到41%，俄罗斯和东欧国家的网络犯罪分子比北美的同行更有组织性。

互联网地下经济是指所有通过网络犯罪手段获取经济利益的形式。互联网地下经济包括病毒木马交易、恶意漏洞利用程序交易、用户虚拟财产交易等方面。清华大学网络与信息安全实验室副研究员诸葛建伟博士等人与趋势科技中国公司合作的一项中国互联网信息安全地下产业链调查显示，网络地下黑市无论发布信息量还是参与者人数都呈现快速增长趋势，2011年至少有9.27万人参与地下黑市，并发布了10万多个主帖38万多帖子。2006年，中国互联网地

---

① 薛瑞汉．确保国家网络和信息安全．河南日报，2013-12-18

下经济参与者仅 6280 人。5 年时间，中国互联网地下经济规模竟增长了 15 倍。[①]

互联网地下产业链如今已发展成真实资产盗窃、网络虚拟资产盗窃、互联网资源与服务滥用和黑帽（即对网络进行攻击破坏或窃取资料）技术工具培训四大部分数十条盈利链条。各产业链之间相互依赖，其中黑帽技术工具与培训产业链作为整个产业链的根源，为其他产业链提供技术基础；而互联网资源与服务滥用产业链则为真实资产盗窃、网络虚拟资产盗窃这两大产业链提供了网络资源条件，产业链参与者均可取得现实社会中的不当利益。在每个产业链中每个环节都有黑客或黑客组织专门负责，分工协作从广大用户身上获利。由此，形成了形形色色的大量隐藏在互联网阴暗角落中的地下黑市，成为不法分子非法商品、服务的交易平台和通信平台，是地下产业链赖以运转的联系纽带。

从制造木马病毒、传播木马到盗窃账户信息、第三方平台销赃、洗钱，一条分工明确的网上黑色产业链基本形成，互联网地下经济的日渐"繁荣"严重威胁国家网络安全、威胁网民个人信息和财产的安全。中国互联网信息安全地下产业链调查显示，2011 年中国互联网安全威胁整体造成损失达 53.6 亿元，危害到 11081 万互联网网民和 105 万家网站。

六、信息产业整体实力亟须加强

"棱镜门"事件重重地敲响了信息安全问题的警钟。为了不再成为高科技信息战中的牺牲品，必须建立健全信息安全防护体系，以便在日益激烈的信息战争中获取优势。更为重要的是，必须大力发展本国信息产业，增强自主创新。

中国信息产业发展滞后、状况令人担忧，企业自主创新能力低下，许多核心软件设备被国外垄断。目前，美国微软公司的视窗操作系统和办公软件系统已在中国占据了 90% 的份额，国产中文办公软件受到严重打击[②]。这些都意味着中国信息技术、信息软件的开发、生产、应用都离不开国外跨国公司，否则国产大部分信息软件都将无法正常运营，互联网经济和信息产业自身的安全无法保障，将使整个国家的经济安全也存在巨大隐患。同时外国公司为抢占和控

[①] 李静，王颖慧. 中国网络地下经济五年增长 15 倍：腾讯 QQ 群和百度贴吧成主要网络黑市. 经济参考报，2012 - 09 - 11
[②] 建华，李井卉. 神秘莫测网络战. 石家庄：科学技术出版社，2001.

制中国的信息产业市场，采取各种手段，高薪雇用中国有关人员，充当他们打开市场之门的先锋，在激烈的竞争中抢占有利地位[①]。

信息产业是关系国家经济安全的重要领域，在国外信息设备、技术引进的同时应严格检测，否则将可随时侵入国家或企业的经济信息系统，获取个人机密、收集经济情报、破解商业秘密。互联网经济具有很强的带动性、关联性、集聚性和扩散性，只有互联网经济的健康发展才有其他产业的健康，只有互联网经济的产业安全才能确保信息安全，中国经济才能可持续发展，国家安全才能保证。

第三节 各国互联网经济安全问题治理经验

互联网经济安全发展已经成为世界各国的共识，各主要发达国家或地区均建立起了有效的风险防范和管理制度。美、俄、英、日等国的相关做法和经验有着广泛的影响，已经形成了以宪法为立法依据，以一般信息法为立法基础，以若干纲领性文件为立法的政策指导和理论依托，以具体的法律规范为支撑的国家经济安全保障体系。通过对国外在安全风险交流方面的梳理，联系中国实际，有助于引导中国科学制定经济安全立法规划，把握安全保障的完整性。

一、夯实信息基础设施是经济安全的前提

随着互联网信息技术的快速发展，国家经济安全对计算机网络等基础设施领域的依赖程度日渐提高，同时金融、通信、能源、产业等重要基础设施领域也面临严重的网络威胁，基础设施领域的网络安全问题正引发越来越多的关注，保障基础设施领域的网络安全，对于保证整个国家经济安全至关重要。发达国家已意识到网络基础设施对国家经济安全所起到的作用，纷纷采取有效的强化措施，美国总统奥巴马2013年2月12日签署了《提高关键基础设施网络安全》，并于2013年9月正式部署了保护基础设施网络部队。中国遭受境外网络攻击的情况十分严重，其中有很大一部分攻击是针对中国重要基础设施领域的，因而必须加强网络基础设施建设，为中国经济安全和网络安全提供支撑和保障。

---

① 王强. 论信息安全在国家安全中的战略地位. 山东师范大学硕士学位论文，2006

二、健全法律法规是经济安全的保障

美国、俄罗斯、欧盟等国家的经验充分证明,科学合理制定互联网经济及国家经济安全的法律体系,应该选择合理的立法模式和途径。尽快制定互联网信息安全的基本法,尽量避免用制定地方性法规和部门规章替代全国性法律法规。努力争取更多的政策倾斜和扶持,为保证国家经济安全,互联网经济的大力发展,要在国家和各部门各省区层面得到更多政策支持和优惠。对国家经济安全相关网络统筹推进的重大项目,及时制定并印发实施,实施重大项目国家领导联系制度,定期或不定期地深入项目现场督战项目建设情况。

美国是世界上网络信息技术最为发达的国家,也是最早对网络信息安全进行立法的国家,作为最早对互联网内容进行约束和管理的国家,美国一直在探索有效管理互联网的方法。自20世纪80年代始,美国先后出台130多项涉及互联网管理的法律法规,包括联邦立法和各州立法。早在1984年就颁布了《反计算机欺诈与滥用法》。1987年又修订了《计算机犯罪法》,以法律形式明确了国家标准与技术局是信息安全政策制定和标准授权单位,该法当时被美国各州作为制定其他地方法规的依据。1996年制定了《电信法》。1997年3月美国国会议员提出了《公共网络安全法案》,规定商务部门可以禁止加密的信息或产品的发布,政府在保证网络安全的同时,还要保证个人的隐私权、知识产权安全。1998年发布了《使用电子媒介作传递用途的声明》,2000年10月1日《电子签名全球与国内贸易法案》生效,以保证原始信息或文件内容在传递过程中的真实性。2011年2月17日在提交国会的《信息安全与互联网自由法》中,授权总统可以宣布"信息空间的紧急状态",政府可以部分接管或禁止对部分站点的访问。

俄罗斯在国家信息安全方面的立法也很有成效,顺应全球信息化发展的必然趋势,制定、颁布了为数不少的信息安全纲领和法律。1995年颁布了《联邦信息、信息化和信息保护法》,界定了信息资源开放和保密的范畴,提出了保护信息的法律责任。1997年出台《俄罗斯国家安全构想》。2006年7月通过并颁布了联邦第149号法律《信息、信息技术和信息保护法》,该法被认为是专门讨论信息安全问题的基本法,确立了信息安全领域立法发展的基本规范,对信息收集、获取、传递、生产和传播权利、使用信息技术、保障信息安全时出现的各种法律关系进行调节。另外还起草和修订了《信息权法》、《俄罗斯联邦因特网发展和利用国家政策法》、《电子文件法》、《电子合同法》、《电子商务法》、《产品和服务认证法》、《信息保护设备认证法》等一系列法律规范[①]。

欧盟议会和部长理事会于1999年1月通过了安全使用互联网和提高电子服务机构安全的"行动计划",重点是加强信用卡使用的力度、解决确保数据传输安全的技术问题以及在打击计算机犯罪活动的斗争中欧盟各个成员国如何加强协调。2000年7月欧洲委员会颁布《电子商务指令》,规定从事电子商务的公司一旦发现非法信息的存在,则必须立即清除或阻止用户登录。2002年4月通过了《关于对信息系统攻击的委员会框架决议》。2002年6月,欧洲电信部长会议正式通过《欧洲电子签名法令》,要求所有欧盟成员国将电子签名视作与手写签名具有同等法律地位[②]。

三、明确规定政府信息安全职责是基础

国家经济安全的保障离不开政府的有效监管,同时也应该明确政府在国家安全中的职责所在。一是建立国家层面专业性的互联网管理机构,同时设置互联网专家咨询委员会。二是建立政府组织和指挥互联网应急事件机制,政府有职责控制一般互联网信息安全尤其是危机事件,政府也应该有能力控制紧急事件,尽快恢复正常国际国内经济秩序。三是政府是相关法律法规的监察者和执行者,建立相应管理机构,建立跨行业协会和专业中介机构,建立联席会议制度。四是政府是国际社会网络道德的倡导者和舆论导向的引导者。

美国是世界上对信息网络依赖性最强的国家之一,信息网络安全战略一直受到美国政府的高度重视。美国国家安全委员会于1999年发表的《新世纪国家安全报告》中,首次将网络攻击武器定义为大规模破坏性武器,并明确把网络恐怖主义作为美国将要面对的主要威胁。2000年的《国家安全报告》首次把能源、银行与财政、电信、交通等信息基础设施的安全列为影响国家利益的关键因素。随后2003年时任美国总统布什签发了《保护网络空间国家安全战略》,重申维护网络安全是一项艰巨的战略挑战,需要整个美国社会的协作和共同努力[③]。2011年5月16日发布的《网络空间国际战略》,阐述了美国在日益以网络相连的世界如何建立繁荣、增进安全和保护开放,从经济、网络安

---

① 马海群,范莉萍.俄罗斯联邦信息安全立法体系及对中国的启示.俄罗斯中亚东欧研究,2011(3).
② 沈冕成.网络时代国家信息安全法律保障体系之构建.上海大学硕士学位论文,2004.
③ 丁晓明.一些国家维护信息安全的政策措施.当代世界,2002(9).

全、司法、军事、网络管理、国际发展、网络自由等诸方面为美国未来网络安全战略的发展指明了方向。同时表明美国政府已将网络安全提升到国际战略的新高度,它隐含着美国谋求网络空间霸权的战略目标,具有引领国际战略新变革和引发网络空间价值观冲突的现实战略效能[1]。

强大的情报信息网络在国内外商业活动中发挥了巨大的作用,美国在维护国家经济安全、部门利益和产业利益的同时,有一套较完善的规范来约束和指导本国企业及员工行为。据统计,目前在美国的世界500强企业中有90%设立了竞争情报部,以此监视竞争对手的动向和竞争环境的变化,并及时向本企业提供预警。面对经济领域情报信息争夺激烈的谍报战,巨大经济利益使其原动力更为充足和主动,鉴此,美国制定了《经济间谍法》,并于1996年10月11日由时任美国总统的克林顿正式签署。同时,为了维护国际市场的自由竞争,防止垄断和其他不正当行为的发展,进行了反不正当竞争方面的立法。美国是世界上最早建立反不正当竞争法律制度的国家,如1890年的《谢尔曼反托拉斯法》,不仅适用于美国国内商业活动,也适用于美国和外国间的贸易活动。联邦执法机构将商业贿赂作为不正当的竞争方法,制止对消费者采取不公正和欺骗性的做法,提高家庭用户、小型企业、大型机构、高等教育机构等网络用户的安全意识,制定促使州和地方政府的关键决策者支持对信息系统安全保护措施的投资等政策。许多发达国家受到美国的影响,纷纷进行经济情报和反不正当竞争方面的立法和保护。

俄罗斯也较早意识到了信息对国家经济安全的重要性,分别于1995年11月和2000年9月出台了《关于信息安全报告》和《俄联邦国家信息安全学说》,对国家信息安全面临的问题及信息战武器装备现状、发展前景和防御方法等作了详细的论述,并提出了实现国家利益的手段和相应措施。2000年9月9日时任总统的普京批准了《国家信息安全学说》,强调信息资源和信息基础设施已成为争夺世界领先地位的舞台,未来的政治和经济将取决于信息资源,其对国家的前途、国家利益和国家安全至关重要[2]。2001年底发布了《2010年俄罗斯信息化发展纲要》,对信息安全也作了相应的规划。

欧盟要求所有成员国、关键的互联网公司和重要的基础设施运营商确保数字环境安全。英国近年来连续发布国家网络安全战略,不仅重视在网络空间的

---

[1] 刘勃然,黄凤志. 美国网络空间国际战略评析. 东北亚论坛,2012(3)
[2] 晓明. 一些国家维护信息安全的政策措施. 当代世界,2002(9)

对外防御能力建设，也十分注重维护本国企业在网络时代的信息安全。2009年出台首个国家网络安全战略，2010年发布的防务规划中包含一份《国家网络安全计划》，国防部提出要把网络安全融入英国国防理念中，试图通过维护企业的信息安全来营造良好的投资和经营环境，以保持商业领先地位。

  日本为维护企业正当利益，防止不正当竞争对产业的巨大冲击力，早在1990年就制定了《不正当竞争防止法》，其中防止窃取企业机密就是主要内容。随后制定了《技术情报适当管理法案》，主要对该国企业员工敏感信息传播方面做了详细的规定。大多数企业明确规定员工在保密期内必须履行保守企业秘密的义务，面对外界提问和试探公司机密时能立刻拒绝，有些还被要求签订《保守秘密契约书》，以对其做好保密工作进行一系列法律规范。还对雇员之间在公开场合讨论技术机密，对公文资料保管、办公垃圾的处理、敏感文件的存放、办公室安全系统以及雇员接触信息等级的权限等一系列问题做了规定[1]。2003年5月颁布了《个人情报保护法》，并于2005年正式实施，随后出台《外汇及对外贸易法修正案》以及《防止不正当竞争法修正案》。

  新加坡也实施了严格的互联网规则，1996年的《国际互联网法规》中明确禁止用户访问互联网上不良内容[2]。韩国2002年开始推动实名制工作，于2005年正式实施网络实名制，2009年6月28日韩国35家主要网站相继实施网络实名制，并进行身份证号码验证。

四、完善互联网经济监管体制是关键

  为维护国家安全和经济增长，美国政府除了陆续颁布系列的法律、法规外，还专门成立了相关监管部门保障其关键信息系统的安全。为防止"政出多门"，美国政府特别注意明确规定各机构的职责范围，各司其职。1996年7月15日美国政府颁布第13010号行政令，成立"保护关键性基础设施总统委员会"。1998年5月国家层面PDD63令中规定：总统指派一个由大型基础设施提供商和州及地方官员组成的小组组成总统基础设施保障委员会，作为联邦基础设施安全保护的最高管理协调机构。部委层面针对每一个有可能成为信息或物理攻击目标的基础设施部门，由唯一的联邦部局作为联络时的领导机构，机构层面各个联邦机构自己负责机构内的信息系统的安全保障工作。

---

[1] 宋伟. 国家经济安全的典型案例. 山东大学硕士学位论文, 2010
[2] 张驰. 互联网信息安全问题及其对策. 北京邮电大学学报（社会科学版），2009（10）

2001年9月11日的恐怖主义袭击之后,很快成立了国内安全局,在国内安全局内成立了国内安全委员会。国家安全委员会的成员包括:总统(国土安全委员会主席)、副总统、财政部长、国防部长、司法部长、卫生部长、交通部长、联邦紧急事务局局长、联邦调查局局长、中央情报局局长、总统国家安全事务助理及其他政府执行分支机构负责人,在必要时这些机构的负责人将被邀请参加国家安全委员会会议①。美国也先后设立了多个组织机构保障国家经济安全,诸如外国投资与审查委员会,还有专门的"美中经济安全审查委员会",这些机构组织通过议会审批技术出口,防止核心机密的外泄,致力于维护美国的国家经济安全。2002年11月25日乔治·布什签署《国土安全法》,2003年1月国内安全部被改组为国土安全部。2003年美国国土安全部明确禁止外资进入国防工业和军事相关产业,严禁外资在通信、广电、水电、自然资源开发等方面进行投资。

俄罗斯方面,1996年4月联邦政府责成联邦经济部、国家统计委员会和财政部会同联邦中央银行和安全会议机关,制定关于本国的经济安全指标和参数,以此作为评价国家经济安全形势以及插手本国经济的依据②。2004年3月欧盟成立了"欧洲信息安全局",各成员国均有各具特色的信息安全管理相关机构,包括通信部、国家数据保护办公室、内政部、国防部、公共行政/电子政务部等,负责制定战略政策③。2009年4月欧盟网络与信息安全局发布了《通信网络弹性:成员国政策和法规及政策建议》报告,明确要求每个成员国必须建立一支全国性的计算机应急小组。

五、加强国际监管合作和标准制定

互联网经济及网络信息的开放性、全球性等特点,决定了对其管制活动需要世界各国共同合作,才能保障基础信息网络的安全,因此国际合作是国家经济安全的推动力。当前有关国际组织积极开展了互联网等基础设施建设和安全保障的国际合作,如国际计算机应急响应论坛组织、世界贸易组织、亚太经合组织等经济和技术组织积极发挥作用,努力推动多边信息交流合作。EOS国际已与业界领先的联合搜索软件开发商——深度网络技术公司进行了合作,使EOS的用户能够同时使用深度网络技术的实时搜索应用程序Ex-plorit和EOS

---

① 知远. 美国的信息安全. http://mil.sohu.com/20110715/n315112440.shtml,2011-07-01
② 宋伟. 国家经济安全的典型案例. 山东大学硕士学位论文,2010
③ 国家工业和信息化部. 欧盟信息安全保障架构概述. 2009-12-10

第八章 发展互联网经济：国家经济安全面临的"新挑战"

在线目录系统。中国信息技术发展起步较晚，应该多向美国、俄罗斯、日本等发达国家学习，加强各主体、各区域交流、沟通，形成区域间联动、互惠发展的良好格局，根据实际情况高起点建设中国的信息安全保障体系。

各国在意识形态认知、文化背景、经济社会发展水平、网络技术、法律制度等方面存在许多差异，国家经济安全尤其是跨国性互联网经济犯罪的防范和制裁难以达成共识，超越地域的互联网规范和管理混乱，因此必须建立国际性互联网法制体系。尝试建立国际互联网法院，主要负责对具有破坏性的跨国网络行为进行法律裁决，对跨国性网络犯罪案件调用各种力量进行侦察、侦破和审理，为保障国际互联网监管体系有效地发挥作用[①]。同时设立国际互联网监管机构，负责调解世界各国在规范与管理互联网中产生的国际性冲突和矛盾。

国家经济安全是国家安全的重要一环，经济安全往往牵涉他国，同时互联网信息安全技术是高技术中的高技术，凭借一国之力很难维护本国甚至国际经济安全，各国互联网彼此相联，又分属不同主权范围，这决定了加强国际交流与合作的必要性。美国充分利用了互联网协会 ISOC 的效力，讨论关于互联网在发展、运用中的问题及政策，商讨互联网系统的安全问题。美国还通过多种国际性会议，通过政府间或是非政府间直接进行交涉的形式，加速了互联网问题的解决。

2000 年 5 月 15 ~ 17 日，由法国、德国、美国、加拿大、日本、英国、意大利、俄罗斯 8 个国家组成的"八国集团"，在法国巴黎举行了一次针对网络安全问题的会议，就保护网络安全必须有政府与企业之间的密切合作和相互支持达成了共识。2011 年 12 月 13 ~ 14 日，"网络安全面临的挑战——风险、战略和建立信任"的网络安全国际会议在德国柏林举行，汇集了来自多个学科和行业的决策者和专家，讨论保护网络安全的根本性问题和不断变化的情况，并且探索在网络空间中建立信任和透明度建设的措施。

2013 年 9 月 27 日美国总统奥巴马在白宫会见印度总理辛格，双方承诺加强经济和安全领域的双边合作，两国领导人就能源、贸易、打击恐怖主义，及阿富汗、印度与巴基斯坦关系等一系列问题进行了广泛探讨。俄罗斯鉴于网络安全问题的复杂性，充分听取了各国各方意见，共同制定网络安全国际规则。2012 年 3 月 14 日奥地利内政部长约翰娜·米克尔 – 莱特纳与到访的俄罗斯内务部副部长谢尔盖·布拉温举行工作会谈，双方在打击网络犯罪领域加强合作

[①] 孔繁玲，张春艳. 建立网络媒体国际监管体系的设想. 行政论坛，2004（3）

等方面取得共识。并于当年4月在维也纳召开欧盟各国、美国及俄罗斯等国参加的部长级会议,讨论建立共同高级专家组,加强互联网安全等问题。2013年6月中旬,美国总统奥巴马与普京在八国集团峰会上会晤,决定建立关于应对网络信息技术威胁的工作组,定期举行会晤,评估、研究及解决遇到问题的风险,增强双边互信,俄外交部还准备成立国际信息安全司。

第四节 中国互联网经济安全发展的对策

2014年2月28日,习近平在中央网络安全和信息化领导小组第一次会议上指出,网络安全和信息化是事关国家安全和国家发展、事关广大人民群众工作生活的重大战略问题;没有网络安全就没有国家安全,没有信息化就没有现代化。站在维护国家经济安全和把中国建成网络强国的高度,国家必须加强信息基础设施建设,抓紧制定立法规划,建立网络安全国家应急体系,加大对网络安全领域犯罪的打击,加快防病毒和网络攻击的技术及工具产品的研发,掌握先进的网络安全技术,加强国际合作,保障互联网经济安全健康快速发展。

一、提高互联网经济安全意识

相当数量的决策者对网络安全的认识,还停留在单机时代或者桌面互联网时代,依然用单机时代或者是桌面互联网时代的安全观念来指导移动互联网时代的安全实践,因此增强国家经济安全意识尤为迫切和重要。一是广泛开展群众监督、社会监督、依法惩治网上违法违规的行为,广泛开展互联网法制道德教育,创造良好的舆论氛围。二是强化政府行政人员和企业相关部门人员国家经济安全意识,加大对相关人员的教育培训,把国家经济安全教育纳入各级党校、行政学院等干部培养的课程体系。三是加强全面信息安全教育,充分认识到互联网背景下国家信息安全的复杂性和重要性,构筑保障国家经济安全的人民防线。四是企业和个人都应提高信息安全意识,加强信息安全防护,及时升级计算机系统中防病毒软件和防火墙,不轻易下载运行未经系统防病毒软件处理过的数据文件。

二、完善互联网经济安全法律法规体系

加大国家立法力度,构建互联网经济法律法规框架体系,推动中国互联网

行业规范化、合法化，促进中国互联网经济健康发展。加强互联网立法的统筹规划和总体协调，抓紧出台《电子商务法》、《互联网信息服务管理办法》、《互联网新闻信息服务管理规定》等法律法规，修订现有法律法规中不适应互联网经济发展的部分，增强现行法律、法规的适用性和可操作性，不断提升互联网管理的效能和水平。进一步修订完善信息安全等级保护、互联网经济合同法和知识产权法等，在电子交易的合法性、电子商务的安全性以及利用互联网实施犯罪等方面加快立法，针对微信、微博等社交媒体制定新的法律法规，健全网络支付、认证、标准、物流配送、网络消费、网络视频、电子地图合法化检索等法律法规。建立便捷、畅通的网络侵权案件申诉途径，保证被侵权人能够在第一时间向互联网运营商甚至政府主管部门进行申诉，并保证申诉请求能够得到准确、高效核实并妥善处理。

三、建立政府监管和行业自律相结合的监管体制

建成一个分工明确、责任明确的组织管理体系。把国家经济安全和信息安全问题纳入国家安全战略，经济安全管理实行一把手负责制，各相关部门和地方领导要真正承担重担。建立公示制度，建立广泛的公众参与机制，完善评估评价制度，组织开展中期评估和终期评价，建立实施监督机制，将其列入工作考核内容，并按有关规定落实相关的奖惩措施。推动行业自律，依法打击各种信息安全违法犯罪行为，加强不良信息的监控力度，充分调动搜索引擎企业、互联网内容提供商和互联网服务提供商的积极性，提高企业的行业自律意识。引导企业内部信息安全管理办法的科学合理，提高员工的技术水平和管理水平，从企业内部增强企业安全防范能力和对外沟通能力。

建立网络安全预警机制。国家经济安全预警机制应包含安全维护的组织机制、信息网络设施技术水平、金融产业能源等领域、经济安全保障、危机化解的法律体系等，通过监测、预测并报告互联网经济发展和国家经济安全状况和形势，定期公布《互联网经济发展和国家经济安全报告》，借助安全预警指标体系，化解显性或隐性的损失。通过建立客户信用等级评估体系，建设互动网络行业的权威数据体系，规范互动网络数据测评体系，逐步建立互动网络的行业标准体系。

四、加大信息基础设施和技术研发建设

坚持以需求为导向、以企业为主体推进信息基础设施建设。以提升基础网

络、综合服务、行业管理和应用普及水平为抓手，全面实施宽带城市战略，建成以"宽带、泛在、融合、安全"为标志，以"城乡一体、全面覆盖、百兆到户、无线城市、功能提升、满足应用"为目标的智慧城市信息基础设施。完善信息基础设施规划和建设的规范管理，推进信息基础设施集约化建设，深入推进重点区域信息基础设施配套建设，推动 IPv6 商业部署，有序推进三网融合，大力发展基地化、规模化和节能环保的数据中心，构筑安全可靠的网络环境。

切实加强网络安全技术研发与应用。以信息技术产业为代表的高新技术产业是推动全球经济迅猛增长的主要动力，加快高新技术产业的发展，从根本上提升中国经济的国际竞争力，也是在战略层面维护中国国家经济安全的重要基础。当前中国自主创新能力不足，高新技术产业和装备制造业的关键技术和主要设备受制于人，因此加强技术研发异常迫切，同时采用先进的安全防护措施，提升网络运行品质，防止病毒和黑客的恶意攻击。中国一定要在计算机反病毒技术、加密技术、安全策略等方面加强自主研究开发的同时，积极参与国际合作[①]。

完善人才队伍，优化信息安全人才结构。要求侦察人员不仅需要有敏捷的洞察能力、判断能力和应变能力，具备很强的专业素质，善于利用先进的科技手段，熟悉金融证券、现代通信电脑网络等方面操作规范，还需具备高尚的人文素养和道德情操。强化实践操作能力，采取边干边学和岗前培训，通过对案件的讨论和网络系统的分析，掌握作案人如何非法进入他人网络、用何种操作系统在数据中做何种手脚等信息。同时要在有条件的院校和科研单位设立国家经济信息安全领域研究机构，依托高层次的研究部门，建设高水平人才培养基地，使具有国际先进水平的国家经济信息安全人才在理论研究和实际操作中脱颖而出。

五、建立和完善大数据信息安全体系

推动国家重要信息系统摆脱对 IOE 等国外厂家的依赖。在中国，金融、电信、电力、石油、交通运输、公安、医疗卫生、农业、食品等经济社会部门的重要信息系统对国外软硬件厂家有着令人非常担心的依赖。云计算已经不仅仅是一个产业发展的问题，更重要的是云计算已经深入地涉及国家信息基础设

---

① 刘宁扬，赵宗博. 中国网络经济安全问题思考. 唯实，2003（8）

施、事关经济社会发展的大数据,以及由移动智能终端大范围采集的个人行为信息等产业安全与信息安全的若干方面。大数据事关国计民生,自主研发云计算、移动智能操作系统与终端,才是摆脱依赖 IOE 等国外企业的唯一生存之道。

完善政府购买和租赁云服务制度。未来 10 年,云计算是国家经济发展和持续创新的重要基础设施。只需要租用服务,而不再为购买软硬件操心,是云计算服务最大的一个客户价值之一。目前政府采购、财政拨款等都只能购买软件和硬件设备,没有服务租用的支出项目,导致没有办法像交电费那样购买云计算服务。这对于云计算的发展存在很大的发展限制。政府应设立专门的服务租用和采购条目,允许购买云计算服务,即,定期缴纳云计算服务费。

确保宽带公平接入,取消不合理的网间结算。云计算本质是通过互联网来提供计算和存储服务,对带宽的依赖极大。相比美国,带宽成本已经成为制约中国云计算发展的最大障碍之一。宽带是国家的基础资源,希望在已有国家标准的基础上,真正确保宽带公平接入,进一步促进宽带的市场竞争。也敦促电信运营商取消不合理的宽带网间结算,以合理的成本和价格给云计算提供宽带服务。

为国产云服务推广应用创造一个公平的市场环境。国家应扶持移动终端厂商每年生产不少于 20% 的国产移动智能操作系统的智能终端,同时,运营商每年提供的补贴签约手机中应有不低于 20% 的搭载国产智能操作系统的手机。为在两至三年内实现国产智能操作系统终端使用量超过 3 亿台的发展目标,在市场份额上逐步打破 IOS 和 Android 操作系统在国内的垄断业态,使用国产云服务终端补贴享受 IOS 和 Android 移动终端一样的补贴,实现国家移动信息安全的突破性发展。

六、掌控网络空间国际治理与规则制定的主导权

国家编制互联网经济和国家经济安全长远和整体规划。当前中国网络空间安全战略制定仍然受到部门分割、军民分离的影响,基本停留在各自为战、分头行动的状态,缺乏真正意义上的有效整合与协同应对。目前管理互联网的网信办、工信部、公安部等部门,基本适应网络空间国内维稳的能力需求,但对制定涵盖全球网络空间在内的国家网络安全战略,其能力严重短缺,有待大力整合提升。中国网络空间安全与发展的顶层设计,应该是制定一条符合中国国家利益需求的发展路线,分远期、中期、近期三个阶段,梯次展开:近期目标

是在政策、法律以及实践层面做出快速的响应和调整，中期目标是建设和完善有助于技术发展和能力提升的制度环境，远期目标是突破关键技术，实质性提升网络安全能力。[1]

利用国际组织倡议和宣言的有利部分，积极参与建立国际信息新秩序。深化网络安全国际合作，积极参与国际新规则的制定，可以提出 G20 框架下加强网络空间安全国际合作的相关议题，积极参与主导相关规则的讨论与制定，维护中国的国家利益[2]。通过国际会议、国际论坛等形式发挥中国在国际上的地位和影响，在坚持国家主权原则和维护国家经济安全与利益的前提下，努力营造国际社会良好的互联网经济国际框架和全球互联网经济环境。积极推动"国际合作伙伴计划"，加强中美网络安全对话机制反垃圾邮件专题研讨，建立互信机制。

深化网络安全国际合作和技术交流，切实推动跨境网络安全事件有效处理，提高应对经济信息犯罪的处理能力。通过技术的引进吸收再创新，参与合作过程中学习别人先进的技术、理念，迅速壮大自己，研究具有自主技术的信息网络体系和运行机制，进而形成中国独立自主的信息网络安全管理机制，用发展创新的理念解决目前信息主权领域的弱势地位。

---

[1] 沈逸. 重视国家网络空间安全与发展的顶层设计. 人民网 - 理论频道, 2014 - 07 - 22
[2] 王天龙. 应积极参与网络空间安全国际治理. 上海证券报, 2012 - 09 - 18

参考文献

[1] 安晖,吕海霞. 以平台经济引领经济转型发展. 科技日报,2013 - 11 - 25

[2] 蔡鹏飞. 中国云计算产业发展研究. 经济研究导刊,2013 (17)

[3] 蔡雄杰. 国际互联网对国家军事安全的影响及其对策分析. 福建师范大学硕士学位论文,2008.

[4] 陈慧,李政,李远志. B2C条件下消费者动机实证研究. 北京邮电大学学报(社会科学版),2007 (4)

[5] 陈明奇. 大数据国家发展战略呼之欲出——中美两国大数据发展战略对比分析. 人民论坛,2013 (15)

[6] 陈钟. 论网络恐怖主义对国家安全的危害及其对策. 江南社会学院学报,2004 (9)

[7] 程贵孙,陈宏民,孙武军. 双边市场视角下的平台企业行为研究. 经济理论与经济管理,2006 (5)

[8] 丁晓明. 一些国家维护信息安全的政策措施. 当代世界,2002 (9)

[9] 顾莉萍. 我国网络团购发展趋势研究. 商场现代化,2013 (12)

[10] 韩秉成. 网络发展背景下国家安全屏障的构建. 西安政治学院学报,2002 (4)

[11] 韩玉贵. 非传统安全威胁上升与国家安全观念的演变. 教学与研究,2004 (9)

[12] 黄炜,殷聪. 中国式网络团购的现状、问题、趋势. 图书情报工作,2012,56 (8)

[13] 郭立强,王塨,金鑫. 论总成本领先下的中国网购市场趋势发展研究. 现代商业,2013 (18)

[14] 孔繁玲, 张春艳. 建立网络媒体国际监管体系的设想. 行政论坛, 2004 (3)

[15] 李广. 移动互联网时代的 IT 企业技术创新模式探讨. 现代管理科学, 2013 (4)

[16] 李静, 王颖慧. 中国网络地下经济五年增长 15 倍：腾讯 QQ 群和百度贴吧成主要网络黑市. 经济参考报, 2012 - 09 - 11

[17] 梁秋婉. 互联网对我国网络购物影响的统计分析与研究. 暨南大学硕士学位论文, 2008

[18] 梁静. 网络消费类型及其特征分析. 经济论坛, 2013 (5)

[19] 刘枫, 李晋瑶. 基于互联网的消费者行为模式研究. 科协论坛, 2007 (2)

[20] 刘勃然, 黄凤志. 美国《网络空间国际战略》评析. 东北亚论坛, 2012 (3)

[21] 刘丽婷. 移动互联网：信息消费的创新增长引擎. 世界电信, 2013 (9)

[22] 刘祥军. 互联网对国际政治影响问题探析. 山东大学硕士学位论文, 2003

[23] 刘培荣, 梁智昊. 基于经济安全的信息安全问题研究. 中国管理信息化, 2013 (10)

[24] 刘宁扬, 赵宗博. 中国网络经济安全问题思考. 唯实, 2003 (8)

[25] [美] 罗伯特·基欧汉, 约瑟夫·奈. 权力与相互依赖. 北京：北京大学出版社, 2002

[26] 罗明雄, 唐颖, 刘勇. 互联网金融. 中国财政经济出版社, 2013

[27] 马海群, 范莉萍. 俄罗斯联邦信息安全立法体系及对中国的启示. 俄罗斯中亚东欧研究, 2011 (3)

[28] [美] 迈克尔·波特. 竞争战略. 陈小悦译, 华夏出版社, 2005

[29] 钱志新. 创新商业模式创新. 现代管理科学, 2007 (8)

[30] 沈冕成. 网络时代国家信息安全法律保障体系之构建. 上海大学硕士学位论文, 2004

[31] 沈逸. 重视国家网络空间安全与发展的顶层设计. 人民网 - 理论频道, 2014 - 07 - 22

[32] 宋伟. 国家经济安全的典型案例. 山东大学硕士学位论文, 2010

[33] 孙文远. 网络经济风险刍议. 现代经济探讨, 2002 (6)

[34] 孙丽晶, 刘慧英. 论网络通信安全及其安全防御措施. 中国科技投资, 2013 (23)

[35] 谭扬芳. 互联网企业纷纷海外上市对中国意识形态和文化安全的潜在威胁. 世界社会主义研究, 2011 (8)

[36] 唐振龙. 生产组织方式变革、制造业成长与竞争优势：从工厂制到温特制. 世界经济与政治论坛, 2006 (3)

[37] 万建华. 金融 e 时代：数字化时代的金融变局. 北京：中信出版社, 2013

[38] 王金友. 基于信息化的产业融合与创新探析. 四川大学学报, 2009 (2)

[39] 王彦. 互联网环境下中国意识形态安全问题研究. 内蒙古大学硕士学位论文, 2012

[40] 王献福. 网络恐怖主义对国家安全的危害及防范探析. 郑州大学硕士学位论文, 2008

[41] 王军华. 网络经济下生产的变革与发展. 郑州大学硕士学位论文, 2006

[42] 文军. 网络阴影：问题与对策. 贵州人民出版社, 2002

[43] 吴建根. 美国网络经济发展研究. 吉林大学硕士学位论文, 2012

[44] 谢平. 互联网金融模式研究. 中国金融四十人论坛月报, 2012 (8)

[45] 谢雁娇. 基于互联网经济的产业融合研究. 北京交通大学学位论文, 2013

[46] 辛勇飞. 宽带是提升国家竞争力的战略基石. 人民邮电报, 2013 - 09 - 26

[47] 薛瑞汉. 确保国家网络和信息安全. 河南日报, 2013 - 12 - 18

[48] 张驰. 互联网信息安全问题及其对策 [D]. 北京邮电大学学报（社会科学版）, 2009 (10)

[49] 张建英. 信息全球化与中国经济安全. 南京师范大学硕士学位论文, 2004

[50] 张飞. 网络安全技术综述, 2006 - 1 - 20, http://articles.e-works.net.cn/415/Article35325.htm

[51] 张祥建, 徐晋. 股权再融资与大股东控制的"隧道效应"——对上

市公司股权再融资偏好的再解释．管理世界，2006（2）

［52］张启迪．基于平台经济理论的运营商企业应用平台研究．北京邮电大学，2012

［53］张兴安．互联网企业商业模式创新路径研究．浙江财经学院硕士学位论文，2012

［54］张耀荔，谢广营，陈静．中国网络购物现状与发展趋势分析．商业研究，2013（6）

［55］赵晓妮．基于"淘宝事件"的网购发展趋势分析．电子商务，2012（6）

［56］赵志超．互联网金融模式的探讨．中国电子银行网，2013－05－14

［57］征艺，陈琴峰，许静仪．国际互联网的发展对主流意识形态的影响．德育新环境，2006（6）

［58］周鸿铎．网络产业经营与管理．北京经济管理出版社，2005

［59］周淑莲，王伟光．科技创新与产业结构优化升级．国民经济管理，2001（12）

［60］伍爵博，曹慧，陆哲璐．国外移动电子商务业务模型对中国的启示．电子商务，2012（2）

［61］彭赓，龙海泉，吕本富．互联网企业的竞争战略．管理学家（学术版），2010（3）

［62］周振华．产业融合：产业发展及经济增长的新动力．中国工业经济，2003（4）

［63］周振华．信息化与产业融合．上海三联书店，上海人民出版社，2003

［64］朱玉明．论国家安全中的网络安全．湘潭大学硕士学位论文，2006

［65］左美云，黄梯云，彭瑞玲．论信息产业与传统产业的联系．图书情报工作，1998（7）

［66］Ambrus A., Argenziano R. Network markets and consumer coordination. *CESifo working papers*, 2004

［67］Bellman, Steven, Eric J. Johnson, Gerald H. Lohse, and Naomi Mandel. Designing marketplaces of the artificial with consumers in mind: four approaches to understanding consumer behavior in electronic environments. *Journal of Interactive Marketing*, 2006, 20（1）: 21－33

[68] Beatty, Sharon E. and Scott M. Smith. External Search Effort: An investigation across several product categories. *Journal of Consumer Research*, 1987, 14 (1): 83 – 95

[69] Caillaud B. , Jullien B. Chicken & Egg: Competition among intermediation service providers, *RAND journal of Economics*, 2003, 2: 309 – 328

[70] Clarkel, George R. G. and Scott J. Wallsten. Has the internet increased trade? developed and developing country evidence. *Economic Inquiry*, 2006, 44 (3): 465 – 484

[71] Donthu, Naveen and Adriana Garcia. The internet shopper. *Journal of Advertising Research*, 1999, 3 (9): 52 – 58

[72] Evans N. The non – Pama – Nyungan languages of northern Australia: Comparative studies of the continent's most linguistically complex region, Pacific Linguistics, Research School of Pacific and Asian Studies, Australian National University, 2003.

[73] Eisenmann, T. R. , G. Parker, M. W. Van Alstyne Opening platforms: how, when and why? . Harvard Business School Entrepreneurial Management Working Paper No. 09 – 030, 2008: 131 – 162

[74] Freund, Caroline L. and Diana Weinhold The Effect of the Internet on International Trade. *Journal of International Economics*, 2004, 62 (1): 171 – 189

[75] Gawer A. , Cusumano M. A. . Platform leadership, Harvard Business School Press, Boston, MA, 2002

[76] Goldman, Arieh and J. K. Johansson. Determinants for Search of Lower Prices: An Empirical Assessment of the Economics of Information Theory. *Journal of Consumer Research*, 1978 (5): 176 – 186

[77] Guthrie G. , Wright J. Competing payment schemes. *Journal of Industrial Economics*, 2007, 55 (1): 37 – 67

[78] Hagiu A. Two – sided platforms: Pricing and social efficiency, Research Institute for the Economy. Trade and Industry Discussion Paper Series, 2004

[79] Horrigan, John B. *Online Shopping*. report. Pew Internet & American Life Project. Washington D. C. , 2008

[80] Irwin, D. A. and P. J. Kelnow. Learning – by – doing Spillover in the Semiconductor Industry. *Journal of Political Economy*, 1994, 102 (6):

1200 – 1226

[81] Islam, N. Growth Empirics: A Panel Data Approach. *Quarterly Journal of Economics*, 1995, 110 (4): 1127 – 1170

[82] LeClerc, France, Bernd H. Schmitt, and Laurette Dube. Waiting Time and Decision Making Is Time like Money?. *Journal of Consumer Research*, 1995 (22): 110 – 119

[83] Li, Hairong, Cheng Kuo, and Martha G. Russell. The Impact of Perceived Channel Utilities, Shopping Orientations, and Demographics on the Consumer's Online Buying Behavior. *Journal of Computer – Mediated Communication*, 1999, 5 (2): 1 – 20

[84] Lucas, R. E., Jr. On the Mechanics of Economic Development. *Journal of Monetary Economics*, 1988, 22 (1): 3 – 42

[85] Mankiw, N. G., D. Romer, and D. Weil. A Contribution to the Empirics of Economic Growth. *Quarterly Journal of Economics*, 1992, 107 (2): 407 – 437

[86] Mathwick, Charla, Naresh Malhotra, and Edward Rigdon. Experiential Value: Conceptualization, Measurement and Application in the Catalog and Internet Shopping Environment. *Journal of Retailing*, 2001, 77: 39 – 56

[87] Payne, John W., James R. Bettman, and Eric J. Johnson. The Adaptive Decision Maker. New York: Cambridge University Press, 1993

[88] Punj, Girish, Effect of Consumer Beliefs on Online Purchase Behavior: The Influence of Demographic Characteristics and Consumption Values. *Journal of Interactive Marketing*, 2011, 25: 134 – 144

[89] Ratchford, Brian T., Myung-Soo Lee, and Debabrata Talukdar. The Impact of the Internet on Information Search for Automobiles. *Journal of Marketing Research*, 2003, 40: 193 – 209

[90] Rochet, J. C., J. Tirole. Two-sided markets: an overview. IDEI working paper, 2004

[91] Rochet, J. C., and J. Tirole. Platform competition in two-sided markets. *Journal of the European Economic Association*, 2003, 1 (4): 990 – 1029

[92] Schwartz, Barry. The Tyranny of Choice. *Scientific American*, 2004, 290 (4): 70 – 75

[93] Sheth, Jagdish, Bruce I. Newman, and Barbara L. Gross. Consumption Values and Market Choices: Theory and Applications. Cincinnati: South-Western Publishing, 1991.

[94] Solow, Robert M. A. Contribution to the Theory of Economic Growth. *Quarterly Journal of Economics*, 1956, 70: 65 – 94

[95] Stigler, George J. The Economics of Information. *Journal of Political Economy*, 1961, 69: 213 – 225

[96] Swan, Trevor W. Economic growth and capital accumulation. *Economic Record*, 1956, 32: 334 – 361

[97] Thaler, Richard H. Mental accounting matters. *Journal of Behavioral Decision Making*, 1999, 12: 183 – 206

后　　记

为了全面贯彻落实中共中央《关于进一步繁荣发展哲学社会科学的意见》和教育部《关于深入推进高等学校哲学社会科学繁荣发展的意见》精神，根据《高等学校人文社会科学重点研究基地建设计划》和《高等学校人文社会科学重点研究基地建设计划实施办法》的要求，结合《中央财经大学"十二五"教育事业发展规划》，经过多年努力和筹备工作，2013年底中央财经大学组建了中国互联网经济研究院。

中央财经大学中国互联网经济研究院成立之后，参与了由清华大学等单位共建的电子商务交易技术国家工程实验室的工作。在清华大学柴跃廷教授的带领下，电子商务交易技术国家工程实验室面向全球电子商务发展现状与趋势，围绕电子商务发展中的前瞻性、战略性、全局性问题开展全面、及时、系统的研究，希望将实验室建设成为网络化、国际化、开放型、国际领先的电子商务关键技术研究开发及公共服务基地，服务于政府相关部门及企业。

为了深入研究首都互联网经济发展的理念、思路、方法，推动首都经济圈一体化进程以及产业升级和经济转型，北京市哲学社会科学规划办公室和北京市教育委员会决定（京社科规划文［2014］22号），依托中央财经大学中国互联网经济研究院建立"首都互联网经济发展研究基地"。按照北京市哲学社会科学研究基地的要求，首都互联网经济发展研究基地在首席专家孙宝文教授带领下，广泛整合校内外相关学术资源，紧密跟踪全球互联网经济发展的现状与趋势，围绕首都互联网经济实际，瞄准最前沿的理论与实践问题深入研究，为政府决策和社会进步提供智力支持。

我们有幸生活在互联网经济繁荣的好时代。在互联网经济理论研究严重滞后的环境下，中国互联网经济研究院深入开展互联网经济理论、电子商务、互联网金融、大数据等领域的研究。中国互联网经济研究院围绕互联网开展的系列研究，既符合面向学科研究前沿、面向国家发展战略的重点研究基地的建设

| 后　　记 |

方向，又有助于学科交叉融合与创新，进一步强化中央财经大学财经学科特色，提升高校科研创新能力，增强为政府和企业服务的能力。

中国互联网经济研究院计划每年出版《中国互联网经济发展报告》和《中国互联网金融发展报告》。在互联网时代，我们的生活发生了天翻地覆的变化，互联网首先引起企业管理的变革，继而引起商业模式和生产方式的变革，最后将改变整个社会的思维方式。我国信息经济社会的雏形已经形成，以互联网为基础的信息消费和电子商务成为经济新的增长点。在孙宝文教授的带领下，中国互联网经济研究院力图深入研究互联网经济的理论和实践问题，为我国互联网经济健康发展献智献策。

《中国互联网经济发展报告》作为中国互联网经济研究院的品牌研究成果之一，结合当前形势，汇聚学校相关领域的人才，凝聚学科力量，为中国互联网经济发展鼓与呼。《互联网经济：中国经济发展的新形态》是《中国互联网经济发展报告》系列的第一部，从互联网经济的起源和发展，互联网经济理论的构建，互联网经济对经济增长、产业转型升级、企业经营转型、市场结构、居民消费、发展战略和国家经济安全等方面，阐述互联网经济的运行规律以及对经济社会的影响。

报告撰写历时一年，四易其稿。孙宝文主编，李涛和欧阳日辉共同作为执行主编构建了报告的框架，与编委会成员共同探讨初稿撰写思路，最终完成了统稿工作。各章撰写分工如下：第一章，李涛、齐培潇；第二章，严成樑、许晓波、庞蓉、韩伟；第三章，赵文哲、陈强、李岚峰；第四章和第五章，史宇鹏、牛于煌；第六章，陈斌开、陈思宇、胡志安；第七章，柴跃廷、欧阳日辉、霍达；第八章，欧阳日辉、吴碧波。此外，薛凝萱、陈富贵、张静一、于晓涵、王超、白菊、梁梓超、刘晓鹏、王江等在报告撰写过程中提供了文献收集和数据处理方面的帮助。史宇鹏和赵文哲参与完成了初稿修改和两轮统稿工作。

本项目研究得到教育部哲学社会科学研究重大课题攻关项目"电子商务发展趋势及对内外贸易发展的影响机制研究"和北京市哲学社会科学重大项目"互联网经济基础理论创新研究"的资助。同时，本书的出版得到了北京市哲学社会科学研究基地——首都互联网经济发展研究基地的支持。借书稿即将付梓之机，衷心感谢清华大学柴跃廷教授对报告提出的宝贵意见，并欣然为书稿作序。衷心感谢经济科学出版社刁其武先生和侯晓霞女士对报告出版的大力支持。

| 互联网经济：中国经济发展的新形态 |

　　互联网经济是一种新兴的经济形态，互联网经济理论研究更是一项崭新的课题。本报告在总结刻画中国互联网经济发展状况的基础上，试图梳理出互联网经济发展的理论脉络，并对互联网经济的未来发展趋势进行预测。理论是对复杂现实的抽象，是对现实本质的思考和总结，是事实之间产生关联的思想，其本身依然来源于实践。我国互联网经济理论尚处于起步阶段，落后于互联网经济创新发展的实践，我们力图弥补互联网经济研究的不足。但是，本书的分析和描述难免有疏漏和不足之处，恭请读者提出批评和建议。

中国互联网经济研究院
2014年9月6日

图书在版编目（CIP）数据

互联网经济：中国经济发展的新形态／孙宝文主编．
—北京：经济科学出版社，2014.10
ISBN 978 - 7 - 5141 - 5096 - 4

Ⅰ.①互… Ⅱ.①孙… Ⅲ.①互联网络 - 经济发展 - 研究 - 中国　Ⅳ.①F426.67

中国版本图书馆 CIP 数据核字（2014）第 243295 号

责任编辑：侯晓霞　刘殿和
责任校对：隗立娜
责任印制：李　鹏

互联网经济：中国经济发展的新形态
主　编　孙宝文
执行主编　李　涛　欧阳日辉
经济科学出版社出版、发行　新华书店经销
社址：北京市海淀区阜成路甲 28 号　邮编：100142
教材分社电话：010 - 88191345　发行部电话：010 - 88191522
网址：www.esp.com.cn
电子邮件：houxiaoxia@esp.com.cn
天猫网店：经济科学出版社旗舰店
网址：http://jjkxcbs.tmall.com
北京季蜂印刷有限公司印装
710×1000　16 开　18 印张　320000 字
2014 年 12 月第 1 版　2014 年 12 月第 1 次印刷
ISBN 978 - 7 - 5141 - 5096 - 4　定价：46.00 元
（图书出现印装问题，本社负责调换。电话：010 - 88191502）
（版权所有　翻印必究）